Hotel Room Management
for creating service experience value

서비스경험 가치 창조를 위한
호텔객실관리

하종명 · 정천석 저

(주)백산출판사

Preface

호텔 객실은 관광객이 안전하고 편안하게 휴식을 취할 수 있게 하는 것뿐만 아니라 외국인 관광객의 증가로 경제적 효과를 창출하여 국익에 많은 도움을 주고 있다. 또한 관광객은 객실에서 체류하면서 관광으로 인한 피로함을 풀거나 건강을 회복시켜 우리나라의 전통문화와 자연자원을 즐겁게 체험할 수 있게 만드는 휴식처가 되기도 한다.

호텔 상품에서 가장 핵심이 되는 객실의 기능은 기존의 잠을 자고 식사하는 공간에서 많이 변화되었다. 현대는 편안하고 안락한 숙박의 공간은 물론이고, 문화예술 · 비즈니스 · 연회 · 위생 · 휴식 · 오락의 공간 등 복합적인 기능을 가지고 있다.

호텔 객실부서 종사원은 개별화되어가는 고객의 욕구를 신속하고 친절하게, 또는 품격 높은 서비스 제공으로 고객만족도를 극대화하여 고객의 가치를 높이는 역할을 최우선적으로 수행한다.

고객이 호텔 객실을 이용하면서 자아실현의 욕구를 충족할 수 있도록, 고품질 서비스를 생산할 수 있는 능력을 가진 종사원이 헌신적으로 접객 서비스를 제공한다. 종사원의 고품질 서비스 제공은 호텔기업을 영속적으로 존재하게 만드는 것이다.

영업이 활성화된 호텔의 구성원들은 대부분 자신이 수행하는 업무에 대해 전문성, 책임성 및 창의력을 가지고 있다. 또한 이들은 하나 같이 직장이나 직무의 만족도가 높으며, 다른 호텔 조직에서 볼 수 없는 탁월한 서비스 정신과 실천력을 가지고 있다.

치열해지는 시장 경쟁 속에서 호텔 산업은 생존을 위한 전략이 더욱 절실해지고 있다. 이에 호텔 객실 업무에 대한 이해력과 실무능력을 향상시킬 수 있는, 체계적이고 구체적으로 기술된 전문서적이 필요하다고 생각했으며 이 책을 집필하게 되었다.

먼저 호텔 객실부서 종사원들이 어떻게 하면 고객의 다양한 욕구를 충족시킬 것인가를 상황에 따라 적용할 수 있도록 고객지향성과 현장의 직무지향성을 서술하였다. 그리고 고객가치 창조를 위해 무엇을 어떻게 하여야 하는지, 왜 고객을 위한 희생과 배려적인 사고로 업무를 수행해야 하는지 등에 대해 설명하였다.

호텔 객실부서 종사원은 고객의 기대를 충족시킬 수 있도록 객실에 대한 전반적인 업무를 정확하게 숙지하여야 한다. 이를 바탕으로 신속하고 정확하게 서비스를 제공할 수 있다.

호텔 객실부서 종사원의 친절과 배려가 없는 서비스는 뿌리가 없는 나무, 물이 없는 고기, 공기가 없는 세상과 다를 바가 없다. 즉 종사원이 객실 업무의 기능적인 부분만 잘 수행할 수 있고 정신적 서비스가 부족할 경우 고객의 만족도는 낮게 나타날 것이다.

호텔 객실부서의 종사원은 호텔 객실을 판매하는 것이 아니라 안락함이나 이미지를 판매하는 종사원이라는 점을 잊어서는 안 된다.

이에 호텔경영에 대한 지식과 종사원이 직무에 임하는 자세, 그리고 객실서비스 및 관리업무에 대해 수록하였다. 또한 종사원이 고품질 서비스를 제공하기 위해 노력하지만, 종사원의 실수 혹은 객실서비스에 대한 고객의 오해로 인해 발생할 수 있는 불평불만을 효과적으로 처리할 수 있도록 설명하였다.

호텔 객실 업무를 훌륭히 처리할 수 있는 종사원은 항상 '신속하게 업무를 처리한다. 효과적으로 업무를 처리한다. 친절하다.' 등의 이야기를 듣는다.

호텔 객실을 이용하는 고객에게 어떻게 하면 좋은 서비스를 제공할 수 있을지, 혹은 고객의 마음을 어떻게 사로잡을 수 있을지가 문제이다. 이를 보완하고자 고객의 가치를 높여 고객이 재방문할 수 있도록 객실 서비스에 대해 설명했다.

이 책이 출판되기까지 항상 격려와 배려를 아낌없이 주신 모든 분들, 특히 옆에서 많은 희생을 감수하고 도와준 아내 선명화, 아빠가 하는 일을 묵묵히 지켜본 나의 든든한 아들 희찬, 태우가 큰 힘이 되었다. 마지막으로 어려운 환경에서도 출판을 허락해 주신 백산출판사 진욱상 회장님, 진성원 대표님, 그리고 편집부 여러분께도 감사드린다.

저자 씀

Contents

Hotel Room Management

PART 1

호텔의 일반적 개요

Flow Chart

Part 1 호텔의 일반적 개요

Chapter 1 호텔의 기본적 이해

1. 호텔의 개념

2. 호텔기업의 특성

3. 호텔 고객의 가치변화

Chapter 2 호텔 서비스 이해

1. 서비스의 개념

2. 호텔 서비스의 속성과 전달체계

3. 호텔 종사원의 자기관리 이해

Chapter 3 호텔 조직의 이해

1. 호텔 조직의 구조 이해

2. 호텔 조직의 문화

3. 호텔 조직의 리더십

CHAPTER 1

호텔의 기본적 이해

01 호텔의 기본적 이해

1 호텔의 개념

1. 호텔 개념

호텔은 근본적으로 환대서비스를 제공하는 산업으로, 고객을 위해 친절하게 접객하는 인적 · 물적 · 시스템적 서비스상품을 생산하는 기업이다. 다시 말해, 호텔이란 "호텔을 이용하고자 하는 고객에게 알맞은 서비스를 제공하는 산업체"라고 할 수 있다.

오늘날 호텔은 단지 객실과 식당을 중심으로 영업하는 단순한 기업이 아니라 복합적 상품을 생산하여 판매하는 기업이라고 할 수 있다. 즉 호텔은 일반 대중을 고객으로 숙박 및 음식뿐만 아니라 고객의 욕구를 충족하는 다양한 상품을 생산하는 기업이다.

호텔은 사적 이익만을 추구하지 않고 지역사회의 이익 또한 추구하는, 공적인 성격을 가진 기업이다. 동시에 대다수 기업과 같이 상품구매에 대한 구매대가를 지불해야 하며, 이를 고객을 대상으로 경영하는 기업이다.

또한 호텔이란 제공되는 서비스에 대해 지불능력이 있거나 지불할 용의가 있는 사람에게 시설의 여유가 있는 범위 내에서 누구라도 이용할 수 있는 장소를 말한다. 이는 불특정 다수의 사람에게 숙식 및 그 밖의 편의시설을 제공하고 그 대가를 수수하는 장소적 의미가 있다. 「관광진흥법」 제3조 1항에서 "호텔업은 관광객의 숙박에 적합한 시설을 갖추어 이를 관광객에게 제공하거나 숙박에 딸리는 음식 · 운동 · 오락 · 휴양 · 공연 또는 연수에 적합한 시설 등을 함께 갖추어 이를 이용하게 하는 업"이라 말한다.

최근에는 호텔을 좀 더 광의적인 개념으로 바라보는 경향이 있다. 즉 호텔은 객실, 식당, 연회장 및 국제회의장, 전시장 등 종합적인 문화예술 공간으로써 이용자에게 편리함, 즐거움, 안락함, 행복감을 제공할 뿐만 아니라 건강관리시설, 상용 고객을 위한 비서업무 및 쇼핑 등의 서비스가 제공되는 장소라고 할 수 있다. 또한 호텔은 고객의 안전을 위한 각종 시설을 갖추고 그 지역사회의 발전에 기여하는 장소이다.

결론적으로, 호텔의 개념들을 요약하면 다음과 같다. 첫째, 인적 · 물적 · 시스템을 상품으로 하는 기업이다. 둘째, 공공적 성격을 가진 기업이다. 셋째, 불특정 다수의 고객에게 숙식 및 그 밖의 편의시설을 상품으로 하는 기업이다. 넷째, 객실, 식당, 연회행사, 전시 등의 다양한 상품을 생산하여 판매하는 종합상품세트로 구성된 기업이다.

〈표 1-1〉 **호텔 개념**

호텔 개념	첫째, 인적 · 물적 · 시스템을 상품으로 하는 기업
	둘째, 공공적 성격 기업
	셋째, 불특정 다수 고객에게 숙식 · 편의시설을 상품으로 하는 기업
	넷째, 객실, 식당, 연회행사, 전시 등 다양한 상품을 생산, 판매하는 기업

2. 호텔의 기능

호텔은 본래 가정의 기능을 수행하는 동시에, 생산과 판매를 하는 기업의 기능도 함께 가지고 있다. 현대의 호텔은 가정의 기능이 감소한 대신, 인간의 기본적인 욕구를 충족시켜 생활의 안정화에 기여하고 일상생활에서 향유할 수 있는 다양한 시설을 갖춘 곳이라 할 수 있다.

호텔에 대한 인식이 기존의 객실 및 식당중심적인 상품에서 점차 벗어나 다각적인 기능을 수행하는 장소가 되었다. 아래 기능들을 보면 전통적인 기능과 현대적 기능을 이해할 수 있다.

1) 숙박시설의 기능

호텔 객실은 인적·물적·시스템적 서비스를 갖추고 있다. 이들을 구체적으로 보면 첫째, 인적 서비스 기능이 있다. 이는 객실 판매를 위한 종사원의 맞춤형 서비스 제공을 의미한다. 둘째는 물적 서비스 기능으로, 객실 숙박에 편리한 시설 서비스를 지원한다. 셋째로 시스템적 서비스 기능이 있다. 호텔 객실 예약, 체크인 및 체크아웃 절차, 프런트에서 회계처리를 위한 서비스 기능 등이 여기에 해당한다.

2) 식당시설의 기능

호텔 식당은 음식물과 인적·물적·시스템적 서비스를 제공한다. 호텔을 이용하는 고객에게 식음료 서비스를 운영하기 위해서는 인적 서비스가 갖추어져야 하고, 시설과 같은 물리적인 서비스가 제공되어야 고객이 이용할 수 있다. 그리고 시스템적 서비스를 통해 계산과 예약 등의 절차가 신속하게 이루어지도록 지원한다.

3) 사교시설의 기능

호텔은 대가를 지불할 수 있는 사람이면 누구나 이용할 수 있는 사교 공간의 기능을 지닌다. 나아가 국제친선 및 국민생활의 선진화를 이루는 역할을 한다. 즉 호텔은 각종 모임, 회의, 연회행사 등 사교적 행사의 기능을 실행하고 있다.

4) 레크리에이션의 기능

호텔은 관광·레저·오락·문화적으로 활용할 수 있는 시설 및 시스템적 기능을 가진다. 최근에는 문화·예술의 교류를 촉진하면서 고객 및 지역주민에게 품격 있는 레크리에이션의 가치를 향유하도록 한다. 또한 고객이나 지역민들의 휴식처로서 심신의 긴장이나 피로를 해소시키고 사회 안전화에 기여한다.

5) 사회교육의 기능

호텔은 사회활동을 하는 데 필요한 학술 세미나·교양 교육·전통문화 전달 등을 포함한 사회교육을 수행하는 장소다. 일상생활을 풍요롭게 할 수 있는 취미활동 교육, 정보전달 교육 등의 기능을 실행하고 있다.

6) 건강관리의 기능

호텔은 고객의 건강 관리를 위한 수영장, 헬스장, 실내 골프장 등 다양한 시설을 갖추고 있다.

〈표 1-2〉 호텔의 기능

호텔의 기능	1) 숙박시설의 기능
	2) 식당시설의 기능
	3) 사교시설의 기능
	4) 레크리에이션의 기능
	5) 사회교육의 기능
	6) 건강관리의 기능

2 호텔기업의 특성

1. 호텔기업의 경영 특성

호텔은 고객을 위한 숙박 및 식음료 이외에 사회 · 문화적 활동에 필요한 다양한 상품을 고객에게 제공하는 기업이다. 즉, 고객에게 숙박 및 식음료, 기타 서비스를 제공하면서 고객의 안전과 재산을 보호하고 사회 · 문화적 욕구를 충족시키는 공공장소의 역할을 하는 기업이다.

또한 호텔은 고품질 서비스 제공으로 이익을 창출하여 영속적인 존재로 사회적 책임을 이행하는 기업이다. 호텔 상품은 무형적 · 유형적 요소가 복합적으로 생산된다. 즉 호텔의 물리적 환경이 아무리 좋아도 종사원이 제공하는 서비스의 질이 낮다면 그 상품은 가치가 떨어진다.

호텔상품의 가치를 높이기 위해 종사원 간의 협력적인 관계가 형성되어야 조직의 목표를 달성할 수 있으며, 고품질 서비스를 고객에게 제공할 수 있다. 고객 및 호텔의 가치를 높이기 위한 호텔경영방식에는 다음과 같은 특성들이 있다.

1) 인적 서비스에 대한 의존성

호텔은 인적 서비스의 수준에 따라 상품의 품질이 결정될 수 있다. 즉 호텔이 영속적으로 존재하느냐 못하느냐는 인적 서비스 수준과 밀접한 관계가 있다.

호텔 상품은 종사원이 고객과 직접 상호작용을 하면서 생산과 소비가 동시에 이루어진다. 이 과정에서 고객과 인간적인 관계가 형성될수록 지속적으로 호텔을 이용할 가능성이 높다. 호텔은 일반 기업처럼 규격화나 자동화된 기계설비에 의한 상품생산에는 한계가 있어 인적자원에 대한 의존도가 높은 노동집약적인 산업이며, 그러므로 노동생산성이 낮은 편이다.

2) 과도한 최초의 투자

호텔은 모든 시설을 갖춘 상태에서 영업이 이루어지기 때문에 연차적으로 영업장을 확장하면서 운영하기 어려운 기업이다. 호텔은 건물 전체가 하나의 상품이며, 판매의 대상이기 때문에 어느 한 영역에만 투자하여 운영하는 것이 불가능하다. 즉 일시적으로 최초의 자본이 과다하게 투자되어야 한다.

3) 상품의 특수성

호텔 상품은 인적 서비스, 물적 서비스, 시스템적 서비스에 의해 하나의 완전한 상품이 될 수 있다. 호텔은 여러 가지 특수성을 가지고 있는데 첫째, 장소적 측면에서 특수성이 있다. 상품을 이동해서 판매할 수 없는 특수성을 가지고 있다. 즉 한 장소에서만 판매가 가능해 경영합리화가 어렵다.

둘째, 시간의 제약을 받는 특수성이 있다. 오늘 판매하지 못한 객실이나 연회장 등은 내일 판매할 수 없다. 상품을 저장하여 판매할 수 없으므로 반드시 당일에 판매해야 한다. 이런 연유로 호텔은 마케팅 부분을 강화해야 한다.

셋째, 양적 제약을 받는 특수성을 갖고 있다. 수요가 갑작스럽게 증가한다고 해도 일정 수요 이상을 받을 수 없다. 즉, 수요의 탄력성이 거의 없는 것과 같다. 호텔은 양적 탄력성 부족으로 성수기와 비수기의 뚜렷한 차이가 존재한다.

넷째, 생산과 소비가 동시에 이뤄지는 특수성이 있다. 호텔은 종사원이 고객에게 서비스를 제공할 때 소비가 이루어진다. 생산과 소비의 시간 차이가 없거나 짧다는 것은 상품을 보관해서 판매할 수 없다는 것이다.

4) 연중무휴의 영업

호텔은 영업을 하는 한 휴업이 없는 기업이다. 즉 연중무휴로 365일 내내 운영된다. 이런 요인이 인건비 과다 지출의 원인이 되기도 한다.

5) 계절적 특성

호텔은 계절에 따라 수요의 격차가 심하다. 즉 계절적 요인으로 성수기와 비수기가 뚜렷하게 차이 나는 기업이다. 계절적 특성은 호텔 매출, 수입, 고용인력 등의 불안정성을 초래한다.

6) 시설의 조기 노후화

호텔은 다수의 고객이 호텔을 이용하기 때문에 시설이 조기에 노후화되고, 일정 기간이 지나면 상품의 가치가 떨어지게 된다. 상품의 가치를 유지 혹은 향상시키기 위해 지속적인 개·보수가 필요하다.

7) 상품의 저장 및 전매 불가능성

호텔 객실은 오늘 판매하지 못하면 내일 판매가 불가능한, 보관이나 전매가 불가능한 상품이다. 즉 당일 판매하지 못한 객실을 다음날 판매할 수 없는 비보관성의 상품이자, 객실을 구매한 사람이 다른 사람에게 다시 판매할 수 없는 전매 불가능성의 상품이다.

8) 비생산적인 공공장소 유지

호텔은 비생산적인 공간이 요구되는 특성을 가지고 있다. 호텔 로비와 같은 비생산적 공간일지라도 고급스럽고 우아한 환경으로 조성되어 있어야 하므로 고비용의 발생 원인이 되기도 한다.

〈표 1-3〉 호텔기업의 경영 특성

호텔기업의 경영 특성	1) 인적 서비스에 대한 의존성
	2) 과도한 최초의 투자
	3) 상품의 특수성
	4) 연중무휴의 영업
	5) 계절적 특성
	6) 시설의 조기 노후화
	7) 상품의 저장 및 전매 불가능성
	8) 비생산적인 공공장소 유지

2. 호텔 조직의 특성

호텔 조직은 구성원들이 실행할 수 있는 직무를 분담하고 있으며, 이에 대한 권한과 책임을 동시에 부여하고 있다. 이는 호텔 구성원들이 각 직무를 합리적으로 수행할 수 있도록 업무분장을 한 것이다.

호텔 조직의 기본적인 틀은 고객과의 접촉 방식에 따라 형성된다. 즉 고객과 직접 접촉하며 업무가 진행되는지, 간접적으로 접촉하는지, 혹은 고객과 직접적인 접촉은 이루어지지 않고 영업을 지원하면서 업무를 수행하는지에 따라 조직이 형성된다.

1) 호텔 조직의 복잡화

현대 호텔 조직은 그 구성이나 내 · 외부의 환경에 의해 더욱 복잡해지고 있다. 조직이 수행하는 기능이 더욱 전문화되며 목표의 다원화가 불가피하게 되어 가고 있다.

호텔 상품에 대한 고객의 인식 변화로 호텔은 직원에게 높은 수준의 서비스를 요구하고 있다. 고객의 욕구를 효과적으로 충족시키기 위해 업무의 전문성이 강화되면서 조직은 점차 복잡하고 다양해지고 있다.

2) 호텔 조직 기능의 전문화

호텔의 규모가 증가하면서 조직의 목표를 효과적으로 달성하기 위해 기능적인 부분이 더욱더 전문화 및 세분화되고 있다. 호텔의 전통적인 조직 형태는 객실, 식음료, 조리부서와 관련된 조직, 관리 조직으로 구성되어 있다.

이들 조직은 고객의 욕구를 적극적으로 충족하기 위해 기능적 조직을 전문화하고 있다. 또한 호텔 영업장의 증대로, 업무를 효율적으로 실행하기 위해 조직의 기능을 대형화 및 전문화하는 전략이 이루어지고 있다.

호텔 조직의 기능이 전문화되는 주요 요인은 다음과 같다. 첫째, 고객의 욕구를 충족하기 위해서다. 둘째, 영업장이 확대되면서 업무의 효율성을 높일 필요가 있기 때문이다. 셋째, 호텔 경영상의 특성에 의해서다.

또한 호텔 조직 기능 전문화의 핵심은 다음과 같다. 첫째, 고객의 욕구 충족에 있다. 둘째, 마케팅 강화에 있다. 셋째, 호텔 시장환경의 변화에 있다. 넷째, 우수한 인적자원 확보에 있다. 즉 조직의 전문화 및 세분화 추세를 수용하지 않으면 영속적으로 존재하기 어려운 환경이 되었다.

〈표 1-4〉 호텔 조직의 특성

호텔 조직의 특성	1) 호텔 조직의 복잡화
	2) 호텔 조직 기능의 전문화

3. 호텔 구성원의 직업의식 특성

사람들은 누구나 직업을 갖게 된 목적이 있다. 또한 자신이 가진 직업에 대한 자긍심이나 직업의식을 갖게 될 것이다. 직업의식은 직업인이 자기의 직업에 대하여 갖는 마음가짐이라고 정의할 수 있다.

개인이 자신의 직업에 대한 자긍심, 직무를 통한 인간적 성장을 도모할 수 있다는 자각심, 업무의 수행결과 및 성과에 대한 책임감과 성과를 통한 자기만족의 획득 가능성 등을 추구하게 되는 것이다.[1)]

호텔과 같이 고객과의 접점에서 업무를 수행하는 서비스요원은 강한 직업의식 위에서 업무를 수행해야 직무만족도가 높아질 수 있을 것이다. 다양하고 품질 높은 서비스 제공을 원하는 고객과 접하고 업무를 수행하는 것은 스트레스를 받을 수 있는 요인들이 많은 편이다.

직업의식이 강한 호텔 구성원은 스트레스나 갈등 등을 스스로 잘 극복하거나 관리할 힘이 있다. 강한 직업의식은 직무만족도를 높이며 자신이 수행하는 업무에 적극적이고 창의적으로 대처하여 호텔 직무를 천직으로 여길 것이다.

1) 호텔에 대한 강한 소명의식

호텔 구성원은 고객과 상호작용하면서 생산 활동을 하기에, 다른 직업인이 느끼지 못하는 또 다른 형태의 직무 스트레스를 받을 수 있다.

호텔 구성원이 소명의식을 가지고 직무에 몰입하느냐 그렇지 못하느냐에 따라 서비스의 품질이 다르게 나타날 수 있다. 소명의식이 강한 구성원은 직무를 수행하는 과정에서 받을 수 있는 스트레스에 대한 해소 능력도 높아질 것이다. 호텔 업계는 다른 기업에 비해 구성원의 이직률이 높다. 그러나 직업에 대한 소명의식을 높여준다면, 직장에 대한 충성심도 함께 향상돼 이직률을 줄일 수 있다.

2) 공익적인 직업의식

호텔은 지역사회에 기여하는 공익적 역할을 수행한다. 호텔 구성원이 자신의 직무를 공공의 이익을 위한 일로 인식한다면 자긍심을 가질 수 있을 것이다. 사회에 기여하며 가치 있는 직무를 수행하는 것은 누구나 긍지를 가질 만한 일이기 때문이다.

즉 호텔 구성원은 기업의 영업활성화를 위해 직무를 수행하지만, 동시에 공익적인 역할을 수행하며 그 최종 수혜자는 지역주민들이라 할 수 있다.

〈표 1-5〉 호텔 구성원의 직업의식 특성

호텔 구성원의 직업의식 특성	1) 호텔에 대한 강한 소명의식
	2) 공익적인 직업의식

4. 호텔 구성원의 직업의식 유형

직업인은 자신의 직업에 대한 가치관이나 목적에 따라 여러 가지 형태의 직업의식 유형을 갖는다.

1) 생계를 유지하기 위한 직업의식

매슬로(A. H. Maslow)의 연구에 의하면, 인간의 욕구 단계에서 가장 기본적인 욕구는 생리적인 욕구 충족이다. 생계유지를 위한 직업의식은 인간이 삶을 영위하기 위해 필요한 욕구 충족에 해당된다.

호텔 구성원이 생계유지를 위한 직업의식을 가지고 있다면 자신이 하는 일에 자긍심이 높지 않을 것이고, 높은 소득을 찾아 이직할 가능성이 높다. 또한 노동생산성이 낮게 나타날 것이며, 창의적인 업무수행을 기대하기 어렵다.

2) 자아실현의 욕구 충족을 위한 직업의식

매슬로가 제시한 인간의 욕구 5단계에서, 자아실현의 욕구는 가장 높은 수준의 욕구 충족으로 여겨진다. 호텔 구성원이 자아실현의 욕구를 충족하기 위해 직무를 수행한다면 직무의 몰입도가 높게 나타날 것이다.

자아실현의 욕구 충족을 위한 직업의식을 가지고 있는 경우, 다른 사람으로부터 인정받기를 원하며 업무를 통해 자아실현을 성취하고자 하는 의식이 있다.

호텔 구성원이 자아실현의 욕구를 가진다면, 자신의 능력을 발휘하여 장래에 대한 희망과 포부를 실현코자 하는 직업의식을 가질 것이다. 그리고 호텔에 대해 높은 충성도를 가지며 고품질 서비스를 생산할 것이다.

나아가 자아실현의 욕구를 충족하기 위해 직무에 집중할 것이며, 자신의 이상을 실현할 수 있는 직업을 좋은 직업이라고 여길 것이다. 또한 자신이 만족할 만한 성취를 이루기 위해 직무에 보람을 가질 것이다.

3) 조직의 귀속감에 대한 직업의식

호텔 구성원이 호텔 조직에 귀속되어 있다는 사실, 즉 사회적 존재라고 인식하는 것을 의미한다. 인간은 사회적 관계 속에서 자아실현의 욕구를 추구하고 있기 때문에, 조직에 속해 자신의 능력과 자질을 발휘하여 사회에 공헌하고자 한다.

호텔 구성원들은 직업을 통해 국가나 지역사회, 기업의 기능 중 한 부분을 맡아 자신의 능력을 실현할 수 있을 때 성취감을 얻으며, 스스로에 대해 깊은 자긍심과 자부심을 느낀다. 또한 직업에 대한 소명의식과 만족도도 향상될 것이다.

호텔에 대한 직업의식이 향상된다면 업무를 적극적으로 수행하고 호텔에 대한 기여도를 높이려고 할 것이다. 그러나 호텔에 대한 직업의식이 희박하다면 근로의욕이 떨어져 불평불만에 가득 차게 되므로 생산성이 낮아질 수 있다.

호텔과 같이 고객과 직접 상호작용하면서 업무를 수행하는 경우, 고객으로부터 받은 스트레스를 극복하기 위한 강한 직업의식이 없다면 직무만족도가 낮게 나타날 수 있다. 즉 호텔 구성원의 직업의식이 강해야 자신의 능력개발에 대한 욕구가 강하게 나타나며 자발적이고 적극적인 직무수행을 할 수 있다.

〈표 1-6〉 호텔 구성원의 직업의식 유형

호텔 구성원의 직업의식 유형	1) 생계유지 직업의식
	2) 자아실현의 욕구 충족 직업의식
	3) 조직의 귀속감 직업의식

3 호텔 고객의 가치변화

1. 호텔 고객의 독특성 욕구

1) 독특성 욕구 개념

현대는 풍요로운 사회 속에서 생활하면서 얻고자 하는 것을 대부분 얻을 수 있다. 즉 유형의 물건이 넘쳐나는 시대에 살고 있기 때문에, 소비자의 욕구 또한 자신만의 소유나 경험을 추구하는 방향으로 변화하고 있다. 호텔 고객도 자신이 경험하고 싶은 호텔 상품이나 서비스, 또는 자신의 개성을 잘 표현할 수 있는 호텔 상품을 구매하려는 형태로 변해가고 있다.

독특성 욕구는 다른 사람과 차별화되는 욕구로서 스스로가 만족하거나 가치 있다고 지각하게 되는 것을 의미한다. 다시 말하면, 독특성 욕구(need for uniqueness)는 자신이 독특하고자 하는 특별한 욕구, 대중으로부터 분리되고자 하는 욕구를 의미한다.[2] 즉 사람들이 자기 구별적인(self-distinguishing) 행위를 통하여 자신의 자존감을 향상시키고 부정적인 감정을 감소시키려고 노력하는 것[3]이 독특성 욕구라고 하겠다.

사회가 성숙기에 접어들수록 고객의 욕구는 독특성을 추구하여 다른 사람들과 다르게 보이고 구별되려는 욕구로 변화한다. 고객은 독특성에 대한 자기 지각을 위협하는 상황이 유발된다면, 고객이 같은 사회적 환경 속에서 생활하면서 스스로를 다른 고객과 유사하다고 인식할 때, 차별화되고자 하는 동기에 의해 독특성 욕구를 성취하려고 경쟁하게 된다.

호텔 고객은 자신의 독특성 있는 욕구, 즉 자신의 개성이나 스타일 등을 충족시켜 주는 호텔을 반복적으로 이용하게 된다. 고객의 독특성 욕구가 고객의 구매동기가 되는 것이다.

고객의 독특성 욕구는, 고객이 어느 부분에 더 높은 가치를 두고 선호함에 따라 다른 사람들과 호텔 상품이나 서비스 품질을 평가하는 기준이 달라질 수 있음을 의미한다.

독특성 욕구에 관한 이론을 소비자들의 구매에 적용할 경우, 독특성 욕구가 높은 사람은 시각적으로 또는 일반적으로 많이 사용되지 않는 독특성 제품을 구입, 사용함으로써 남들과 구별되고자 하는 성향이 강하다. 이것이 바로 독특성 욕구 이론에서 도출된 소비자의 독특성 욕구이다.[4]

호텔 고객의 독특성 욕구는 고객 자신의 이미지(self-image)와 사회적 이미지(social-image)가 결합되어 이용할 호텔이 결정된다. 그 호텔을 이용하는 과정에서 일반 고객과 다른 개별화된 욕구를 충족하려는 특질(trait)을 지닌다.

2) 호텔 고객의 독특성 욕구

호텔 상품이 성장기를 지나 성숙기에 접어들면서 고객들은 같은 호텔 객실이라도 다른 고객들과 차별화된 객실을 원한다. 비록 호텔 객실의 규모는 같을지라도 객실의 인테리어가 독특하거나, 분위기가 다르다면 고객의 욕구를 충족시킬 수 있을 것이다.

종사원이 제공하는 서비스 또한, 고객은 모든 이에게 제공하는 일반적인 서비스가 아닌, 자신만을 위한 독특한 서비스를 경험했을 때 그 만족도가 높아지는 형태로 바뀌고 있다.

최근에는 호텔 서비스 품질에 대한 욕구 역시 달라지고 있다. 고객의 주관적인 서비스 품질에 대한 욕구가 객관적으로 좋은 서비스 품질보다 더 선호되는 것이다.

이는 고객 자신이 독특한 서비스를 누리고, 자신만이 지각할 수 있는 서비스에 더 만족하는 방향으로 욕구가 변화하고 있음을 의미한다. 즉 고객의 욕구가 다른 고객과 차별화된 서비스를 받아 잊지 못할 경험과 좋은 추억을 남기려는 욕구로 변화하고 있다.

독특한 호텔 서비스를 선택하는 것은 고객 자신의 개성과 정체성을 소비의 형태로 나타내는 하나의 행위이자 욕구이기도 하다. 독특한 고객은 일반적으로 제공되는 호텔의 서비스나 브랜드가 아니라 고객 자신이 다른 사람과 구별되고자 하는 욕구가 충족되는 호텔을 선택하게 된다.

호텔의 입장에서는 개성이 뚜렷해지고 있는 고객의 소비성향에 부합하는 독특한 상품이나 서비스를 제공할 수 있어야 경쟁력을 가지게 될 것이다.

독특성의 욕구를 가진 고객은 호텔 객실 선호에서도 차이가 있다. 여성들이 선호할 수 있는 인테리어 및 시설을 갖춘 객실, 금연 객실, 비즈니스 객실, 게임 및 영화를 즐길 수 있는 객실 등 기존과는 다른 형태의 객실을 선호한다.

종사원들도 개별화된 독특한 서비스 제공을 위해 끊임없는 연구가 필요하다. 즉 호텔 객실도 고객의 소비성향 변화에 부합해 개별화된 욕구를 충족시킬 수 있도록 창의적인 서비스나 객실 형태를 고객에게 제공해야 할 것이다.

고객의 독특성 욕구를 충족시키기 위해, 먼저 고객의 개별화된 특성을 파악하고 경험의 가치를 잘 디자인해야 할 것이다.

2. 고객의 가치변화

가치는 어떤 것을 이용함으로써 대상자가 욕구를 충족시키거나 목적을 달성할 수 있음을 뜻한다. 호텔 서비스가 어떤 가치를 지닌다는 것은 그 서비스를 통해 그에 부응하는 욕구를 충족하고 목적을 달성할 수 있다는 것이다.

고객의 가치는 그들의 욕구를 충족시키는 과정이 쉽고 편리해야 하고, 감성적인 요인이 서비스를 사용하는 목적이나 필요와 부합해야 높게 나타난다.

호텔 고객의 가치와 욕구는 매우 다양하지만, 그것들을 충족시키는 방법 또한 수없이 많다. 호텔은 다양한 고객의 가치와 욕구를 최대한 충족시켜 기억에 남는 경험, 삶을 충만하게 하는 경험의 가치를 극대화해야 할 것이다.

고객의 가치는 호텔 객실이나 부대시설 이용에서 동기가 유발된다고 할 수 있다. 호텔 객실을 이용하는 고객의 가치가 물리적인 환경보다는 고객의 기분이나 감성과 같은 심리적인 요인에 의해 구매 활동을 결정하는 경향이 증가하고 있다.

고객이 호텔 객실을 결정하는 관점 또한 점차 달라지고 있다. 효율성과 실용적인 관점에서 지각하여 소비하는 것에서 벗어나 내재적 가치인 즐거움, 놀이성과 같은 주관적으로 지각하는 가치에 따라 선택하는 것이다.

호텔과 고객과의 관계에서 고객의 가치를 살펴보면 첫째, 연결의 가치를 파악해야 한다. 호텔과 고객과의 연결시스템이 잘 작동되어 원만하게 연결되었는지를 파악해야 할 것이다. 둘째, 적시성의 가치이다. 고객이 필요한 것을 적시에 서비스했는지를 파악해야 한다. 셋째, 즐거움의 가치이다. 고객의 특별한 경험으로 즐거움을 느낄 수 있게 했는지를 파악해야 한다. 넷째, 수익성의 가치이다. 호텔과 고객 모두가 이익이 되었는지, 아니면 호텔만 이익이 있었는지 혹은 고객만 이익이 있었는지를 파악해야 한다. 마지막으로 소통의 가치이다. 고객과의 지속적인 관계를 유지할 수 있도록 원만한 소통이 이루어졌는지를 파악해야 할 것이다.

톰신(Thomisn)[5)]은 소비자의 욕구와 기대가 빠른 속도로 변화하는 상황에서, 고객중심전략의 핵심은 고객이 지각하는 가치라고 하였다. 따라서 호텔 객실의 고객지향적인 핵심 가치전략은 고객의 지각 가치에 중점을 두고 객실의 유무형 서비스를 제공해야 한다. 호텔 경영자는 고객이 추구하는 가치에 대해 먼저 파악하고, 그에 맞는 서비스를 제공해야 변화하는 고객 욕구를 충족시킬 수 있다.

호텔 고객이 지각하는 고품질 서비스는 고객의 행동, 생각, 또는 삶을 유익하게 만들어 주는 진정한 경험을 제공하는 것이다. 즉 편안하고 안락한 객실에서 휴식을 즐기려는 고객들의 정서적 가치를 극대화하는 것이다.

문제에 대한 토론

1. 호텔의 기능에 대해 논의하여 보자.

2. 호텔기업의 특성에 대해 논의하여 보자.

3. 호텔 고객가치의 변화에 대해 논의하여 보자.

호텔객실관리

Hotel Room Management

CHAPTER 2

호텔 서비스 이해

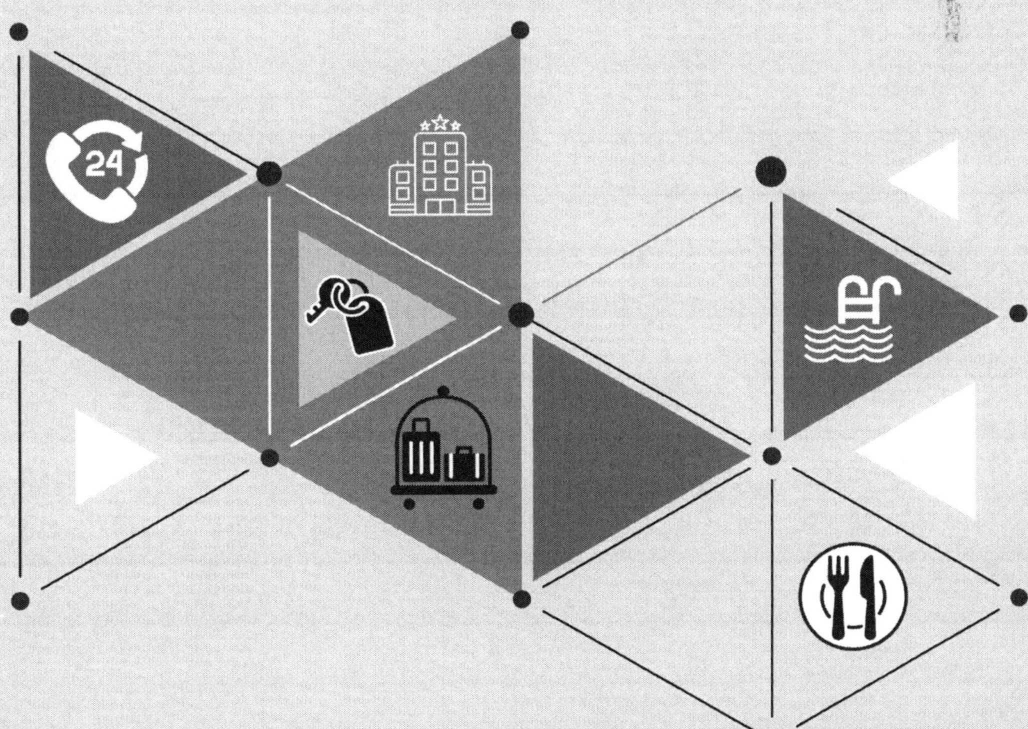

02 호텔 서비스 이해

1 서비스의 개념

1. 호텔 서비스의 의의

호텔 서비스는 근본적으로 고객에게 따뜻한 사랑의 마음과 애정을 구체화하는 마음, 즉 인간지향적인 관계에서 봉사한다는 마음에서 출발한다.

호텔 서비스는 정신적 서비스, 태도적 서비스, 기능적 서비스와 희생적 서비스로 나누어진다.

호텔 서비스는 고객과 접하며 고객의 마음에 충족되는 상호작용 서비스를 통해 의미 있는 결과를 창출할 수 있다. 고객의 욕구나 요구에 부흥하도록 정성과 책임감 있는 서비스를 제공해야 한다.

호텔 서비스란 호텔이 제공하는 인적 서비스, 물적 서비스, 시스템적 서비스를 기반으로 한, 고객의 욕구를 충족시키는 일련의 행위에서 상품을 교환하는 커뮤니케이션 종합상품이다.

호텔 상품은 경험에 의해 상품평가가 이루어지므로 그 경험의 가치를 극대화해야 고객만족도 향상에 이바지할 수 있다. 고객의 경험은 인적 서비스, 물적 서비스, 시스템적 서비스의 각 요소들이 고객의 가슴을 울리는 감동을 줄 때 그 가치가 극대화된다.

2. 호텔 서비스의 접점관리

호텔 서비스는 고객에게 서비스를 전달하는 과정이 가치 창출의 핵심적인 요소이다. 고객에게 어떤 과정을 통해 가치를 전달하느냐가 호텔의 경쟁력이자 고객의 가치를 창출할 수 있는 대안이다.

1) 결정적 순간관리

고객이 마주치는 모든 접점이 모여 하나의 경험이 된다. 따라서 풍성한 경험이 될 수 있도록 접점관리가 매우 중요하다고 할 수 있다. 결정적 순간관리는 고객이 호텔과 접촉하는 순간, 이 호텔 방문이 최고의 선택이었음을 지각시키는 것이다.

결정적 순간(moment of truth)은 호텔이 고객에게 제공하는 가시적인 서비스 품질로 인지되는 다양한 요소, 즉 인적 서비스나 물적 서비스가 고객에게 고품질로 제공되는 최초의 시점을 말한다. 이 시점에서 고객의 행복감을 더 나아지게 할 때, 서비스 품질이 높아진다.

다시 말해, 호텔의 결정적 순간은 고객이 종사원이나 특정한 상품과 처음으로 접촉하는 상황에서 고객의 경험을 평가하게 되는 순간을 의미한다. 고객이 호텔과 처음으로 접촉하는 순간은 여러 형태로 나타난다.

예를 들면, 고객이 호텔을 예약하기 위해 처음으로 접하는 종사원과 상호작용하는 과정에서 부드럽고 적절한 방식으로 접촉한다면 좋은 결정적 순간을 창출할 수 있을 것이다.

고객과 접하는 업무를 수행하는 종사원들은 결정적 순간을 효과적으로 관리하기 위해 항상 고객과의 첫 접촉 시점을 잘 관리할 수 있도록 고객 개인화, 적절한 서비스 및 서비스 가치 향상을 위한 훈련이 되어야 한다. 또한 개인화 정도를 파악할 수 있는 체크리스트를 작성해야 한다.

〈표 2-1〉 호텔 개인화 체크리스트

호텔 개인화 체크리스트	① 우리 고객을 잘 이해하기 위한 시간을 가진 적이 있는가?
	② 우리 고객의 유형을 알고 있는가?
	③ 고객이 즉시 가치가 있다고 인정할 만한 매우 적절한 제안을 제공하는가?
	④ 고객과 언제, 어떻게 지속적으로 접촉할지 주의 깊게 선택하는가?

2) 호텔 인카운터(encounter)관리

호텔은 고객에게 고품질 서비스를 제공하기 위해 끊임없이 교육훈련을 하지만 다양한 고객의 욕구 충족에는 많은 어려움이 있다. 이로 인해 고객과 상호작용하는 과정에서 불만의 소리가 나올 수 있다.

호텔 인카운터(encounter)는 고객이 호텔과 상호작용 혹은 접촉하는 과정에서 고객이 지각하게 되는 순간들을 의미한다. 즉 고객이 호텔과 접촉하는 상황에 인카운터가 일어나며, 그때마다 고객은 제공되는 각종 서비스를 지각하게 된다. 이 접촉 상황을 관리하는 것을 인카운터(encounter)관리라고 할 수 있다.

호텔 종사원이 업무를 수행하는 과정에서 고객과 상호작용할 때마다 인적·물적·시스템적 인카운터가 이루어지고 있다. 이때 호텔의 인카운터는 양자 간에 경제적·사회적·개인적 특성에 의해 관계가 결정된다.

세르덴(Sherden)[6]은 대면 인카운터(face-to-face encounter)에서 행동의 상호관계가 중요하게 작용한다고 강조하였다. 그는 서비스 품질을 고객과 종사원 간의 인간관계로 파악하고, 서비스 제공행위 과정에서 고객이 종사원의 품질을 평가한다며 서비스 인카운터의 중요성을 부각했다.

킹 앤드 개레이(King and Garey)[7]는 고객과 종사원과의 상호작용, 즉 서비스 인카운터에서 발생하는 서비스 품질을 관계 품질(relational quality)이라고 하였다. 이는 호텔 인카운터에서 어떤 관계를 형성하는가에 따라 서비스 인카운터의 품질이 결정된다는 것을 의미한다.

고객에게 인카운터의 품질 향상을 위해 친밀감 혹은 따뜻한 마음을 가지고 고객을 돕고자 하려는 태도가 곧 관계 품질을 높이는 것이다.

고객과 접촉할 때마다 호텔 종사원의 밝은 표정, 따뜻한 마음, 온화한 미소, 공손한 표현, 단정한 상태나 친절성을 보여주는 것이 바람직한 인카운터관리라고 할 수 있다.

〈표 2-2〉 호텔 서비스의 접점관리

호텔 서비스의 접점관리	1) 결정적 순간관리
	2) 호텔 인카운터(encounter)관리

3. 호텔 종사원의 역할

호텔 종사원을 단순한 인적 구성원으로서 호텔을 유지하는 수단이나 효율적인 영업활동을 하는 수단으로 생각하는 것은 미래지향적인 호텔이라고 보기 어렵다.

호텔 종사원들은 고객과 직접 상호작용하면서 업무를 수행하고 있다. 즉 호텔 종사원들은 고객과 밀착된 상태에서 업무를 수행하기 때문에 고객으로부터 정보를 획득하기에 유리한 환경에서 종사하고 있다.

호텔 종사원은 상품을 생산하는 주체자의 역할을 하기도 하고, 그리고 호텔 상품을 판매하는 판매자의 역할을 하고 있다. 이들의 내용을 구체적으로 살펴보면 다음과 같다.

1) 정보수집자의 역할

호텔 종사원은 고객과 접촉해 직무를 수행하기 때문에 시장이나 경쟁사의 정보를 파악하는 데 중요한 역할을 한다. 호텔 종사원과 고객 간에 친밀한 관계가 형성되면 활발한 정보교환이 이루어진다.

호텔 경영자는 가치 있는 정보를 얼마나 획득하고 있느냐가 합리적인 의사결정을 하는 데 매우 중요한 요소가 된다. 호텔 종사원이 고객으로부터 가치 있는 정보를 수집할 경우 경쟁력 있는 호텔이 될 수 있다.

호텔 종사원은 고객과 대화하는 과정에서 호의 혹은 비호의적인 감정 등을 파악할 수 있다. 무엇을 어떻게 제공할 때 고객이 호의적 반응을 보이는가를 파악한다면 경쟁력 있는 호텔을 창출할 수 있다.

2) 호텔 주체자의 역할

호텔은 인적 서비스의 의존도가 높은 산업이며 그 서비스 자체가 상품이 되기도 한다. 이로 인해 고객은 종사원들을 단순한 직원이 아닌, 호텔이나 상품 그 자체로 볼 수 있다.

호텔 종사원이 고객에게 인적 서비스를 제공하는 순간, 서비스의 주체자가 된다. 친절하게 고객을 맞이하고 상냥한 미소로 접객하는 것이 곧 서비스의 상품이기 때문이다.

따라서 고객에게 서비스를 제공하는 종사원이 호텔의 주체자로서 역할을 하는 것이다. 이는 곧 호텔의 핵심적 가치를 제공하는 사람이 종사원임을 의미한다.

3) 마케터의 역할

호텔 종사원은 고객이 이용하고 싶은 상품을 판매하는 마케터의 역할을 한다. 마케터는 호텔 상품을 지속적으로 안내하고 설명하면서 새로운 비즈니스 모델을 성장시켜야 한다.

기업이 광고를 선전하여 자사의 상품을 소비자에게 호소하는 것과 같이, 종사원이 고객에게 친절히 대하고 밝은 표정을 짓는 것은 긍정적인 광고 선전효과를 창출하는 것이라 할 수 있다.

호텔 종사원은 호텔 상품을 판매하는 광고 선전물의 모델 역할을 한다. 종사원이 단정하고 세련된 자세로 서비스를 제공할수록, 호소력 있는 선전물이 된다.

또한 종사원은 호텔의 이미지를 결정하고, 그 이미지는 마케팅에 높은 영향을 미치게 된다. 고객의 눈에는 종사원이 움직이는 호텔의 안내판처럼 보일 수 있다.

이 외에도 종사원이 제공하는 정보나 이미지는 상품에 대한 불확실성이나 위험성을 해소할 수 있다. 고객에게 마케터의 설명과 광고 선전물의 효과를 기대하게 만드는 것이 종사원의 바람직한 서비스 태도이다.

따라서 호텔 고객은 종사원의 외형적인 모습이나 자세 등을 보면서 상품이나 서비스 구매에 영향을 미치기 때문에 종사원이 곧 마케터라 할 수 있다.

호텔 종사원의 마케터의 역할을 종합하면 첫째, 소비자에게 알리는 광고 선전물 역할이다. 둘째, 광고 선전물의 모델 역할이다. 셋째, 이미지 마케터 역할을 한다. 넷째, 서비스 자세가 곧 마케터 역할을 한다.

〈표 2-3〉 호텔 종사원의 역할

호텔 종사원의 역할	1) 정보수집자의 역할
	2) 호텔 주체자의 역할
	3) 마케터의 역할

2 호텔 서비스의 속성과 전달체계

1. 호텔 서비스의 속성

호텔은 잠을 자는 곳, 즉 숙박의 기능과 음식을 제공하는 식당의 기능으로 알려져 왔다. 현재는 호텔 고객의 다양한 욕구 충족 그리고 심화된 경쟁 속 역량 강화 차원에서 다양한 상품을 제공해야 하는 환경에 직면했다.

이에 호텔은 여가를 즐기고 지식과 정보를 교류하며 고객에게 윤택함, 편익 혹은 휴식을 제공하는 장소의 속성을 지니게 되었다.

이 외에도 호텔 이용객에게 열려 있는 공간이자 지역사회에 가치를 제공하는 공공장소로서의 속성, 사회 · 문화적 서비스를 제공하는 속성까지 가지고 있다.

1) 공공장소의 기능적 속성

(1) 시장(거래 · 교환) 기능적 속성이 있다.

(2) 레저 · 레크리에이션 기능적 속성이 있다.

(3) 문화적 커뮤니케이션 기능적 속성이 있다.

(4) 지역주민의 커뮤니티 센터(community center)로서 기능적 속성이 있다.

2) 서비스 · 판매 기능적 속성

(1) 전통적 기능의 속성

① 숙박제공의 기능적 속성이 있다.

② 음식제공의 기능적 속성이 있다.

③ 휴식제공의 기능적 속성이 있다.

(2) 현대적 기능의 속성

① 만남 · 집회, ② 문화 · 교육행사, ③ 레저 · 레크리에이션 활동, ④ 건강 · 의료관리, ⑤ 쇼핑 · 관람, ⑥ 비즈니스 · 정보 교환의 기능적 속성을 가지고 있다.

호텔은 현대인의 욕구에 부응하는 사회 · 문화적인 역할체로서 공익적인 서비스를 위한 공간을 제공하는 사업체[8)]이다.

호텔은 공익성과 사회 · 문화적 기능을 동시에 가지고 있다. 즉 기업의 가치를 추구하면서, 지역사회에 이바지하고 공존하는 시설이다.

이 외에도 고객의 다양한 욕구를 충족하는 품격 있는 서비스를 제공하며, 질서 있는 작은 도시의 역할을 수행하는 곳이다.

〈표 2-4〉 호텔 서비스의 속성

호텔 서비스의 속성	1) 공공장소의 기능적 속성
	2) 서비스 · 판매 기능적 속성
	(1) 전통적 기능의 속성
	(2) 현대적 기능의 속성

2. 호텔 서비스의 전달체계

호텔의 서비스 전달체계는 공장에서 생산하여 소비자에게 전달되는 체계와는 다르다. 호텔 상품은 생산과 소비가 동시에 이루어지고 저장이 불가능하기 때문에, 전달체계가 합리적이고 효율적으로 구성되었을 때 상품의 가치를 높일 수 있다.

호텔 서비스는 고객, 종사원, 물리적, 시스템적인 요소가 유기적일 때 그 가치가 높아진다. 또한 호텔 상품은 고객이 생산에 참여하는 경우가 많기 때문에, 서비스 전달체계에 따라 상품의 품질이 좌우된다.

정리하면, 호텔의 서비스 전달 과정은 유형적 요소와 무형적 요소가 결합하여 상품이 창출되고 소비되는 과정이다. 이 과정은 호텔의 서비스 전달체계에서 종사원의 서비스, 물리적, 시스템적 환경 사이에 직접 혹은 간접적으로 상호작용을 하게 된다.

종사원이 고품질 서비스를 전달할 수 있는 체계를 구성하는 데 고려할 사항을 보면 다음과 같다.

1) 효과적인 인적 서비스 전달체계

효과적인 인적 서비스 전달체계를 조성하여야 한다. 종사원이 업무를 수행하는 과정에서 고품질 서비스를 전달할 수 있도록 의사전달 시스템이 잘 갖추어 있어야 한다.

2) 합리적인 서비스 품질관리체계

서비스 품질관리체계가 합리적으로 이루어져야 한다. 고객은 상품생산에 참여하는 생산자이자, 자신의 욕구를 전달하는 수요자며 서비스의 평가자다.

호텔은 고객의 욕구를 최대한 서비스생산에 반영하고 원활한 의사소통이 이루어질 수 있도록 체계적인 관리가 필요하다. 고객이 상품생산에 참여할 때 능동적이고 효과적으로 참여할 수 있도록 서비스 품질관리를 합리적으로 체계화해야 한다.

3) 물리적 환경을 통한 고객가치

물리적 환경을 통해 고객가치를 창출해야 한다. 물리적인 환경은 고객이 눈으로 인지하기 때문에 평가하기 가장 쉬운 요소이다. 즉 물리적인 환경은 시각적으로 나타나기 때문에 긍정적 및 부정적 평가가 쉽다는 것이다.

4) 시스템적 체계화

시스템적 체계화는 편리성에 영향을 준다. 호텔 예약시스템, 회계시스템, 안내시스템 등은 고객과 접할 때 편리한 서비스를 제공할 수 있는 요소들이다. 이들의 기능적 요소가 곧 고객의 편리성에 영향을 미치는 것이다.

〈표 2-5〉 호텔 서비스의 전달체계

호텔 서비스의 전달체계	1) 효과적인 인적 서비스 전달체계
	2) 합리적인 서비스 품질관리체계
	3) 물리적 환경을 통한 고객가치
	4) 시스템적 체계화

3 호텔 종사원의 자기관리 이해

1. 호텔 종사원의 자기관리

우리는 일상생활을 하면서, 자기관리를 잘하는 사람이 주어진 업무를 철저히 책임감 있게 수행하는 것을 본다.

호텔 종사원은 자기관리를 통해 직무에 대한 지식과 기술을 강화한다. 동시에 자신이 하는 직무에 대한 믿음과 확신을 가지게 된다. 직무에 대한 확신은 곧 직무에 대한 자긍심과 신념을 갖게 하고, 고품질 상품을 생산할 수 있도록 한다.

자기관리는 다양한 상황에서 성공적으로 수행할 수 있다는 자신의 전반적인 능력에 대한 동기부여와 신념으로, 다른 과제와 상황에 대해 효과적으로 수행할 수 있는지 확신하는 정도라고 정의한다.[9] 즉 종사원들의 자기관리는 자신이 수행하는 업무능력에 대한 믿음과 확신을 의미한다.

종사원이 자기관리를 하는 경우, 단순히 고객에게 서비스를 제공하는 역할에서 벗어나 직무를 통해 자신의 역량과 가치를 증명하려는 자세를 가지게 된다.

반두라(A. Bandura)는 자기효능감이 높은 사람일수록 자기가 맡은 일에 대해 더욱 몰입하고 헌신하려는 경향이 강하고, 도전적인 목표를 설정하고 이를 달성하려는

의지가 높다고 하였다.[10]

이는 자기관리가 높은 호텔 종사원일수록 자신의 직무가 어렵고 힘들어도 상황에 따라 적절하게 잘 처리할 수 있다고 하겠다. 자기효능감은 자신이 가지고 있는 지식, 능력 및 기술을 적절히 운용하고 조직화하여 동원하는 능력(capacity)에 대한 자신의 신념을 말하며, 특정 행동 수준의 선택, 노력의 크기 및 지속성의 차원을 통해서 동기와 행동에 영향을 미친다.[11]

호텔 경영자는 종사원이 자신의 업무에 강한 신념, 믿음을 갖고 업무를 수행할 수 있도록 체계적으로 지원해야 한다. 나아가 직무에 대한 확신성을 갖고 고객에게 서비스를 제공할 수 있도록 해야 한다.

2. 호텔 종사원의 자기관리 조건

호텔 종사원이 고객으로부터 '서비스가 뭐 이래'라는 말을 들었을 때, 그 고객에게 '고맙다'고 생각할지 아니면 '비참하다'고 생각할지 궁금하다. 나의 서비스 품질을 높일 기회를 주는 것으로 생각할지, 아니면 이런 고객에게 서비스를 제공하지 않고 싶은 생각을 할지에 대해서도 궁금하다.

이런 말을 듣게 되면 보통 그 고객에게 다시는 서비스를 제공하고 싶지 않다고 느낀다. 그러나 자기관리를 철저히 하는 사람은 다르게 느낄 것이다.

만일 스티브 잡스가 이런 이야기를 들으면 어떻게 생각했을까. 아마 그는 고맙다고 생각할 것이다. 왜냐하면 성공한 사람들은 자기관리를 철저하게 하기 때문이다. 호텔 객실 종사원들은 고객이 '서비스가 뭐 이래'이라고 들었을 때, 까다로운 고객으로 생각이 들면, 스티브 잡스와 같은 성공적인 삶을 갈망하고 있는지를 자신에게 질문해 보길 바란다.

1) 고품질 서비스 제공을 위한 자기관리

(1) 건강관리

무형의 상품을 판매하는 호텔 종사원은 자신의 업무를 수행하는 데 있어서 적극적이고 긍정적인 자세로 종사해야 한다. 유형의 상품은 눈으로 확인하기 쉽지만, 무형의 상품은 확인하기 어려워 열심히 설명해야 고객이 이해 가능한 부분이 있기 때문이다.

호텔 종업원의 자기관리에서 건강관리의 필요성은 첫째, 고객과 접점에서 열정적인 설명과 이해력 향상을 위해 필요하다.

종사원이 접객할 때 열정을 가지고 접촉하고 이해를 돕기 위한 노력을 하려면 신체가 건강해야 적극적이고 열정적으로 할 수 있다.

건강하지 못하면 직무에 자신감이 부족하게 되고, 이는 고객과 접할 때 소극적인 자세로 고객과의 관계를 형성할 가능성이 높다.

둘째, 고품질 서비스 제공의 원동력이기 때문에 필요하다.

건강한 신체는 건강한 정신을 만들고, 건강한 정신은 고품질 서비스를 제공하는 데 원동력이 된다. 이는 긍정적인 사고를 만들고 접객하는 과정에서 비록 부족한 부분이 있더라도 열정적이고 적극적으로 문제를 해결하려는 자세를 갖게 된다.

셋째, 도전 의식의 생성을 위해 필요하다.

건강한 신체는 강한 도전 의식을 가져 부족한 부분을 극복하려 노력하고, 결과적으로 고품질 서비스를 제공하는 동기부여가 될 수 있다.

(2) 시간관리

1990년대, 기업은 경영혁신을 위한 방법으로 시간을 최대한 효율적으로 활용하고자 하였다. 즉 이 시대는 기업이 시간관리를 철저히 하여, 제품을 생산하는 과정에서 시간을 단축하는 방법이나 종사원의 이동에 대한 시간관리 등에 대해 관심을 가지던 시기였다.

호텔의 생산성 및 고객의 만족도 향상을 위해 시간관리의 중요성이 부각된 이유를 보면 첫째, 경영혁신 차원에서 시간관리가 요구된다. 호텔기업은 효율적인 자원관리를 위해 시간을 관리해야 한다. 즉 시간관리를 경영 혁신적인 차원에서 다루어 생산성 향상을 이끌어낼 수 있다.

둘째, 고객의 시간관리가 호텔 상품의 가치를 향상시키는 원인이다.

호텔 상품의 가치는 다양한 요인에 의해 생성된다. 호텔에서 제공하는 서비스가 고객이 기대한 시간보다 일찍 제공될 경우 일어나는 긍정적인 반응이 서비스 가치를 높일 것이다.

셋째, 고객의 시간관리는 신뢰성을 높이는 원인이다.

고객의 시간을 합리적으로 관리할 때 고객의 욕구 충족이 이루어지고, 호텔이나 종사원에 대한 신뢰성이 높게 나타날 수 있다. 명품의 요소를 보면 상품의 일관성, 상품에 대한 신뢰성, 희소성 등이 그 핵심적인 요소들이다.

고객의 시간관리가 신뢰성으로 이어지므로, 호텔은 고객의 시간을 잘 관리할 필요가 있다. 즉 고객의 시간은 기업이나 종사원의 시간보다 더 소중하게 관리되어야 한다.

(3) 미래관리

호텔은 고객의 현재가치 관리에도 자원을 집중시켜야 하지만, 지속적으로 방문하도록 미래관리에 더 많은 관심과 자원을 투입해야 한다.

미래관리는 현재의 고객에게 심리적 안정을 제공하는 정신적 서비스, 고품질 서비스, 편리한 시스템적 서비스 등의 가치를 극대화하는 것을 의미한다.

호텔은 고객의 미래관리를 위해 첫째, 고객과의 상호 친밀한 관계를 유지해야한다. 고객이 호텔 상품을 이용할 때 심리적으로 친밀감, 종사원의 친절 및 예절, 종사원의 서비스 태도 등이 우수하다면 미래관리가 될 수 있을 것이다.

둘째, 고품질 서비스를 제공해야 한다. 고객과의 관계를 지속적으로 유지하려면, 우수한 품질이 핵심이다. 호텔 상품의 품질에 따라 고객은 즐거워한다든지, 행복하다든지, 기분전환이 되었다든지 등의 가치를 가지게 된다. 이는 호텔과 고객 간의 미래지향적인 관계를 형성한다.

셋째, 이용에 편리한 서비스를 제공해야 한다. 고객이 호텔 상품을 이용할 때 정신적으로 만족하고, 물질적으로 우수해도 이용하기에 불편하면 미래지향적인 관계를 형성하기 어려울 수 있다. 즉 고객이 호텔 상품을 이용하거나 접근하는 과정이 편리해야 효율적인 미래관리가 된다.

호텔 종사원은 자신의 건강관리, 시간관리, 미래관리가 원만하게 이루어질 때 고객과의 관계가 지속적으로 이루어질 수 있다. 이를 위해 종사원들은 자신의 업무에 대한 신념과 확신을 가지고 고객을 관리해야 한다.

〈표 2-6〉 호텔 종사원의 자기관리 조건

호텔 종사원의 자기관리 조건	1) 고품질 서비스 제공을 위한 자기관리
	(1) 건강관리
	(2) 시간관리
	(3) 미래관리

3. 자기관리에 의한 자기실현의 장

자기관리를 지속적으로, 철저하게 한다는 것은 쉬운 일이 아니다. 자기관리를 잘하게 되면, 자신이 호텔에서 어느 정도의 위치에 도달할 수 있다는 것을 알 수 있으나 이를 계속 유지하는 것은 높은 인내력을 요구한다.

호텔 종사원은 자기관리를 실천하며 업무에 대한 강한 믿음과 확신을 얻고, 자기발전까지 도달하게 된다. 즉 철저한 자기관리는 생산성 향상, 고품질 서비스 제공, 호텔조직의 기여 등으로 이어지는 것이다.

종사원의 자기관리는 자신의 욕구를 실현하는 것이며, 호텔은 그 자기실현의 장이다. 호텔이 자기실현의 장이 되기 위해서는 첫째, 고객이 선호하는 것을 실현할 수 있는 장이 되어야 한다.

호텔 종사원 자신이 좋아하는 것이 아닌, 고객이 좋아할 수 있는 것을 우선해야 한다. 고객과 상호작용에서 고객이 즐겁고 만족할 때 종사원들은 자기관리에 몰입하려는 마음가짐이나 자세가 생성될 수 있다.

둘째, 호텔 종사원 자신이 하는 일에 흥미, 즐거움, 관심을 높이는 실현의 장이 되어야 한다.

호텔 종사원은 고객과 상호작용을 할 때 즐겁고, 재미있고 관심이 높은 것을 함으로써 고객과의 관계를 지속적으로 유지할 것이다. 호텔은 종사원 자신을 발전하고 실현하는 장이 되어 끊임없이 자기관리를 하게 되는 동기가 될 것이다.

셋째, 자기관리를 통해 업무에 대한 비전, 확신, 믿음을 얻는 자기실현의 장이 되어야 한다.

호텔 종사원은 고객과 상호작용을 통해 자신의 미래 모습이 어떻게 될지를 예측하고, 업무에 확신이나 강한 믿음을 얻는다. 이는 자기관리의 동기가 되고, 호텔을 자기실현의 장으로 만든다. 일련의 과정들로, 직장 만족도는 높아지고 자기관리를 더 충실히 하는 선순환이 일어난다.

결국, 호텔 종사원이 자기관리를 어떻게 하느냐에 따라 차별화된 서비스를 제공할 수 있다. 나아가 고객의 욕구를 충족시키면서 우호적인 관계를 구축하고 변치 않는 충성도를 확보하며, 호텔의 가치를 증대시키고 자기실현의 장이 될 수 있을 것이다.

〈표 2-7〉 **자기관리에 의한 자기실현의 장**

자기관리에 의한 자기실현의 장	첫째, 고객이 선호하는 것을 실현하는 장
	둘째, 호텔 종사원이 자신의 일에 흥미, 즐거움, 관심을 높이는 실현의 장
	셋째, 자기관리를 통해 업무 비전, 확신, 믿음을 얻는 자기실현의 장

문제에 대한 토론

1. 호텔 서비스의 접점관리에 대해 논의하여 보자.

2. 호텔 종사원의 역할에 대해 논의하여 보자.

3. 호텔 서비스의 속성에 대해 논의하여 보자.

4. 호텔 종사원의 자기관리에 대해 논의하여 보자.

Hotel Room Management

CHAPTER 3

호텔 조직의 이해

03 호텔 조직의 이해

1 호텔 조직의 구조 이해

1. 일반적인 호텔 조직

호텔의 발전을 기대하려면 근본적으로 구성원에게 직무에 대한 동기를 유발시켜야 한다. 호텔의 조직은 생명체와 같아서 자연적으로 도태되기 전에 적절한 에너지를 불어넣어야 한다. 만일 호텔 조직에 적절한 에너지를 불어넣지 못하면 그 조직은 영구적으로 사라질 수 있다.

호텔은 조직의 목적을 달성하기 위해 경영활동을 계획하고 조직화한다. 또한 구성원이 업무를 수행할 수 있도록 동기를 부여하며 경영활동을 조정하고 통제한다.

조직 구성원에 대한 적절한 동기부여는 호텔이 계획하고 실행하는 일을 효과적으로 달성할 수 있도록 만드는 강력한 힘이다.

호텔은 고객과 직접적으로 접촉하는 조직과 간접적으로 접촉하는 조직으로 구성되어 있다. 고객과의 접점을 통해 서비스를 제공하는 조직으로는 객실부서, 식음료부서 및 부대영업부서 등이 있다.

객실부서는 객실 판매 및 관리와 관련된 업무를 수행하는 부서로서 호텔의 핵심상품을 다룬다. 식음료부서는 식음료를 판매 및 관리하는 부서이며 호텔의 주된 수입을 창출하는 부서이다. 기타 부대영업부서는 객실 및 식음료부서를 제외한 부대영업장을 운영하는 조직으로 다양한 상품을 판매하고 있다.

고객과 직접 접촉하지는 않지만 생산 활동을 지원하는 조직으로 관리부서 및 조리부서 등이 있다. 관리부서에서 하는 업무를 구체적으로 보면 인사업무, 총무업무, 구매업무 및 시설업무 등이 있다. 조리부서의 업무는 식음료를 생산하는 업무를 담당하고 있다. 호텔 조직의 특성상 상품을 생산하는 과정에서 모든 조직이 협력해야만 하나의 완전한 상품으로 생산된다.

호텔 조직은 구성원 간의 긴밀한 상호협력 정도에 따라 상품의 품질이 결정된다. 구성원이 협력적으로 업무를 수행할 수 있도록 업무의 분장을 명확히 하고 동시에 권한과 책임에 대해서도 정확하게 인지할 수 있도록 해야 한다.

호텔 조직은 부서 간의 업무의 명확성을 제시할 때 고품질 상품을 생산할 수 있으면서 업무에 동기부여가 될 수 있도록 조직화해야 한다. 또한 구성원의 동기부여와 조직의 목표를 달성할 수 있도록 조직화해야 한다.

조직에 구성원의 비전이 내포되어 있어야 구성원과 호텔의 발전을 동시에 가져올 수 있다. 이것은 최종적으로 고객서비스로 귀착되며 고객의 만족도를 높이는 결과를 가져온다.

2. 호텔 조직 목표의 설정

어떤 조직이든 독자적인 형태의 목표를 가지고 있다. 조직의 목표는 그 조직이 달성하려는 본질이자, 과업 수행과 행동 방향을 제시하는 기준이다.

에치오니(A. Etzioni)는 조직의 목표가 조직이 실현하고자 하는 과업의 바람직한 상태[12)]라고 하였다. 또한 박기동[13)]은 조직의 목표가 조직행동을 통하여 실현하려는 도달상태를 의미한다고 주장했다.

호텔 조직 목표는 고객과의 건전한 관계 유지와 호텔의 이미지 개선에도 영향을 미칠 수 있다. 호텔 조직 목표는 구성원이 고객과 접촉할 때, 무엇을 어떻게 접객해야 하는지 그 방향성을 명확하게 제시한다. 이것은 고객에게 고품질 서비스를 제공하는 기반이 될 수 있다.

호텔이 조직 목표를 달성하기 위한 목표설정에 있어 고려해야 할 사항으로는 첫째, 구성원의 목표와 조직의 목표가 일치해야 한다. 구성원의 목표와 부합하지 않으면 조직이나 집단 또는 개인과의 갈등이 일어날 수 있다. 조직이나 집단의 목표를 강조할 경우 개인의 목표는 무시되거나 축소되고, 갈등을 야기할 수 있다.

이로 인해 상품의 품질이 떨어질 수 있으며, 이에 대한 피해는 고객이나 호텔이 받게 된다는 사실을 인지해야 한다. 조직과 개인의 목표가 일치한다면 직무의 몰입을 높이는 동기가 된다.

둘째, 조직의 목표는 일관성을 가져야 한다. 이러한 일관성은 구성원이 업무를 수행하면서 예측하지 못한 상황이 발생할 때, 조직의 목표와 부합하는 의사결정을 하도록 돕는다. 즉 구성원이 일관된 방식으로 업무를 수행할 수 있도록 방향성을 정해준다. 이것은 고객과 접촉 시 의사결정을 해야 하는 호텔 종사원에게 매우 중요한데, 갑작스런 상황이 발생하더라도 망설임 없이 신속하게 응대해 고객만족도를 높일 수 있기 때문이다.

결과적으로 종사원은 고객과의 접점에서 업무수행에 자신감과 확신을 가지고 서비스를 제공할 수 있다.

호텔 조직 목표를 설정하는 과정에서 조직과 구성원 개인의 목표가 일치하는 것, 그리고 일관성 있는 조직 목표가 유지되는 것은 구성원이 업무를 신속하고 효율적으로 처리할 수 있게 함으로써 조직의 유효성을 높일 수 있다.

〈표 3-1〉 호텔 조직 목표의 설정 고려사항

호텔 조직 목표의 설정 고려사항	첫째, 구성원의 목표와 조직 목표 일치
	둘째, 조직의 목표 일관성

3. 호텔 조직의 구조

아무리 유능한 사람일지라도 혼자서 독립적인 삶을 영위하기는 어렵다. 인간은 사람들과 상호의존적인 관계를 가지면서 조직에 관여하게 되어 있다. 사람이 생활하는 어느 곳이든 조직체가 존재하며, 그 조직체는 다양한 형태로 구성되어 있다.

호텔은 조직의 유효성을 높이기 위해 직무를 분장하고 인력을 적재적소에 배치한다. 또한 조직 목표를 달성하기 위해 계획, 실행, 통제하여 그 목표에 도달할 수 있도록 직무를 수행하게 한다.

호텔의 주된 상품이 서비스를 중심으로 이루어져 있기에, 조직 형태도 서비스를 효과적으로 할 수 있도록 조직화해야 한다. 호텔 조직의 구조는 기본적으로 규모, 위치, 시설, 경영형태 등에 따라 다양한 형태를 취하고 있다. 가장 기본적인 조직구조는 객실부문, 식음료부문, 관리부문으로 나눌 수 있다.

이들 조직에 대한 세부적인 조직형태는 그 호텔이 가지고 있는 경영환경에 따라 여러 가지 형태가 있다. 예를 들어 객실 300실 이하의 조직과 300실 이상의 조직도를 보면 다음과 같다.

[그림 3-1] 300실 이하의 조직도

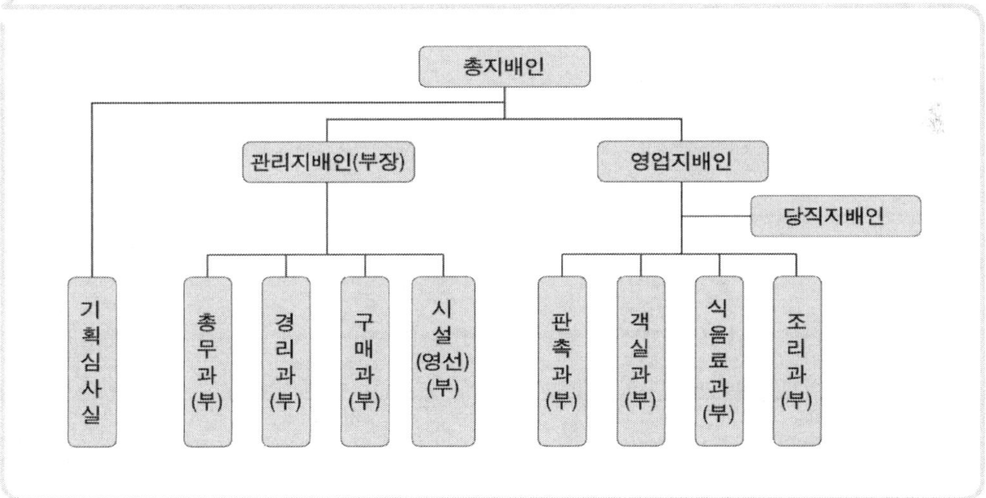

[그림 3-2] 300실 이상의 조직도

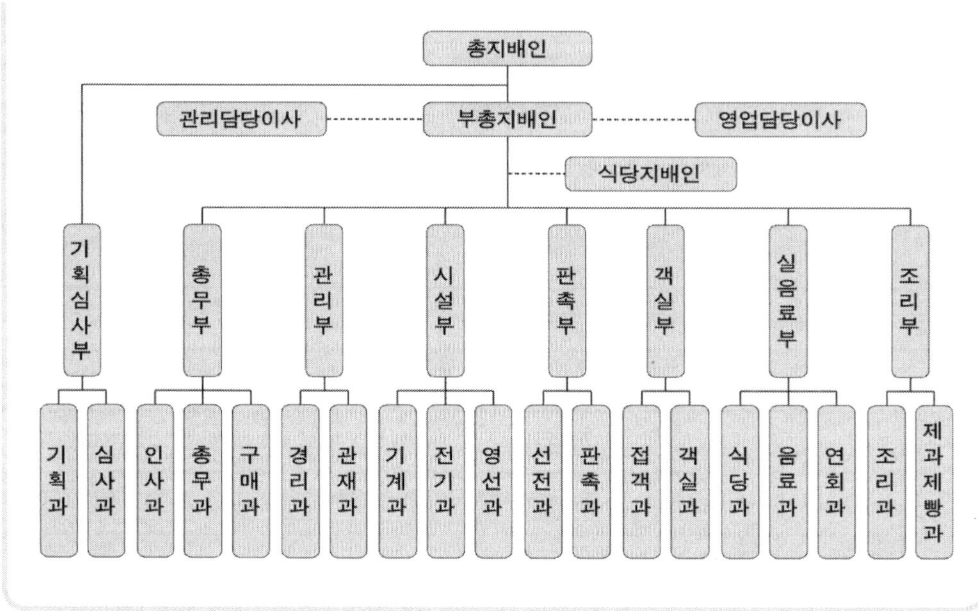

2 호텔 조직의 문화

1. 조직문화의 개념

인간은 삶을 영위하는 과정에서 다양한 환경을 접하면서 개인별 행동양식, 태도 및 가치관을 정립한다. 호텔 조직의 구성원도 특정한 호텔 환경에서 적응하며 조직활동을 하고 업무를 수행한다.

조직문화는 그 기업이 속한 국가의 사회문화적 환경에 영향을 받아 형성된다. 또한, 조직문화는 최고경영자와 일반구성원 모두를 포함하는 조직 전체 구성원들 사이에 공유된 가치 의식 및 행동 방식, 그리고 조직 차원에서 표출된 관리 관행 및 상징 특성이다.[14)]

이학종[15]은 조직문화를 사회문화적 관점에서 볼 때, 한 기업체에서 조직의 구성원들 모두가 공유하고 있는 가치관(value)과 신념(belief), 이념(ideology), 관습(habit), 규범(norm), 전통(tradition), 그리고 지식(knowledge)과 기술(skill) 등을 포함한 종합적인 개념이자 조직 구성원과 조직 전체의 행동에 영향을 주는 기본요소라고 정의하였다.

최수형[16]은 조직문화를 조직 구성원들이 공유하고 있는 가치관, 신념, 관습, 행동 패턴 등의 거시적 총체로 정의했다. 이러한 요소들은 구성원의 행동, 그리고 조직 전체의 행동에 기본 전제로 작용한다.

호텔의 조직문화는 고객에게 서비스를 제공하는 구체적인 절차와 정책을 실행하는 과정에서 인적 및 물적 자원을 시스템으로 형성하는 문화로 변화하고 있다. 이러한 문화는 구성원들의 행동 규범이 되는 공통된 가치관과 신념의 체계를 의미한다.

이를테면, 호텔 구성원들의 공통된 사고방식과 행동 패턴의 체계라고 할 수 있다. 구성원은 그 조직의 문화에 어울리는 방식으로 업무를 수행하게 된다. 접객 시 커뮤니케이션 방식이나 안내 서비스를 제공할 때도 이미 형성된 조직문화에 따라 업무를 수행하면 될 것이다.

즉 조직 구성원의 업무 방향이나 의사결정 과정에서 조직문화가 업무의 지침 역할을 한다. 또한 조직문화는 업무를 효율적으로 수행할 방향을 설정하기에, 조직의 자산이라고 할 수 있다.

페트(Peter)[17]는 고품질의 상품을 만드는 것도 결국 인간임을 주장한다. 그는 각 업무에 관심을 기울이고 있는 서비스요원, 공헌하는 구성원에 대해 경영자는 형평성을 잃지 않아야 하고 칭찬과 격려 등 사기 진작을 위해 최선을 다해야 한다고 강조한다.

호텔의 조직문화는 인간중심적인 조직문화로 형성되는 경향이 있다. 이는 통합과 유연성을 강조하는 문화로 인간관계에 중점을 두고 있다. 인간 중심의 조직문화가 형성되면 객실 직원들은 고객과의 상호작용에서 보다 다양한 사고를 갖고 높은 수준의 서비스를 제공할 것이다.

따라서 호텔의 조직문화는 업무 특성상 구성원에게 많은 권한을 위임하고 자율적인 의사결정을 가능하게 한다. 이러한 문화는 조직 구성원 간의 원활한 커뮤니케이션을 통해 정보를 공유하는 등 인간중심적으로 형성되는 경향이 있다.

2. 호텔 조직문화의 형성

조직문화는 순간적이거나 우연한 것이 아니라 지속적이고 안정적 상태에서 형성된다.

피터슨(R. A. Pterson)[18]은 기업문화가 특정 기업의 역사적 산물로서 경영환경과 끊임없는 동태 속에서 형성된다고 하였다. 호텔기업도 오랫동안 운영되면서 고유하고 독특한 조직문화를 형성하여 오게 된다는 것이다.

샤인(E. H. Schein)[19]은 문화의 형성이 곧 공유된 경험과 공통된 학습의 결과로 나타나는 사고, 신념, 감정, 가치 등의 공동패턴이 형성되는 과정이므로, 집단화 내지 집단 주체성의 형성과정과 동일하다고 간주하였다. 또한 집단의 성숙과 더불어 기업문화가 형성되고, 양자는 리더십 활동의 결과에 크게 기인하게 된다고 하였다.

박민생[20]은 기업문화를 개별기업의 일반적 특성, 전체 사회문화적 특성, 개별기업이 소속한 산업적 특성, 조직적 특성, 최고경영자 특성 등으로 정리했다. 이 밖에도 학습, 조직 내의 상호작용 관계, 구성원의 안정과 보상, 언어와 의사소통, 식품과 식사법 등도 기업문화의 근본적인 형성요인이 될 수 있다고 주장했다.

호텔이 가지고 있는 다양한 환경은 호텔 조직문화를 창조하는 데 중요한 역할을 한다. 예를 들면, 서비스를 강조하는 조직, 제품의 품질을 핵심으로 하는 조직, 판매를 중요시하는 조직 등 호텔들이 가지고 있는 상황이나 환경이 다르기에 조직문화 또한 다르다.

조직문화는 경영자의 가치관이나 방침에 따라 다양하게 형성되는 경우가 많다. 호텔 경영자의 철학을 실현하고자 하는 방식에 따라 조직문화가 다르게 나타난다.

호텔은 고객과의 접점에서 상품이 생성되기 때문에 조직문화에서도 고객, 종사원, 경영자 간에 공감대가 형성되어야 한다. 비록 호텔별로 경영의 방식이나 형태는 다를 수 있지만, 고객과 경영자 및 종사원의 상호작용을 통해 호텔이 운영되기 때문에, 조직의 문화에서도 원활한 상호작용이 이루어질 수 있도록 조성되는 경우가 대부분이다.

3. 호텔 조직문화의 중요성

우리가 사는 사회에는 항상 어떤 형태로든 문화가 형성되고, 각각의 문화를 공유하고 그에 따라 행동하게 된다. 급속한 변화와 치열한 경쟁 속에서 호텔이 생존하기 위해, 호텔은 그들의 환경에 적응할 수 있는 적절한 조직문화의 개발과 정착이 끊임없이 요구되며, 이에 조직문화의 중요성이 부각되고 있다.

조직관리나 경영의 합리화 차원에서, 구성원의 일관된 사고와 행동 방향에 영향을 미치는 조직문화의 중요 요소는 다음과 같다.

1) 구성원의 충성도 · 일관된 행동 영향

호텔은 인적 의존도가 높은 산업이므로 경영의 합리화를 위해 조직 구성원의 통일된 공헌 의욕과 행동이 필요하다. 조직문화 형성은 구성원들이 공유하는 가치체계와 행동에 영향을 주고, 호텔에 대한 충성심을 높이고 일관된 행동을 가능하게 한다.

조직문화는 조직 구성원이 직면하는 공동의 문제를 해결해 나가는 과정에서 생성된다. 이는 조직의 공유가치, 신념, 일관성 그리고 사명감 문화로서 기능한다. 이외에도 구성원의 행동 방향을 제시하고 행동을 유발하는 힘이 될 수 있다.

2) 호텔의 전략수행 영향

호텔은 경영전략을 수립할 때, 먼저 호텔의 조직문화와 일치하는지 분석해야 한다. 기존의 조직문화와 다른 경영전략을 수립할 경우에는, 조직문화의 변화까지 염두에 두고 전략을 수립하여야 할 것이다.

즉 기존의 전략이나 비전이 변화에 부합하는 방향으로 새 경영전략을 세우더라도, 그 전략이 기존의 문화와 전혀 다른 가치관이나 행동양식, 작업방식 등을 요구한다면, 성공적인 실행을 기대하긴 어렵다.

3) 의사소통 영향

호텔 내에서도 부서 혹은 집단 간의 문화적 이질성이 있을 수 있다. 문화가 이질적인 상황에서, 호텔에서 어떤 상황이 발생한다면 부서 및 집단별 해석 방식에 따라 업무를 추진할 가능성이 높다. 이는 호텔을 효율적으로 경영하기 어렵게 만든다.

조직문화는 호텔의 경영방침이나 추구하는 방향이 일관되도록 업무를 실행하게 한다. 적절한 조직문화를 갖춘다면, 부서별 혹은 집단별 의사소통이 원활하게 이루어져 어려운 문제도 쉽게 해결할 수 있다.

4) 생산성 영향

호텔 구성원들의 개인적 가치관 또는 행동 방식과 호텔이 추구하는 경영방침, 가치가 일치할 경우, 구성원들의 조직몰입도가 높아져 생산성을 향상시킨다.

이것은 고품질 서비스를 제공하고 고객의 만족도를 높이는 기반이 된다.

〈표 3-2〉 호텔 조직문화의 중요성

호텔 조직문화의 중요성	1) 구성원의 충성도·일관된 행동 영향
	2) 호텔의 전략수행 영향
	3) 의사소통 영향
	4) 생산성 영향

3 호텔 조직의 리더십

1. 리더십 개념

리더십은 다양한 조직에서 다각적으로 연구되어 왔다. 사회구조의 변화에 따라 기능과 역할도 달라지면서, 학자들은 리더십을 다양한 유형으로 분류해왔다.

예를 들어, 바스(Bass)[21]는 리더십을 상황 또는 집단 구성원들의 인식과 기대를 구조화, 재구조화하기 위해 서로 교류하는 과정이라고 주장했다.

리더십(leadership)이란 자신을 포함한 조직의 구성원에게 성공과 행복을 가져다

줄 수 있는 영향력, 지도력, 능력과 실력이라고 할 수 있다. 이는 부하직원의 욕구, 믿음, 가치를 변화시키며, 부하 스스로 조직과업의 가치와 중요성을 인식하게 한다. 나아가 개인의 이익을 조직의 이익에 일치하도록 그들을 변혁시킨다.[22)]

리더십은 집단 활동과 관련된 모든 구성원이 가능한 한 최대의 만족감을 가지고 효과적인 목표 달성을 위해 행동하도록 작용한다. 근본적으로 한 집단에서 타인의 행동에 영향을 미치는 것이며, 이를 위해 집단이 추구해야 할 목표와 그 목표의 달성방법을 최종적으로 결정한다. 나아가 그 집단의 특정한 사회적 규범을 창출해 낸다.

리더십이란 조직의 목표 달성을 위해 조직 구성원들의 자발적인 행동을 유도하고, 가장 바람직한 조직의 변화를 달성하고자 상사가 행사하는 영향력이라고 할 수 있다.[23)]

특히 호텔의 리더십은 조직의 목표 달성을 위해 종사원에게 비전과 방향을 제시함으로써 자발적인 몰입을 유도하고, 이를 통해 집단이나 조직의 성과를 창출하게 한다.

따라서 호텔의 리더는 종사원의 자질이나 적합한 특성을 개발하는 것이 중요하다. 또한 종사원이 합리적이고 사려 깊은 문제해결 능력을 갖추고, 고객 관계에 인간적인 관심을 부여할 수 있는 능력을 구비하도록 이끌어야 할 것이다.

2. 리더십의 새로운 유형

사회의 변화 속도가 워낙 빠르기에, 호텔 경영자는 어떤 리더십을 발휘해야 할지, 조직에 어떤 영향을 주어야 할지 판단하기 어려운 환경에 놓여있다.

특히 호텔시장 환경이 급변하고 구조조정의 과정에서 새로운 리더십 패러다임에 대한 필요성이 드러났고, 이 과정에서 변혁적 리더십, 서번트 리더십, 감성 리더십 등이 대두되고 있다. 리더십이란 조직의 목표를 달성하기 위해 영향력을 발휘하는 과정이며, 이는 근본적으로 변화와 밀접한 관련이 있다. 즉, 신조류 리더십 이론은 변화를 주도하는 리더십에 초점을 맞추고 있다고 하겠다.

신조류 리더십은 비전과 변화 주도에 초점을 두는 것으로, 리더는 비전을 지녀야 하며 하위자에게 강한 정서적 반응을 이끌어 낼 수 있어야 한다. 또한 정서적 반응을 어떻게 이끌어 내는가가 주된 관심사이다.

따라서 변혁적 리더십(transformational leadership)과 서번트 리더십(servant leadership), 감성 리더십은 부하의 욕구와 조직의 보상을 바탕으로 한 교환관계를 통해 종사원에게 동기를 부여하는 방식으로 정의된다. 이들 리더십은 호텔 종사원의 마음을 얻는 데 효과적인 유형으로 판단해 집중적으로 설명하고자 한다.

1) 변혁적 리더십(transformational leadership)

급속도로 변화하는 호텔기업의 환경에 적응하기 위해, 호텔 경영자는 탁월한 경영 능력으로 이 상황을 잘 대처해야 한다. 특히 호텔을 합리적으로 운영하는 과정에서, 경영자가 구성원들에게 어떤 형태의 리더십을 발휘하는가도 중요한 과제이다.

서비스산업인 호텔은 종사원이 상품이며 인적 서비스를 제공하는 주체이다. 그러므로 종사원 자신이 호텔의 업무에 강한 사명감이나 적극적인 태도로 업무를 수행할 수 있도록 동기부여를 할 수 있는 리더십이 필요하다.

변혁적 리더십은 호텔 종사원들에게 동기유발이나 열정적으로 업무를 수행할 수 있게 하는 리더십이다. 변혁적 리더십을 가진 리더는 부하들에게 솔선수범하며, 자신의 개인적 이득을 포기하고 희생하는 모습을 보여준다. 나아가 부하들에게 보다 높은 이상과 도덕적 가치를 심어줌으로써 부하들이 새로운 방식으로 문제를 생각하도록 동기를 유발한다.[24]

바스(Bass)는 변혁적 리더십에 대해, 리더가 부하들로부터의 신뢰, 개인적 이해를 넘어 조직과 부서의 이익을 위한 헌신적인 자세를 보이는 등 카리스마적 특성과 행동을 갖춰야 한다고 보았다. 또한 부하 개개인에 대한 개별적 배려를 통해 그들을 임파워(empower)하고, 자신의 직무에 대한 의미와 자신감을 높이도록 돕는 것이 중요하다고 주장했다. 아울러 부하들에게 기존 사고의 틀을 넘어 창의적 관점과 행동 개발을 위한 지적 자극을 부여해야 한다고 강조했다.[25]

호텔은 서비스를 상품으로 하기에, 리더 자신의 이익보다는 조직이나 부서에 유익하게 하고 헌신적인 정신으로 종사원들에게 신뢰를 줄 수 있는 리더십이 요구된다.

결론적으로 말하면, 호텔 경영자는 종사원들에게 동기유발이 될 수 있는 리더십, 호텔의 목표를 성실히 수행할 수 있는 열정, 리더 개인의 이익보다는 조직의 이익을 위해 업무를 수행하고자 하는 마음가짐, 호텔의 목표를 달성하기 위해 장기적인 비전을 갖고 직무를 수행하려는 태도로서의 리더십을 발휘하게 해야 한다.

2) 서번트 리더십(servant leadership)

기업의 환경이 급변해, 몇 년 앞을 예측하기 어려운 것이 현실이다. 이런 상황에서는 창의적이고 효율적인 리더십이 필요하다. 기존의 명령과 지시 형태의 리더십이 한계를 보이면서, 새롭게 등장한 서번트(servant) 리더십이 서비스기업에 적합할 것으로 보인다.

서번트(servant)는 하인, 봉사자, 부하, 충실한 사람 등의 의미를 가진다. 즉 서번트(servant) 리더십은 다른 사람을 섬기고 봉사하는 마음에서 시작된다.

서번트 리더십은 "하위 직원들 스스로의 의지로 어떤 행동을 하거나 결정하여 헌신과 참여를 이끌어내고, 주인의식과 책임감을 고취시키는 것"이라고 할 수 있다. 심스(Sims)[26]는 서번트 리더십을, 부하의 인간적인 존엄성과 가치를 존중하고 그들의 창의적 역량을 자각시키는 것이라 정의하였다.

서번트 리더십과 유사한 개념으로, '서비스 리더십'이 있다. 보예르(Boyer)[27]는 서비스 리더십을 갖추기 위해서는 다음과 같은 리더의 태도가 필요하다고 보았다. 먼저 부하를 이해하며, 격려하고 보살펴 편안한 분위기를 만들려고 노력해야 한다. 또한 부하를 존중하고, 도덕성을 갖추어 신뢰받을 수 있는 존재가 되어야 한다.

마지막으로 권한을 위임하고 학습을 장려하는 자세가 서비스 리더십의 핵심 요소다. 이어 보예르는 서번트 리더십을 "섬세하고 경청하는 리더, 부하들과 동료들의 발전을 장려하고 권한을 위임하는 리더"로 정의하였다.

따라서 호텔 종사원 리더는 종사원의 가치를 높이고 비전을 제시하며, 경청을 통해 문제를 대화로 해결하고 공동체 의식을 함양하는 서번트 리더십이 필요하다.

3) 감성 리더십(emotion leadership)

현대사회가 지식 중심의 사회로 빠르게 변화함에 따라, 이전보다 개인의 창의성, 자율 및 개성의 중요성이 부각되고 있다. 이러한 개성은 개인의 감성적 능력에 기반하며, 개인의 감성에 대한 관심이 커짐에 따라 조직 내 감성지능의 활용과 적용에 대한 중요도가 높아지고 있다.[28)]

고레만(Goleman)[29)]은 감성 리더십(emotion leadership)을 리더 자신의 내면을 이해하고, 구성원의 감성과 필요를 배려하며 구성원과의 관계를 자연스럽게 형성하여 조직의 감성역량을 높이는 능력이라고 정의하였다.

사로베이와 메이에(P. Salovey & J. D. Mayer)는 감성 리더십이 구성원의 감성을 인식, 관리하고 공감을 통한 긍정적 관계를 형성하여 조직에 영향력을 발휘하는 행위라고 정의하였다.[30)]

감성 리더십은 조직의 감성을 이끌어가는 데에 매우 중요한 역할을 한다.

훔프흐레(R. H. Humphrey)는 감성 리더십을 가진 리더들이 이해관계자들에게 부드럽고 친근한 표현과 이미지를 나타내며, 공감(empathy)능력이 뛰어나고 감성에 민감하여 상대방의 마음을 이해하는 데에 능숙한 리더라고 간주하였다.[31)]

신동한은 감성 리더십을, 리더는 자신의 가치와 능력을 인식하고, 스스로를 통제 · 관리하는 능력을 갖추는 한편, 타인의 감정을 이해하고 배려한다. 동시에 새로운 방향과 비전을 제시해 구성원에게 긍정적 영향력을 행사함으로써 목표를 이루게 하는 감성 능력이라 정의했다.[32)]

또한 정은정은 감성 리더십이란 경영자가 자신의 감성을 이해하고 통제하며, 타인의 감성에 대한 이해와 배려를 바탕으로 도전정신과 열정을 발휘해 조직 구성원들에게 영향력을 주는 리더십이라고 하였다.[33)]

호텔은 친절함, 밝고 온화한 미소, 단정한 복장, 따뜻하고 친근감을 느끼게 하는 서비스, 호화스럽고 아름다운 분위기 등을 상품으로 하는 기업으로 종사원들에게 리더십을 발휘하는 데는 명령이나 지시보다 감성적으로 배려하는 리더십이 필요하다.

감성 리더십은 리더가 부하의 감성에 맞춰 열정적으로 업무를 수행하고, 밝고 온화한 표정으로 소통하며 친절하게 설명하고, 단정한 용모와 친근감 있는 행동으로 업무를 수행하는 것이다.

또한 감성 리더십은 아름다운 분위기를 조성하며, 조명이나 음악으로 지치지 않고 즐겁게 업무를 수행하는 형태라고 할 수 있다. 아울러 부드러움을 추구하는 여성적인 사고, 섬세함, 여성의 감성지수에 충족할 수 있는 리더의 형태라고 할 수 있다.

리더의 행동이 부하의 정서에 미치는 영향을 다룬 연구에 따르면, 긍정적인 정서 표현이 객관적 메시지보다 부하의 정서에 더 좋은 영향을 미치는 것으로 나타났다.[34)]

호텔의 주된 상품은 고객이 오감으로 느끼는 상품이다. 따라서 호텔 리더십도 감성의 가치를 최대한 높일 수 있는 리더십이 요구된다. 즉 호텔의 리더십은 고객만족도를 높이려고 하는 것과 같이, 종사원의 만족도 향상을 위해 감성 리더십에 초점을 둘 필요가 있다는 것이다.

〈표 3-3〉 리더십의 새로운 유형

리더십의 새로운 유형	1) 변혁적 리더십(transformational leadership)
	2) 서번트 리더십(servant leadership)
	3) 감성 리더십(emotion leadership)

문제에 대한 토론

1. 호텔 조직의 구조 이해에 대해 논의하여 보자.

2. 호텔 조직문화의 중요성에 대해 논의하여 보자.

3. 변혁적 리더십(transformational leadership)과 서번트 리더십(servant leadership)에 대해 논의하여 보자.

4. 감성 리더십(emotion leadership)에 대해 논의하여 보자.

참고문헌

Chapter 1 호텔의 기본적 이해

1) 하종명, "관광호텔 노사관계의 안정성과 영향요인에 관한 실증적 연구", 경남대학교 대학원 박사학위 논문, 1996, pp.32–33.
2) Snyder, C. R., "Product Scarcity by need for Uniqueness Interaction: A Consumer catch–22 carousel?," Basic and Applied Social Psychology, 13(March), 1992, pp.9–24.
3) 김완석, 유연재, "한국판 소비자 독특성 욕구척도(K–CNFU): 척도개발과 타당화," 한국심리학회: 소비자·광고, 제4권 제1호, 2003, pp.79–101.
4) 정명근, "소비자의 독특성 욕구와 인지 욕구가 중소기업 브랜드 태도, 구매의도 및 선호도에 미치는 영향에 관한 연구", 서울산업대학교 산업대학원 석사학위논문, 2005, pp.4–5.
5) Thomsin, W., "The Replacement Principle in Economies with Single–Peaked Prefe*rences,*" Journal of Economic, Vol. 76, No. 1, pp.24–145.

Chapter 2 호텔 서비스 이해

6) Sherden, W. A., "Gaining the Service Quality Advantage," *The Journal of Business Strategy,* 3(4), 1988, pp.45–48.
7) King, C. A., and J. G. Garey, "Relational Quality in Service Encounter," *International Journal of Contemporary Hospitality Management,* 16, 1997, pp.39–63.
8) 강남국, "호텔 서비스상품이 경영성과에 미치는 영향에 관한 연구", 경기대학교 대학원 박사학위논문, 1993, p.89.
9) Gardner, D. G. & J. L. Pierce, "*Self–esteem and Self–Efficacy within the Organizational Context,*" Group and Organization Management, 23, 1998, pp.48–70.
10) Bandura, A. "A Self–Efficacy: toward a Unifying Theory of Behavioral Change," *Psychological Review,* 82(2), 1977, pp.191–215.
11) 송희영, "고객 서비스보증이 종업원의 고객지향성에 미치는 영향에 관한 연구," 배재대학교 대학원 박사학위논문, 2006, p.25.

Chapter 3 호텔 조직의 이해

12) 김병식, 조직행동론, 형설출판사, 1997, p.6.
13) 박기동, 조직행동론, 박영사, 1994, p.7.
14) 신유근, 인간존중의 경영, 다산출판사, 1997, p.466.
15) 이학종, 기업문화와 조직개발, 법문사, 1986, p.134.

16) 최수형, "리더쉽, 조직문화가 정보기술의 성과에 미치는 영향에 관한 연구", 부산대학교 대학원 박사학위논문, 1997, p.19.
17) Peter, T. J., 조영호 역, 엑설런트리더쉽, 21세기북스, 1993, p.248.
18) Peterson, R. A. Revitalizing the Culture Concept, *Annual Review of Sociology*, Vol. 5, pp.140-142.
19) Schein E. H. *Organizational Culture and Leadership*, Jossey-Bass Pub, 1985, p.50.
20) 박민생, 한국의 기업문화의 개발, 무역경영사, 2000, p.64.
21) Bass, B. M. "From Transactional Leadership to Transformational Leadership, Leaning to Share the Vision," *Organizational Dynamics*, Vol. 18, 1990, pp.19-31.
22) 김세리, "외식업 리더십, 임파워먼트와 조직유효성 연구," 경기대학교 대학원 박사학위논문, 2005.
23) 황순해, "호텔지배인의 리더십 유형이 구성원의 직무만족과 조직몰입에 미치는 영향에 관한 연구," 경희대학교 관광대학원 호텔경영학과 석사학위논문, 2006, p.6.
24) 김명혜, "병원 CEO의 리더십유형과 조직 유효성," 건국대학교 경영대학원 석사학위논문, 2004, pp.13-14.
25) Bass, B. M. & Stogdill's Handbook of Leadership: Theory, Research, and Managerial Application(3rd ed), NY: the Free Press.
26) Sims, B. J., "*Servanthood: Leadership for the Group Effectiveness,*" The Wharton School, University of Pennsylvania, 1977.
27) Boyer, G. B., "*Turning Points in the Development of Male Servant-Leaders,*" Unpublished Doctoral Dissertation, The Fielding Institue, 1999, pp.45-46.
28) Abraham, R., "Emotional Intelligence in Organizations: A Conceptualization," Genetic, Social, and General Psychology Monograph, 125(2), 1999, pp.209-224.
29) Goleman, D. et. al., *Primal Leadership: Learning to lent with Emotional Intelligence*, Boston: Havard Business School Press, 2002.
30) Salovey, P. & Mayer, J. D., "*Emotional Intelligence,*" *Imagination, Cognitionand Personality*, Vol. 9(3), 1990, pp.185-211.
31) Humphrey, R .H., "*The and Faces of Emotional Leadership,*" The Leadership Quarterly, 13, 2002, pp.493-504.
32) 신동한, "학교장의 감성리더십과 학교 조직문화와 학교 조직효과성의 관계," 성균관대학교 대학원 박사학위논문, 2006.
33) 정은정, "감성리더십이 자기효능감과 조직성과에 미치는 영향 연구," 경기대학교 대학원 박사학위논문, 2014, p.12.
34) 김태준, "상사의 감성지능이 부하의 정서와 성과에 미치는 영향," 전남대학교 대학원 석사학위논문, 2007, p.44.

Hotel Room Management

PART

2

호텔 객실의 일반적 개요와 프런트 오피스 업무 이해

Flow Chart

Hotel Room Management

CHAPTER 4

호텔 객실 이해

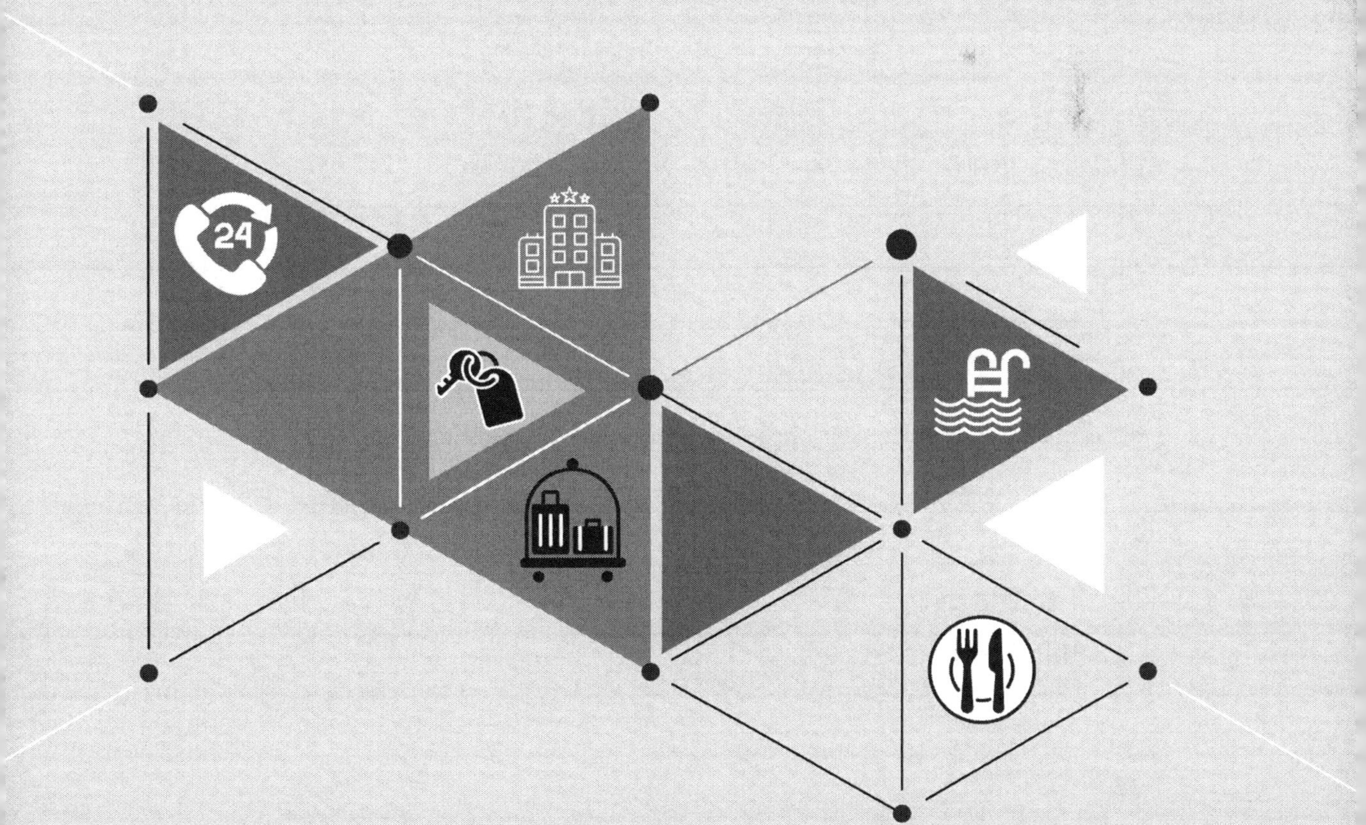

04 호텔 객실 이해

1 호텔 객실의 기본적 이해

1. 호텔 객실의 개념

호텔의 주된 상품은 객실, 식음료 및 기타 부대상품으로 크게 분류할 수 있다. 호텔 객실상품은 고객이 객실을 이용하면서 제공받는 여러 가지의 서비스의 대가를 지불하는 것이다. 이는 식음료상품과 함께 호텔의 주된 소득원이다.

호텔 객실의 전통적인 개념은 고객이 편안한 휴식과 안락한 잠자리를 제공하는 공간이다. 현대적 의미의 호텔 객실은 전통적인 개념에 더해, 문화예술의 공간, 레저 및 오락의 공간, 비즈니스의 공간 등 복합적인 기능을 갖춘 공간이라고 할 수 있다.

웹스터(Webster)[1]에서는 객실을 벽에 의해 분리된 건물 내의 공간, 혹은 다른 유사한 공간과 벽 또는 칸막이로 분리된 공간(a space with a building enclosed by walls or separated from other similar space by walls or partitions)으로 정의하고 있다.

또 다른 사전적 의미로는 객실(guest room)을 '손님을 거처(일정한 자리를 잡고 살거나 숙박함)하게 하거나 접대하는 방,' 그리고 '여객선, 여객기, 열차 등에서 손님이 타는 방'[2]으로 설명한다. 즉 호텔의 객실은 숙박에 의한 접대 서비스를 제공하는 방의 개념이라고 할 수 있다.

호텔 객실상품의 핵심적 요소는 인적 서비스 · 물적 서비스 · 시스템적 서비스로 구성된다는 점에서 일반 서비스산업의 상품과 같다고 할 수 있다. 이를 구체적으로 살펴보면 첫째, 호텔 객실은 인적 서비스가 제공되는 상품이다. 호텔 객실은 세련되고 잘 훈련된 종사원의 인적 서비스 없이는 상품으로 기능할 수 없다.

호텔 객실을 편안하고 안락한 공간으로 만들어 놓았다고 해도, 종사원의 서비스 품질이 낮을 경우 그 가치는 떨어지게 된다. 고품격 인적 서비스를 제공하기 위해 호텔 경영자들은 종사원 교육이나 우수 인력 채용에 기업의 자원을 적극적으로 지원하고 있다. 이는 인적 서비스로 객실상품의 품질이 결정될 수 있다고 판단하기에 일어나는 현상이다.

둘째, 호텔 객실은 물적 서비스가 제공되는 상품이다. 호텔 객실은 건축물의 일부분이며,사용되는 침대를 비롯하여 설치되어 있는 가구나 집기 등의 물적 서비스 없이는 객실이라고 할 수 없다.

최근에는 호텔 객실의 의미가 문화예술의 공간, 레저 및 레크리에이션의 공간 등으로 확대되면서, 물적 서비스의 제공 수준이 객실 품질평가는 물론, 호텔 전체의 품질평가에 영향을 미치는 경향이 있다.

셋째, 호텔 객실은 시스템적 서비스가 필요한 상품이다. 호텔 객실의 시스템적 서비스는 호텔을 이용할 때 예약을 처리하는 과정에서 나타난다. 예약 시스템의 편리성에 따라 예약 서비스의 품질이 평가된다.

또한 객실을 이용하고 퇴실(check-out)하려고 할 때, 프런트 데스크에서는 호텔 체류기간 동안 사용한 요금을 정산한다. 이 정산과정이 시스템적으로 처리된다. 즉 호텔 프런트 데스크에서 행하는 퇴실 시스템의 수준에 따라 품질이 결정된다.

고객은 호텔 객실상품의 핵심적 요소의 가치를 높여야 고품질 서비스를 제공받았다고 느낀다. 이들 요소 중에서 어느 하나라도 품질이 떨어지면 고객의 만족감은 상대적으로 낮아진다. 호텔 객실의 핵심적인 가치는 호텔의 이미지뿐만 아니라 매출액에도 영향을 미칠 수 있다.

2. 호텔 객실의 기능

호텔 객실의 기능은 수면의 공간, 비즈니스의 공간, 위생의 공간, 문화예술의 공간, 연회의 공간, 오락의 공간 등 복합적인 기능을 가지고 있다.

1) 수면의 공간 기능

호텔 객실의 주된 기능은 수면이다. 객실은 쾌적하고 편안하며 아늑한 환경, 그리고 그 속에서 수면에 필요한 각종 집기나 설비 등을 갖추고 있어야 한다. 객실에 아늑하고 안락한 분위기를 조성하여 고객을 유치하거나, 편안한 휴식을 취할 수 있는 시설들을 마련하여 고객의 마음을 사로잡는 경우도 있다.

요컨대 객실은 고객이 수면을 통해 건강을 회복할 수 있는 공간이라고 할 수 있다.

2) 비즈니스의 공간 기능

호텔 객실은 비즈니스 고객이 사무실로 사용할 수 있는 공간이다. 객실은 비즈니스에 편리한 집기나 시설을 갖추어 고객이 별도의 사무실 없이 업무 공간으로 사용할 수 있다. 또한 잘 훈련된 종사원으로부터 비즈니스를 위한 인적 서비스를 제공받을 수 있다.

즉 객실은 인적, 물적, 시스템적 서비스를 제공받으면서 비즈니스를 위한 활용 공간으로 사용할 수 있다. 이는 추가적인 사무실 임대료 등이 투자되지 않기에 비즈니스 활동비용을 절감할 수 있는 적절한 공간이다.

3) 위생의 공간 기능

호텔 객실은 욕실, 화장실 및 세면장 등을 잘 갖추고 있어 위생적이며 편리하다. 객실은 주거 기능이 중요하다. 특히 객실에서 장기간 주거할 경우 고객의 피부가 노출되는 시간이 길어지므로, 위생과 청결이 필수적이다. 또한 고객의 생리적 편의를 위해 고품질의 자재를 사용한 시설을 마련했다.

따라서 호텔 객실은 고객이 쾌적하게 이용할 수 있도록 우수한 시설과 위생적이고 안전한 물품을 갖추고 있다.

4) 문화예술의 공간 기능

흔히 현대의 호텔 객실은 문화예술의 공간이라고 한다. 영화관에서 볼 수 있는 영화를 객실에서 볼 수 있으며 갤러리에서 즐길 수 있는 예술작품을 객실에서 느낄 수 있다. 이처럼 호텔 객실의 개념이 변화하여 현대는 호텔 객실을 문화예술의 공간이라고 한다.

호텔 객실은 편안하게 휴식을 취하면서 영화, 음악 혹은 미술품 등을 감상하거나 즐길 수 있는 공간으로 진화되었다.

5) 연회의 공간 기능

호텔의 모든 객실에서 연회나 회의를 할 수 있는 접견실 및 회의실을 갖추고 있지는 않다. 그러나 객실의 종류에 따라 다르지만, 소규모의 연회나 회의는 충분히 할 수 있는 시설 및 집기를 갖춘 객실이 있기 때문에 휴식을 취하면서 연회 활동이 가능하다.

소규모의 회의나 연회를 위한 별도의 장소가 없어도, 또는 다른 장소로 이동하지 않아도 객실에서 이들 기능을 할 수 있다는 것이다. 특히 객실에서 연회나 회의를 할 경우 호텔 종사원으로부터 고품질 서비스를 제공받는 장점이 있다.

6) 오락의 공간 기능

고객을 즐겁게 하기 위해, 객실은 다양한 시설이나 기구들을 갖추고 있다. 다른 장소로 이동하지 않아도 객실 내에서 즐거움을 만끽할 수 있도록 오락시설이나 기구들을 설치하여 둔 경우가 많다.

이제 객실에서 지루하지 않고 편안하게 휴식을 취하면서 이동 없이 오락을 즐길 수 있다. 다시 말해, 호텔 객실은 오락으로 여가를 보낼 수 있는 장소로 변화하고 있다는 것이다.

〈표 4-1〉 호텔 객실의 기능

호텔 객실의 기능	
	1) 수면의 공간 기능
	2) 비즈니스의 공간 기능
	3) 위생의 공간 기능
	4) 문화예술의 공간 기능
	5) 연회의 공간 기능
	6) 오락의 공간 기능

3. 호텔 객실의 중요성

호텔 객실은 수익성, 이미지, 낮은 원가로 인해 호텔경영의 합리화에 높이 기여한다. 또한 객실은 호텔의 수준을 측정하는 데도 영향을 미치기 때문에 다른 어떤 영업장보다 중요하다.

국제적으로 유명한 브랜드를 가지고 있는 호텔들이 객실의 품질을 높이고 고객의 만족도를 높이려고 하는 것은 그만큼 객실이 호텔경영에 기여하는 부분이 높기 때문이다. 따라서 호텔 객실부문이 경쟁력을 갖고 긍정적인 이미지를 창출할 수 있도록 객실의 시설이나 인적 서비스의 품질이 높아야 한다.

1) 영업 수익성

호텔의 주된 수입원은 객실 · 식음료 · 기타 부대영업장 등의 형태로 이루어져 있다. 객실 점유율이 높으면 객실 매출이 증가하는 것은 물론, 파생적으로 다른 부서의 영업활성화에 크게 영향을 미친다.

객실 고객이 호텔 식당, 연회장, 부대영업장 등을 이용할 수 있기 때문에, 호텔은 객실 수익성과 함께 타 영업장의 매출 증가를 기대할 수 있다.

호텔의 총매출액에서는 식음료의 매출액이 차지하는 부분이 매우 높다. 그러나 식음료는 식재료의 원가가 높아, 실질적으로 호텔경영에 기여하는 수익성에서 보면 객실 판매로 인한 수익이 높다고 할 수 있다. 호텔의 경영합리화를 위해, 또한 고수익 창출을 위해 객실 판매의 활성화를 강화할 필요가 있다.

따라서 호텔 객실은 호텔 영업장 중에서 고수익을 창출하는 핵심 상품이며, 객실 고객으로 인해 부가적으로 얻을 수 있는 수익까지 포함한다면 황금알을 낳는 거위와 같다. 특히 객실 판매는 낮은 원가로 인해 호텔경영에 있어서 매우 매력적인 영업장이라고 할 수 있다.

2) 호텔의 이미지 향상

(1) 객실 수에 의한 이미지

호텔 객실 수량은 등급에 영향을 미치며, 등급은 다시 호텔의 이미지에 영향을 준다. 물론 객실 수가 많다고 반드시 5성급 호텔 수준은 아니지만, 객실 수가 호텔 등급을 평가하는 데 있어 중요한 요소임은 분명하다. 또한 객실 수는 호텔의 규모를 나타내며, 큰 규모는 긍정적인 이미지에 기여한다.

호텔이 보유하고 있는 객실 수량은 고객의 수요에 따라 적절히 결정되는 것이 가장 이상적이다. 나아가 객실 수량은 호텔의 품격에 영향을 미친다. 호텔은 이미지 산업이므로, 객실로 인해 품격이 올라간다면 긍정적인 이미지를 창출할 수 있다.

따라서 호텔의 객실 보유 수량은 수요에 따라 결정되는 것이 바람직하며, 일반적으로 객실 보유 수량이 많은 호텔은 시장에서 긍정적 이미지를 형성할 가능성이 높다. 이는 고객이 구매의사를 결정할 때, 객실 수에 따른 긍정적 이미지를 가진 호텔을 선택할 가능성이 있음을 의미한다.

(2) 객실 시설에 의한 이미지

호텔 객실 시설이 얼마나 편안하고 안락하며 품격 높은 시설로 설치되어 있느냐는 호텔 전체의 이미지에 영향을 미친다. 객실의 고급스러운 시설은 고객 유치에 경쟁력을 가지게 되고, 이것은 다시 고객의 선호도를 높이는 결과를 가져온다.

고객은 시각적인 가치에 따라 호텔을 평가한다. 시각적으로 우아하고 아름다운 시설일수록 고객이 선호할 가능성이 높다.

더욱이 객실 시설은 호텔의 품격을 나타내며 고객의 자아실현 욕구를 충족하는 동기를 제공한다. 객실 시설은 호텔의 이미지에 영향을 미치며, 이미지는 고객의 구매 의사결정에 영향을 미친다.

따라서 객실의 이미지는 호텔 전체의 이미지를 결정짓는 데 중요한 역할을 하며, 고객은 객실의 이미지 가치에 따라 호텔 이용을 결정할 수 있다.

(3) 객실 면적에 의한 이미지

현대의 호텔 객실은 단순한 수면 공간에서 벗어나 다양한 기능을 수행한다. 예를 들어, 문화예술, 레저 및 레크리에이션, 비즈니스, 오락 등의 공간 역할을 한다. 이러한 역할이 온전히 수행되려면 객실의 면적이 충분해야 한다. 공간이 좁으면 고객이 불편함이나 답답함을 느낄 수 있다.

호텔 경영자들은 자사의 객실을 경쟁사와 차별화하기 위해 끊임없이 노력하고 있다. 이러한 상황에서 차별화하는 여러 과정 중 객실 면적이 중요 차별부분으로 부각되고 있다.

객실 면적은 호텔의 품질을 결정하는 중요 요소다. 객실 면적이 넓은 호텔은 고객이 원하는 다양한 활동을 하는 데 불편함이 없어 긍정적인 영향 및 이미지를 준다. 반면 객실 면적이 좁은 경우는 부정적인 영향과 이미지 등을 줄 것이다. 이러한 이유로, 최근에는 호텔 객실의 경쟁력 강화 차원에서 객실면적을 확대하는 추세에 있다.

3) 낮은 원가

호텔 객실 상품은 초기 투자비용이 높지만, 식음료 및 기타 부대영업장에 비해 판매비용은 상대적으로 낮은 편이다. 객실 판매원가가 낮기 때문에, 다른 영업장과 비교했을 때 호텔경영에 대한 기여도가 매우 높다.

호텔경영의 합리화나 영업이익을 창출하기 위해, 판매원가가 낮은 객실 점유율을 높이는 전략들이 요구된다. 객실 고객들은 호텔 내의 타 영업장의 이용으로 부가적인 이익을 창출할 수 있다.

〈표 4-2〉 호텔 객실의 중요성

호텔 객실의 중요성	
호텔 객실의 중요성	1) 영업 수익성
	2) 호텔의 이미지 향상
	(1) 객실 수에 의한 이미지
	(2) 객실 시설에 의한 이미지
	(3) 객실 면적에 의한 이미지
	3) 낮은 원가

2 호텔 객실의 특성

호텔에는 여러 가지 상품이 있다. 그중 객실 상품은 호텔의 수익구조를 개선할 수 있는 주된 상품이다. 객실은 규모 면에서, 다른 어떤 영업장과 비교할 수 없을 정도로 크다.

호텔 객실 상품은 일반상품과는 다르게 시설에 의한 특성과 운영상에 의한 특성으로 구분할 수 있다. 시설적인 특성은 건축물 그 자체가 상품임을, 운영상의 특성은 호텔 객실을 판매하면서 일어나는 특성을 의미한다.

1. 호텔 객실 시설의 특성

1) 비신축성

일반제품은 수요가 증가하면 생산량을 증가시켜 시장에 공급할 수 있다. 즉, 탄력적으로 시장에 대응할 수 있다. 그러나 호텔 객실 상품은 수요자가 갑자기 증가한다고 할지라도 객실 수를 늘려 수요를 충족할 수 없다.

수요를 충족하려면 호텔 객실을 증축하여 객실 수를 늘리거나, 새로운 호텔을 건립하는 방법 외에는 없다. 다시 말해, 성수기에 객실 이용객이 증가하여도 신축적으로 운영하여 수요를 충족하기 어렵다는 것이다.

호텔 객실의 이용자가 많은 성수기에도 객실 판매는 제한적이다. 반대로 호텔 객실의 수요가 적은 비수기에는 객실 수를 줄여야 유지비용 발생을 감소시킬 수 있지만, 객실 수를 줄일 수 없다는 점이 다른 상품과 큰 차이점이다.

2) 비보관성

대부분의 상품은 당일 판매하지 못하면 저장 혹은 보관하여 다음날 판매가 가능하다. 비수기에 생산하고 저장 혹은 보관하여 수요가 많은 성수기에 판매할 수 있지만, 호텔 객실 상품은 당일 판매하지 못하면 다음날 저장하거나 보관하여 판매를 할 수 없다.

호텔 객실 상품은 생산과 소비가 동시에 일어나기 때문에 당일 판매하지 못한 객실은 보관이 불가능하다. 이러한 요인이 호텔 객실의 수입을 증대시키는 데 제약으로 작용한다.

3) 비이동성

호텔 객실은 건축물을 기반으로 한 상품이기 때문에 이동 판매가 불가능하다. 대다수 유형의 상품은 유통경로를 통해 다른 국가나 지역에서도 거래가 이루어진다.

요컨대, 호텔 객실 상품은 수요가 있는 시장으로 이동해 판매할 수 없다. 따라서 수요의 예측을 정확하게 한 다음에 호텔을 건립해야 합리적인 경영이 가능하다.

〈표 4-3〉 호텔 객실 시설의 특성

호텔 객실 시설의 특성	1) 비신축성
	2) 비보관성
	3) 비이동성

2. 호텔 객실 운영의 특성

호텔 객실은 판매하는 과정에서 타 산업과 다른 특성을 지니고 있다. 이들 특성은 서비스산업의 특성과도 같은 현상이다.

1) 수요 예측 불가능성

대다수의 서비스 상품은 수요 예측의 어려움으로 경영에 난항을 겪고 있다. 이는 객실도 마찬가지로, 수요를 정확하게 예측하는 것은 거의 불가능하다고 할 수 있다.

비록 제한적이지만, 객실 수요를 예측하는 방법으로는 예약상태를 분석하는 것이 있다. 그러나 예약을 한 고객이 투숙할 당일에 취소하는 경우도 있고, 예약 없이 당일 투숙을 원하는 고객들도 있기 때문에 수요를 정확하게 예측하기는 어렵다. 특히 성수기와 비수기 간의 수요 변동 폭이 지나치게 커, 규모의 경제성을 고려해 호텔 객실을 운영하기에는 상당히 어렵다.

이처럼 호텔 객실의 수요를 정확하게 예측하는 것은 매우 어려우므로, 예약 시스템을 잘 활용하는 것이 현실적이고 바람직한 대안이 될 수 있다. 또한 수요예측 관리를 위해 기존 고객관리를 강화할 필요가 있다. 특히, 고객의 재방문율을 높이는 것은 안정적인 객실 판매로 이어질 수 있다.

2) 가격의 민감성

일반적으로 수요가 탄력적인 상품들은 경제 · 사회 환경 변화에 따른 소비량이나 가격 변동에 민감하게 반응한다. 그리고 호텔 상품은 시장 환경 변화에 따른 수요나 가격에 대한 고객의 반응에 민감하게 작용한다.

거시경제 지표가 부진할 경우 호텔 객실 수요는 급감하게 된다. 객실 가격은 경제적인 상황에 따라 크게 반응하는 상품이다. 또한 객실 가격을 약간만 인상하여도 수요는 감소한다. 이런 이유로, 호텔 객실 상품은 수요 탄력적인 상품이다.

호텔에서는 수요의 탄력성을 극복하기 위한 전략으로 첫째, 단골 고객을 많이 확보하려고 한다. 단골 고객은 가격에 약간 차이가 있어도 자주 이용하던 호텔 객실을 선호하는 경향이 있다.

고객은 객실 경험이 만족스러울 경우 가격에 민감하게 반응하지 않는 경향이 있다. 즉 객실이 아늑하고 안락하여 휴식을 취하기 좋다면, 고객은 가격에 대한 가치보다 휴식의 가치를 높게 여겨 가격에 연연하지 않는다. 또한 객실이 집처럼 온화하고 따뜻한 분위기를 제공하는 호텔일수록, 고객은 가격보다 편안함을 더 중요시하는 경향이 있다.

둘째, 상용 고객을 유치하여 극복하려고 한다. 상용 고객은 비즈니스를 하기에 편리하다면, 일반 여행객보다 가격 민감도가 상대적으로 낮다. 이는 상용 고객의 객실요금을 기업이 부담하기 때문이다.

셋째, 호텔의 이미지를 향상시키는 전략으로 극복하려고 한다. 호텔은 긍정적 이미지로 가격의 민감성을 극복할 수 있다. 호텔 이용객 중에는 자아실현의 욕구를 충족하려는 고객들이 존재하는데, 이들은 가격보다는 자신의 욕구 충족에 집중한다. 즉 자신의 성취감, 만족감에 대한 가치를 높게 설정하기에, 가격에 민감한 반응을 나타내지 않는 경향이 있다.

호텔 객실에 대한 가격의 탄력성은 경제적 · 사회적 환경에 따라 민감하게 반응하지만, 이를 극복할 수 있는 전략을 적절하게 수립한다면 영업을 활성화할 수 있다.

3) 계절성

서비스 상품은 계절적인 요인에 따라 수요나 가격의 변동이 크게 나타난다. 계절적 요인 이외에도 월별 변동이 심하게 나타나거나 요일 · 날씨에 따라서 변동성이 크게 나타나기도 한다.

마찬가지로, 호텔 객실의 수요는 계절 · 월 · 요일 · 날씨 등에 따라 크게 변동한다. 리조트 지역의 호텔은 계절이나 요일에 따라 수요의 변동이 크게 나타나며, 도심지에 있는 호텔들은 요일에 따라 객실 수요가 달라진다.

〈표 4-4〉 호텔 객실 운영의 특성

호텔 객실 운영의 특성	1) 수요 예측 불가능성
	2) 가격의 민감성
	3) 계절성

3 호텔 객실의 종류

호텔경영의 합리화를 위해 경영전략을 수립하는 과정에서 객실의 종류를 다양화하기도 한다. 즉 고객이 원하는 객실을 제공하기 위해 다양한 객실을 준비한다. 고객이 요구하는 객실을 제공한다면, 고객의 욕구를 충족시켜 만족도를 높일 수 있다.

어떤 유형의 객실을 마련하여 고객에게 제공할지에 대해서는 먼저 객실 이용객의 수요를 파악해야 한다. 객실을 이용하려는 목적에 따라 객실의 유형을 선정하는 것이 다르기 때문이다.

예를 들면, 리조트 지역에 있는 호텔은 내국인 여행객이 표적이 될 수 있다. 이런 호텔은 한실을 많이 보유하는 것이 객실 판매에 유리할 수 있다. 또는 상용 고객을 표적시장으로 할 경우, 침대가 있는 객실 수량을 많이 확보하는 것이 바람직할 수 있다.

따라서 호텔 객실 상품에 대한 고객의 만족도와 가치를 높이기 위해 다양한 유형의 객실을 보유해야 한다. 객실의 분류는 침대 종류에 의한 분류, 객실 형태와 용도에 의한 분류, 객실 등급에 의한 분류, 객실 방향에 의한 분류, 객실 위치에 의한 분류, 객실 이용 목적에 의한 분류 등으로 나눌 수 있다.

1. 침대 종류에 의한 분류

호텔은 고객의 욕구를 충족시키는 객실 형태를 제공하는 것이 바람직하다. 침대 종류에 의한 분류는 침대(bed)의 종류나 수에 따라 객실을 분류하는 것이다.

싱글베드 룸(single bed room or single room), 더블베드 룸(double bed room or double room), 트윈베드 룸(twin bed room or twin room), 스위트 룸(suite room) 등으로 분류하고 있다.

1) 싱글베드 룸(single bed room or single room)

싱글베드 룸(single bed room)은 1인용 침대가 1개인 객실로, 한 사람이 투숙할 때 사용한다. 침대의 크기가 90×195cm 이상이며 객실의 크기는 13m² 이상이다.

싱글베드 룸의 경우 욕실이나 샤워의 유무에 따라 다시 세부적으로 분류할 수 있다. 그러나 우리나라에서는 대부분의 호텔 객실이 욕실 혹은 샤워 시설을 갖추고 있다.

한국에서는 혼자서 객실을 이용하려고 할 때, 싱글베드 룸이 아닌 더블베드 룸을 제공하는 경향이 있다. 이로 인해 고객이 1인용 침대 이용을 기준으로 지불하려고 해도, 2인용 침대 기준의 가격을 지불해야 한다. 당연히 싱글베드 룸은 더블베드 룸에 비해 가격이 저렴하다.

이는 저렴한 가격으로 객실을 이용하려는 고객에게 불이익을 줄 수 있다. 만일 더블베드 룸을 싱글베드 룸의 가격으로 제공한다면 고객의 만족도가 높을 수 있지만, 반대의 경우는 지나치게 생산자중심적인 마케팅과 다름없다.

침대 배치의 기준은 객실 구조에 따라 차이는 있지만 첫째, 가능한 출입문에서 침대의 끝이 보이지 않는 위치가 바람직하다.

둘째, 트윈베드 룸(twin bed room)의 경우는 침대와 침대 사이에 나이트 테이블(night table)을 배치하는 것이 바람직하다. 만일 고객이 트윈베드를 붙여서 사용하려고 할 때는 나이트 테이블을 고객이 불편하지 않도록 다른 곳에 놓아둔다.

셋째, 침대의 옆면과 벽 사이는 정비를 위해 작업공간을 확보한다. 침대의 머리판(head board)은 벽과 붙게 하지만, 침대의 옆면에는 공간을 확보하여 객실을 정비할 때 편리하도록 한다.

[그림 4-1] 침대(bed)

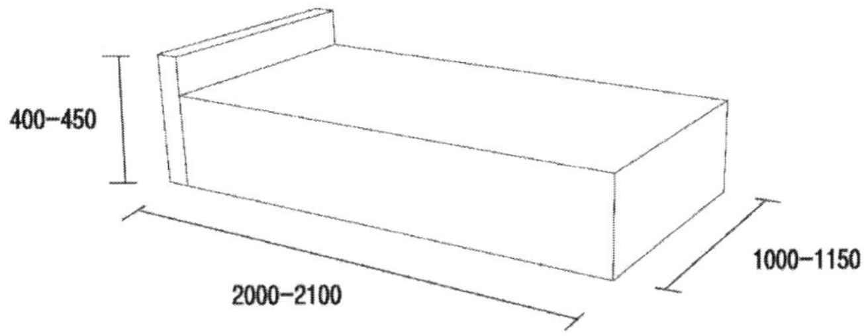

2) 더블베드 룸(double bed room or double room)

더블베드 룸(double bed room)은 2인용 침대가 1개인 객실을 말한다. 즉 1객실에 2인이 숙박할 수 있는 객실을 의미한다. 객실의 넓이는 19m² 이상이며, 일반적으로 침대의 규격은 150 × 200cm, 170 × 200cm, 180 × 200, 195 × 200cm의 침대를 제공한다.

침대의 규격은 객실 면적에 따라 적절히 설치되나, 마케팅 차원에서 표적시장이 서양인이냐 동양인이냐에 따라서도 차이가 있다.

서양인을 표적시장으로 할 경우, 동양인을 표적으로 하는 호텔보다는 큰 규격의 침대를 설치한다. 그러나 최근에는 동양인도 신체적 조건이 서양인과 비슷하기에 신체적인 문제보다는 객실의 면적에 따라 침대 규격을 달리하는 경우가 많다.

이 외에도 고객이 편안하게 휴식이나 수면을 취할 수 있도록 침대의 규격을 크게 하는 경향이 있다.

[그림 4-2] 더블 룸(double room)

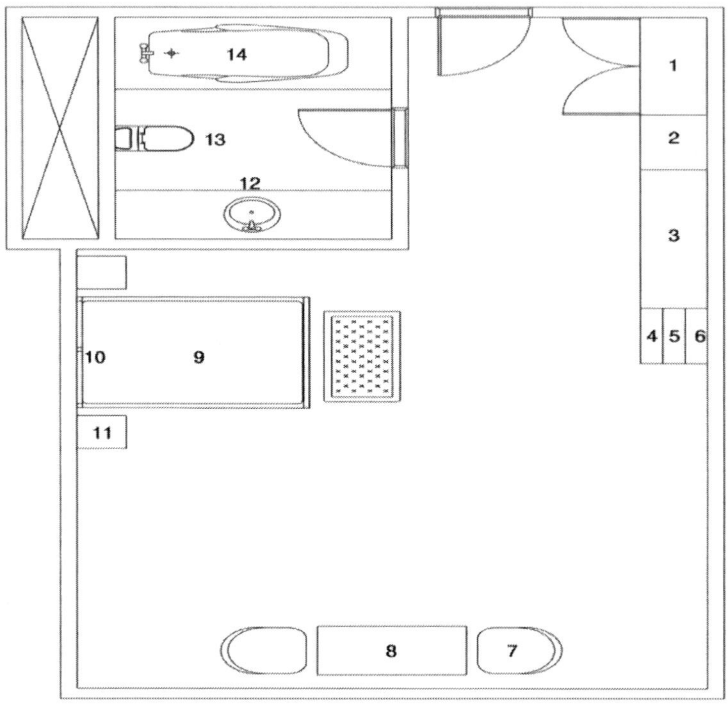

① 벽장(closet)은 객실 문 옆에 위치, 그리고 비상용 손전등(flashlight)이나 방독면 등을 비치
② 수화물 보관대(baggage)는 객실 문 입구 가까운 곳에 위치
③ 거울(vanity)은 수화물 보관대 옆에 위치
④ 냉장고(refrigerator)는 거울 옆에 위치
⑤ TV는 고객이 침대에 눕거나 앉아서 시청할 수 있는 곳에 위치
⑥ 미니 바(mini bar)는 TV 옆에 위치
⑦ 안락의자(arm chair)는 책상 옆에 위치
⑧ 테이블(table)은 사무를 처리할 수 있는 가구
⑨ 더블베드(double bed)는 가능한 출입문에서 침대의 끝이 보이지 않도록 배치
⑩ 헤드보드(head board)는 침대 머리 위쪽에 위치
⑪ BGM 박스(BGM: Back-Ground Music box)*는 전화기 및 메모지 등을 놓아두는 가구
⑫ 세면대(wash basin)는 벽면에 위치
⑬ 변기(chamber pot)는 화장실 입구 정면에 위치
⑭ 욕조(bath tub)는 벽면에 위치

***참고** : BGM(Back-Ground Music) 박스는 객실 내에 배경 음악을 재생해주는 장치이며, 음악 재생과 음량 조절의 기능이 있다. 또한 전화기 및 메모지 등을 놓아두는 가구이다.

[그림 4-3] 디럭스 더블 룸(deluxe double room)

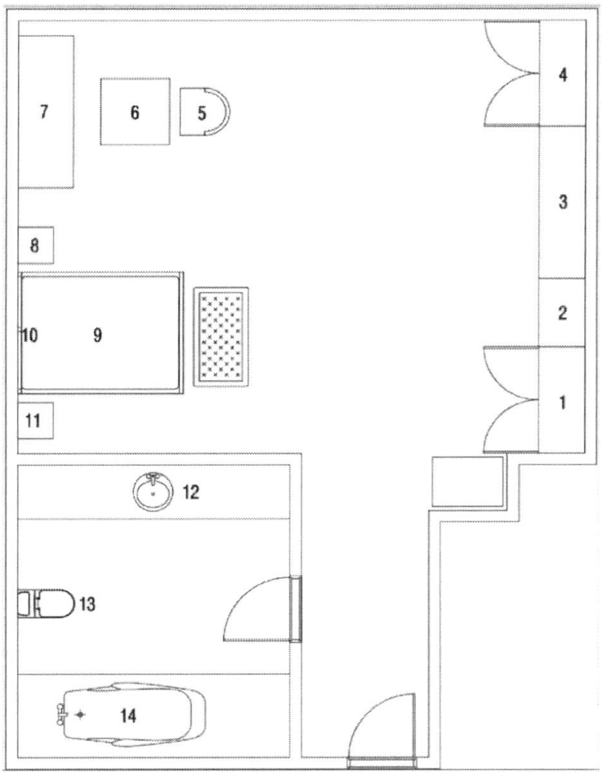

① 벽장(closet) ② 수화물 보관대(baggage rack) ③ 거울(vanity)
④ 벽장(closet)이 두 개인 경우 거울 옆에 위치 ⑤ 안락의자(arm chair)
⑥ 테이블(table) ⑦ 소파(sofa) ⑧ 나이트 스탠드(night stand)
⑨ 퀸 사이즈 더블베드(queen double bed) ⑩ 헤드보드(head board)
⑪ BGM 박스(BGM box) ⑫ 세면대(wash basin)
⑬ 변기(chamber pot) ⑭ 욕조(bath tub)

3) 트윈베드 룸(twin bed room or twin room)

트윈베드 룸(twin bed room)은 1인용 침대가 2개 설치되어 있는 객실을 말한다. 객실의 크기는 19m² 이상으로 규정하고 있다. 또한 침대는 나이트 테이블 사이에 설치하는 경우와 붙어 있는 두 가지 형태로 설치하는 경우가 일반적이다. 이러한 설치 형태는 객실 면적 및 호텔의 경영전략에 따라 다르다.

최근에는 고객의 편의를 위해 싱글베드(Single bed)보다 규격이 큰 세미 더블베드(Semi-double bed)나 더블베드(Double bed) 2개로 구성하는 경우가 많다. 또한 객실 고객이 침대가 큰 것을 선호하기 때문에 싱글베드보다 큰 규격을 넣어두는 경향이 있다.

[그림 4-4] 나이트 테이블(night table)

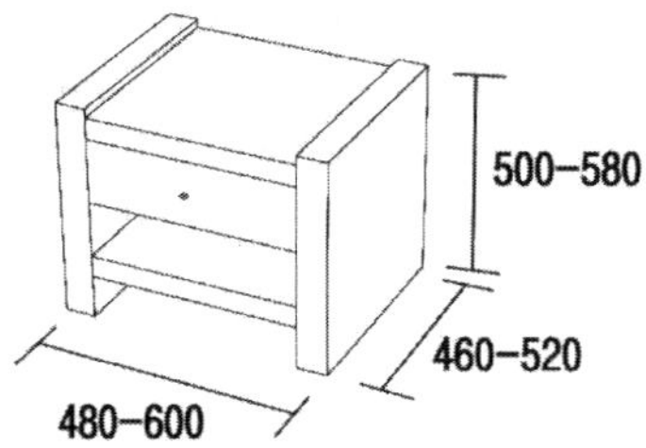

호텔 객실의 나이트 테이블(night table)은 싱글베드 룸(single bed room)과 더블베드 룸(double bed room)의 경우 침대 바로 옆에, 트윈베드 룸(twin bed room)의 경우는 침대와 침대 사이에 설치되어 있다.

나이트 테이블은 전기스탠드, 전화기, 시계, 메모지와 펜, 온도 조절기, 라디오, 조명 스위치 등을 갖춘 가구다.

[그림 4-5] 수화물 보관대(baggage rack)

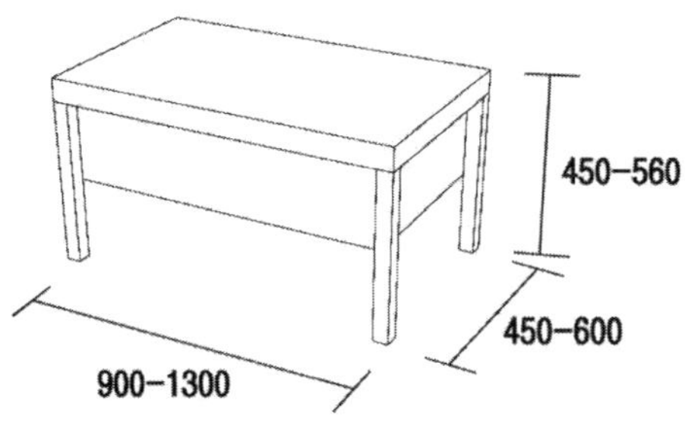

수화물 보관대(baggage rack)는 고객이 수화물을 놓고 정리하는 데 사용하는 가구다. 일반적으로 트렁크 또는 다른 가구의 크기와 맞춘다. 수화물 보관대는 고정식과 이동식으로 구분할 수 있다. 고정식은 벽면에서 5~10cm 정도의 간격을 두고, 이동식은 뒤로 떨어지지 않도록 뒷받침대를 둔다.

[그림 4-6] 트윈 룸(twin room)

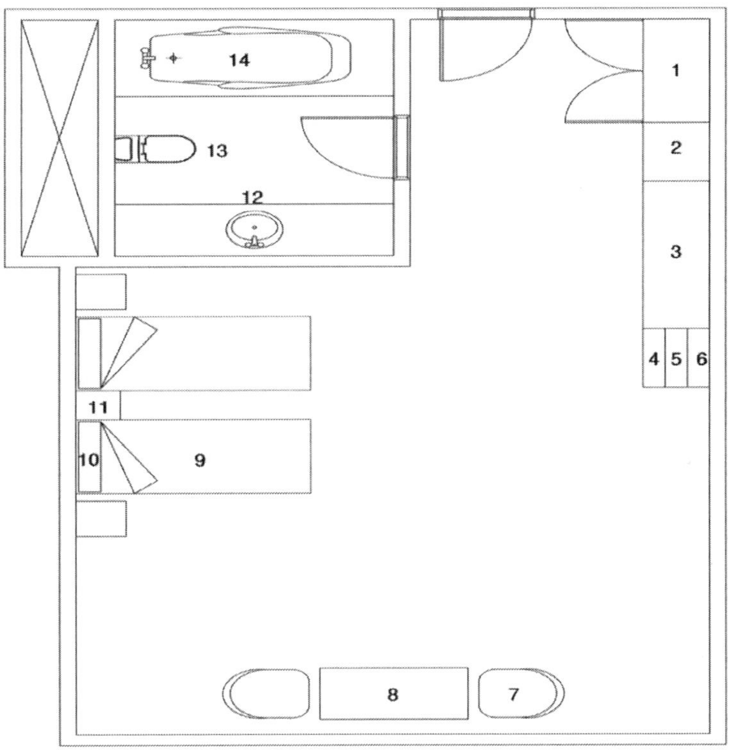

① 벽장(closet) ② 수화물 보관대(baggage rack) ③ 거울(vanity)
④ 냉장고(refrigerator) ⑤ TV ⑥ 미니 바(mini bar)
⑦ 안락의자(arm chair) ⑧ 테이블(table) ⑨ 싱글베드(single bed)
⑩ 헤드보드(head board) ⑪ BGM 박스(BGM box) ⑫ 세면대(wash basin)
⑬ 변기(chamber pot) ⑭ 욕조(bath tub)

[그림 4-7] 디럭스 트윈 룸(deluxe twin room)

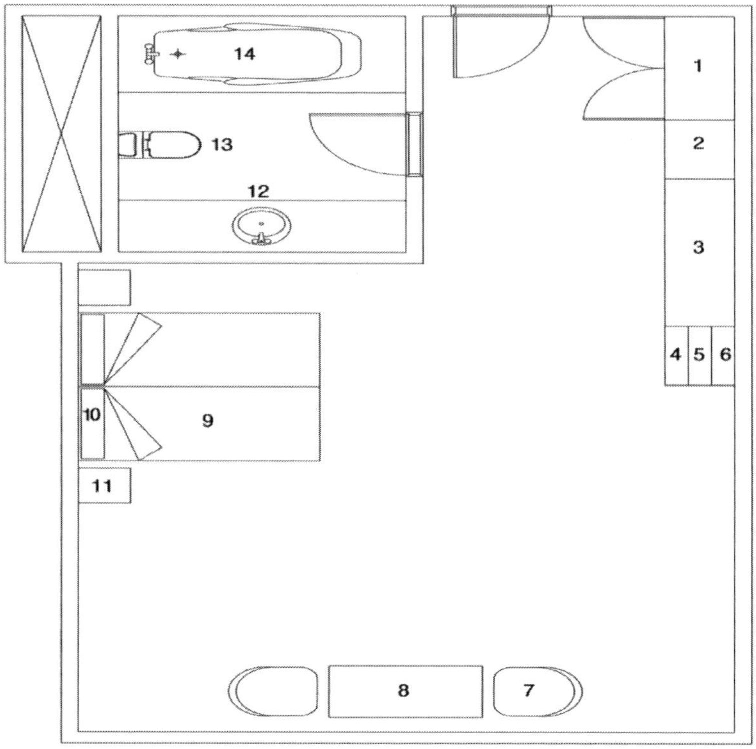

① 벽장(closet) ② 수화물 보관대(baggage rack) ③ 거울(vanity)
④ 냉장고(refrigerator) ⑤ TV ⑥ 미니 바(mini bar)
⑦ 안락의자(arm chair) ⑧ 책상(table) ⑨ 싱글베드(single bed) × 2
⑩ 헤드보드(head board) ⑪ BGM 박스(BGM box) ⑫ 세면대(wash basin)
⑬ 변기(chamber pot) ⑭ 욕조(bath tub)

4) 트리플베드 룸(triple bed room)

트리플베드 룸(triple bed room)은 한 객실에 세 명이 투숙할 때 트윈베드 룸(twin bed room)에 보조 침대(extra bed)를 하나 더 넣은 객실을 의미한다.

트리플베드 룸은 주로 휴양지나 리조트 지역의 호텔에서 제공한다. 이러한 호텔은 가족 관광객이 많이 이용해, 전략적 차원에서 트리플베드 룸을 운영한다. 그리고 어느 한 층에 설치하는 경우도 있다.

[그림 4-8] 소파(sofa)

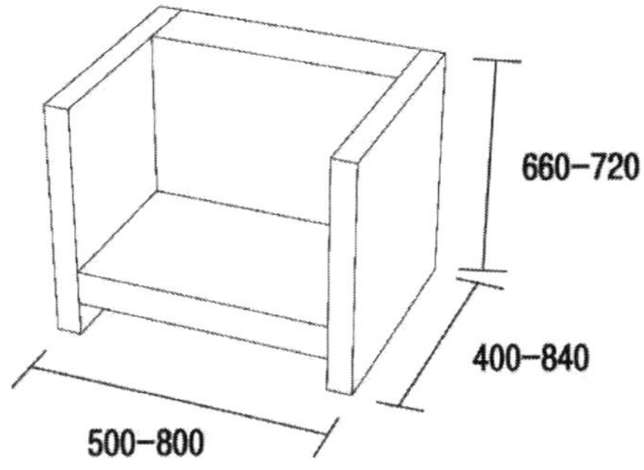

5) 더블 앤 싱글베드 룸(double and single bed room)

더블 앤 싱글베드 룸(double and single bed room)은 객실에 더블베드(double bed)와 싱글베드를 처음부터 마련한 3인 투숙용 객실이다.

보조 침대가 추가로 필요한 트리플베드 룸(triple bed room)과 트윈베드 룸(twin bed room)과는 달리 고정적으로 3인이 투숙할 수 있는 객실이다. 이런 객실은 가족 단위의 여행객이 많이 찾는 휴양지나 리조트 지역에 고객의 편리를 위해 제공되는 경우가 많다.

〈표 4-5〉 침대 종류에 의한 분류

객실의 종류	침대 규격	면적	비고
1) 싱글베드 룸	90 × 195cm	$13m^2$ 이상	
2) 더블베드 룸	138 × 195cm	$19m^2$	
3) 트윈베드 룸	90 × 195cm	$19m^2$	
4) 트리플베드 룸	90 × 195cm		보조 침대 필요
5) 더블 앤 싱글베드 룸	138 × 195cm, 90 × 195cm		

2. 객실 형태와 용도에 의한 분류

호텔 객실은 고객의 욕구 충족과 객실 판매를 증진하기 위해 다양한 형태로 개발되어 왔다. 이 중 일부는 고객이 원하는 객실의 형태나 용도에 따라 표준 객실과는 다른 방식으로 제공되기도 한다.

이들은 커넥팅 룸(connecting room), 어조이닝 룸(adjoining room), 스위트 룸(suite room), 이그젝티브 룸(executive room), 한실(ondol room), 금연 룸(non-smoking room), 장애인용 룸(handicap room), 여성 전용 룸(ladies floor room), 스튜디오 베드 룸(studio bedroom), 할리우드 룸(hollywood room) 등으로 분류된다.

1) 커넥팅 룸(connecting room)

커넥팅 룸(connecting room)은 객실과 객실 사이에 출입이 가능한 문이 있는 객실을 말한다. 즉 복도를 통하지 않고 객실과 객실 사이에 있는 출입문을 통해 옆 객실로 이동할 수 있다.

예를 들면, 1201호 객실과 1202호 객실 사이에 출입문이 있다면 이 객실을 커넥팅 룸이라고 할 수 있다.

커넥팅 룸은 가족 단위의 고객들이 사용하기에 편리한 객실이다. 이 객실은 특별히 커넥팅 룸을 사용하여야 하는 특수한 고객들이 사용하기 때문에 많이 설치하지 않는 편이다. 일반 고객들은 사생활 보호 차원에서 커넥팅 룸을 사용하지 않는 경향이 있다.

2) 어조이닝 룸(adjoining room)

어조이닝 룸(adjoining room)은 객실과 객실이 인접해 있지만, 객실과 객실 사이에 출입할 수 있는 문이 없다. 즉 어조이닝 룸은 객실과 객실이 나란히 있으나, 객실 내부에 출입문이 없어 외부를 통해서만 이동할 수 있다는 점이 커넥팅 룸과의 차이점이다.

예를 들면, 1101호 객실과 1102호 객실이 인접해 있고 오직 외부의 문으로만 출입이 가능한 객실을 의미한다. 어조이닝 룸은 객실이 인접해 있기 때문에 회의나 세미나 등을 하려는 단체 고객이 이용하기에 편리한 객실이다.

3) 스위트 룸(suite room)

스위트 룸(suite room)은 표준적인 객실보다 고급스럽고, 면적이 넓으며, 침실과 응접실이 분리된 객실을 말한다. 스위트 룸은 일반 객실보다 호화로운 인테리어와 최고급 가구 및 기물을 구비하고 있기 때문에 가격이 비싼 편이다.

스위트 룸은 전망이 좋은 아웃사이드 룸(outside room)인 경우가 많으며, 고객이 원하는 형태의 객실을 제공하기 위해 다양한 종류를 갖추고 있다.

고급스러운 객실을 원하는 고객의 욕구를 충족하기 위해 대부분 여러 종류의 스위트 룸을 설치한다. 일부 호텔에서는 스위트 룸에 객실, 응접실, 회의실, 대기실, 집무실, 비서실의 객실까지 갖추기도 한다.

[그림 4-9] 코너 스위트 룸(corner suite room)

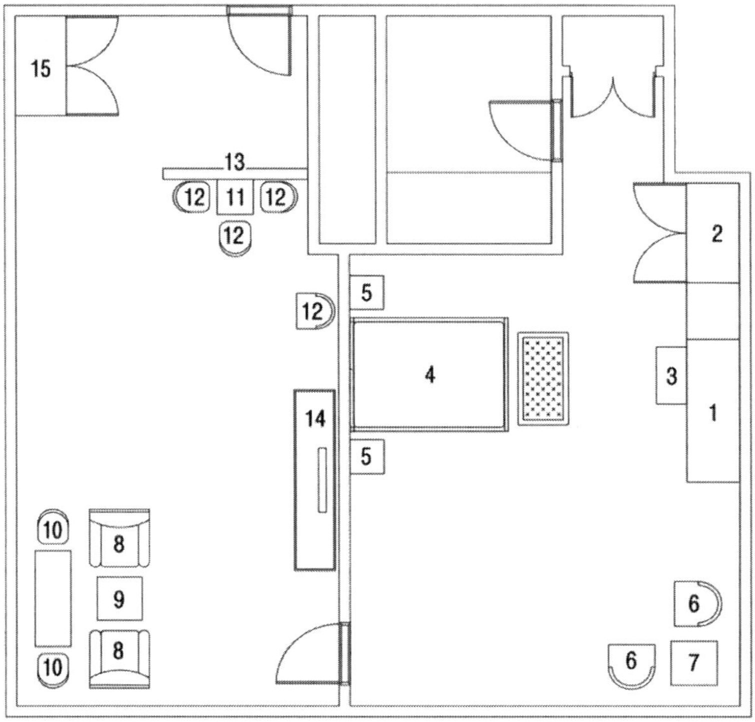

① 거울(vanity) ② 수화물 보관대(baggage rack) ③ 거울 의자(vanity stool)
④ 헤드보드(head board) ⑤ 나이트 스탠드(night stand) ⑥ 안락의자(arm chair)
⑦ 사이드 테이블(side table) ⑧ 안락의자(easy chair) ⑨ 낮은 테이블(coffee table)
⑩ 작은 테이블(end table)은 소파 곁에 놓음 ⑪ 식탁(dining table)
⑫ 식탁 의자(dining chair) ⑬ 칸막이(partition) ⑭ 가구(furniture)
⑮ 벽장(closet)

스위트 룸(suite room)은 고객의 욕구를 충족하기 위해 마련되며, 높은 가격의 객실을 판매할 수 있기에 호텔의 경영전략 차원에서도 운영된다.

[그림 4-10] 가든 스위트 룸 1(garden suite room 1)

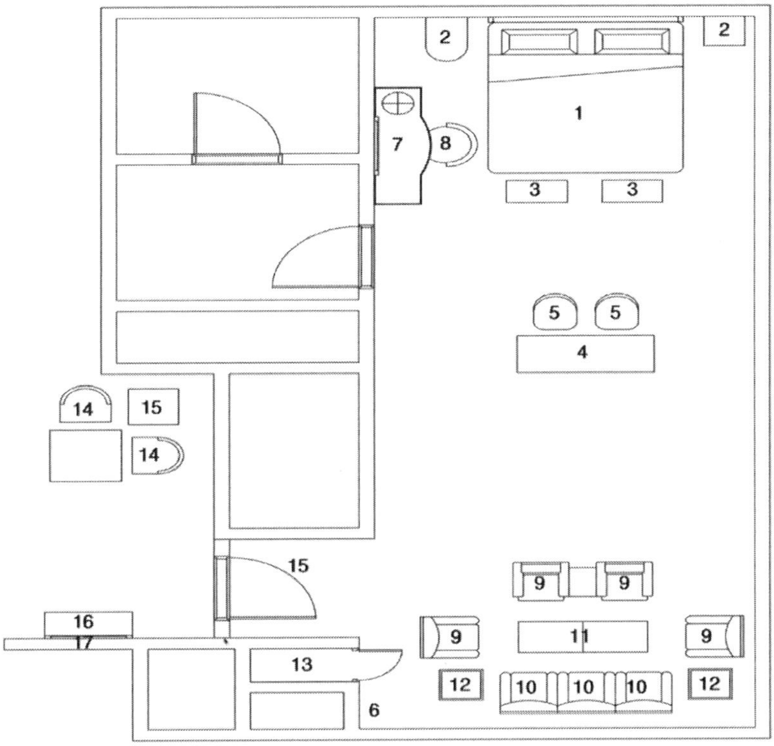

① 헤드보드(head board)
② 나이트 스탠드(night stand)
③ (앉아 있는 사람의) 발판(foot stool)
④ 거울 달린 화장대(dresser)
⑤ 의자(desk chair)
⑥ 수화물 보관대(baggage rack)
⑦ 경대 혹은 거울(vanity/mirror)
⑧ 거울 의자(vanity stool)
⑨ 안락의자(easy chair)
⑩ 소파(sofa)
⑪ 낮은 테이블(coffee table)
⑫ 작은 테이블(end table)
⑬ 벽에 붙여 있는 캐비닛(wall cabinet)
⑭ 안락의자(easy chair)
⑮ 작은 테이블(end table)
⑯ 금고(chest)
⑰ 거울(mirror)

[그림 4-11] 가든 스위트 룸 2(garden suite room 2)

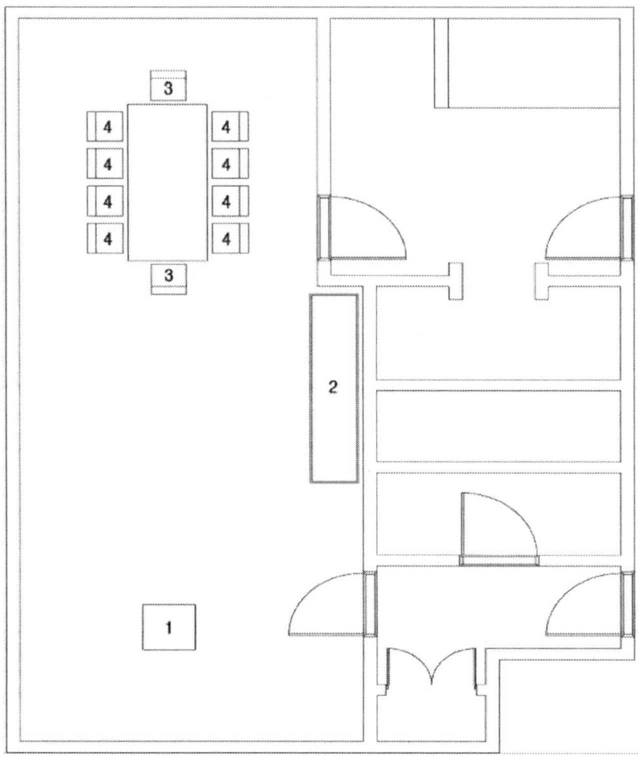

① 낮은 테이블(coffee table) ② TV 상자(TV cabinet)
③ 식탁(dining table) ④ 식탁 의자(dining chair)

4) 이그젝티브 룸(executive room)

귀빈층(executive floor)은 일반 고객이 이용할 수 없는 특수한 층이자 객실이다. 이그젝티브 룸(executive room)은 귀빈층(executive floor)에 있으며, 표준객실(standard room)과 스위트 룸(suite room)의 중간 객실이자 비즈니스 고객을 위해 여러 가지 편의장비나 집기를 설치해 놓은 객실이다.

이그젝티브 룸을 이용하는 고객에게는 귀빈층에 있는 클럽 라운지에서 무료로 아침과 커피, 음료수, 과일을 제공한다. 또한 해피 아워(happy hour) 중에는 하루의 피로를 풀 수 있도록 와인 · 칵테일 등의 다양한 요리를 제공하기도 한다.

귀빈층에서 투숙 및 퇴실 절차를 받을 수 있으며, 비즈니스를 위해 종사원의 도움을 받을 수 있다. 그리고 소규모의 회의 시설을 갖추고 있어 비즈니스를 위한 각종 회의가 가능하다.

5) 한실(ondol room)

한실(ondol room)은 한국 고유의 형태로 된 객실을 의미한다. 한국의 전통적인 가구나 집기로 꾸며져 있으며, 주로 이용하는 고객도 한국인이다. 이러한 객실은 도심지의 호텔보다는 휴양지나 리조트 지역의 호텔에서 점유율이 높은 편이다.

한실은 한국인 중 가족 단위의 관광객이나 단체 관광객이 주로 이용한다. 특히 온천지역의 호텔들이 한실을 많이 설치한다. 객실 면적은 $19m^2$ 이상이다.

[그림 4-12] 한실(ondol room: Korean room)

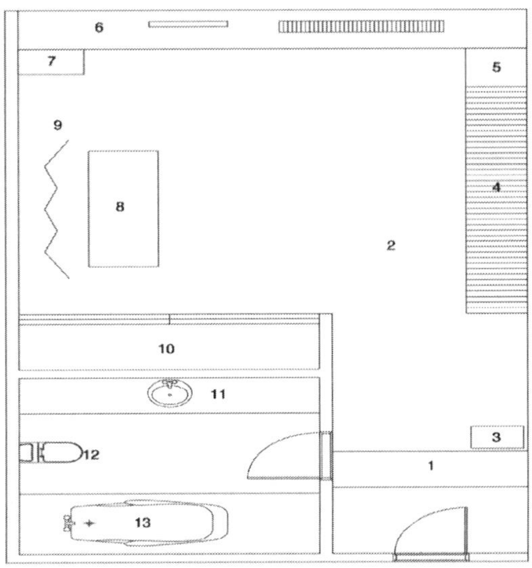

① 바닥(floor) ② 온돌 방 바닥(Ondol) ③ 냉장고(refrigerator)
④ 바닥(floor) ⑤ 가구(furniture) ⑥ (냉난방용)송기관(flue box)
⑦ BGM 박스(BGM box) ⑧ 테이블(table) ⑨ 칸막이(partition)
⑩ 벽장(closet) ⑪ 세면대(wash basin) ⑫ 변기(chamber pot)
⑬ 욕조(bath tub)

6) 금연 룸(non-smoking room)

금연 룸(non-smoking room)은 호텔 객실에서 담배를 피울 수 없는 객실을 말한다. 현 사회는 전반적으로 사람의 건강을 중요시하기에 객실 금연 방침이 증가하는 추세다. 특히 객실을 이용하는 다른 고객의 건강을 중요시하는 차원에서 금연을 시행한다.

이 외에도 여성 투숙객의 증가로 객실에서 흡연을 금지하는 경우가 많다. 국내 호텔 중에는 객실에서 금연을 시행하거나, 나아가 호텔 전체의 영업장에서 금연을 시행하기도 한다.

[그림 4-13] 옷장(wardrobe)

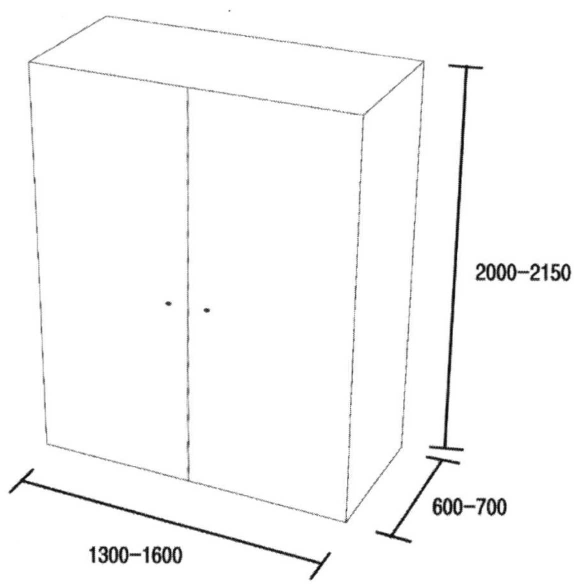

호텔 객실에는 옷장(wardrobe)이 설치되어 있으며, 주로 객실 입구에 배치된다. 옷장은 고객의 옷을 구김 없이 보관하기 위해 비치된다. 특히 장기 투숙객이나 비즈니스 호텔의 경우 넓은 옷장을 마련하는 것이 바람직하다.

7) 장애인용 룸(handicap room)

장애인용 룸(handicap room)은 장애인 고객이 이용하기에 편리한 객실을 말한다. 장애인을 위해 객실의 화장실 · 세면대 · 욕조에 손잡이가 부착되어 있고 출입문의 문턱이 없도록 설계되어 있는 객실을 장애인 룸이라고 한다.

최근에 국가에서 제도적으로 장애인을 위한 편리시설을 갖추도록 하며 객실을 이용하는 장애인 고객의 증가로 인해 장애인 고객 유치를 위한 전략으로 호텔에서 이용하기 편리한 다양한 시설을 마련하고 있다.

8) 여성 전용 룸(ladies floor room)

여성 전용 룸(ladies floor room)은 여성 고객만 이용할 수 있는 객실을 말한다. 여성 비즈니스 고객이 증가하면서, 이들을 유치하기 위한 전략으로 여성 전용 객실을 판매하고 있다.

감성적인 부분을 최대한 충족시키기 위해 여성의 취향에 어울리는 분위기, 화장품과 욕실용품 등을 제공하고 있다. 나아가 여성 고객이 편안한 마음으로 객실을 이용할 수 있도록, 객실 안내를 여성이 하는 벨 걸(bell girl)제도를 도입하는 호텔도 있다. 즉 여성 전용 룸은 여성 고객의 안전과 욕구 충족을 최대한 보장하는 객실이다.

[그림 4-14] 티 테이블(tea table)

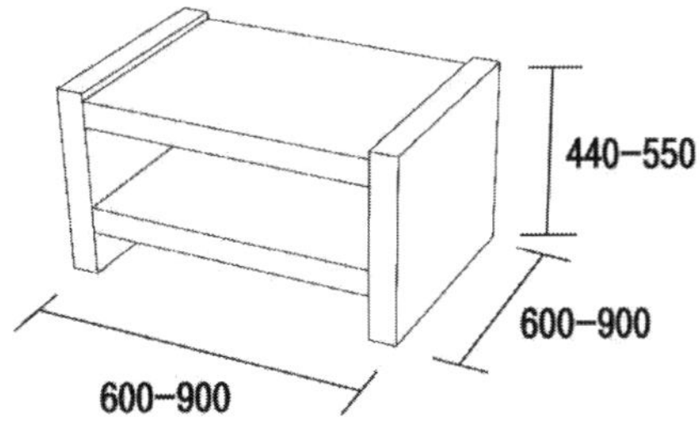

〈표 4-6〉 객실 형태와 용도에 의한 분류

객실의 종류	주요 내용
커넥팅 룸	• 객실과 객실 사이에 통하는 문이 있는 객실, 외부 복도로 통하지 않아도 됨
어조이닝 룸	• 객실이 나란히 있는 객실, 외부의 복도 문을 이용하여 출입
스위트 룸	• 고급스럽고 면적이 넓으며, 침실과 응접실이 분리된 객실 • 가격이 비쌈 • 최고급 가구 · 기물 비치 • 회의실 · 응접실 등이 있음
이그젝티브 룸	• 귀빈층(executive floor)에 있는 객실 • 귀빈층에서 투숙(check-in)과 퇴숙(check-out) 절차를 거칠 수 있음 • 비즈니스를 위해 종사원의 서비스를 제공받을 수 있음 • 무료로 제공되는 음료, 과일 등 있음
한실	• 한국 고유의 객실. 한국의 전통적인 가구나 집기 장식
금연 룸	• 호텔 객실에서 흡연이 불가능한 객실
장애인용 룸	• 장애인 고객이 이용하기에 편리한 객실 • 화장실 · 세면대 · 욕조에 손잡이 부착. 출입문의 문턱이 없도록 설계된 객실
여성 전용 룸	• 여성 고객만 이용 가능한 객실 • 여성의 감성적인 욕구를 충족할 용품 제공 • 여성 고객의 안전을 보장하는 특별한 서비스 제공

9) 스튜디오 베드 룸(studio bedroom)

스튜디오 베드 룸(studio bedroom)은 낮에는 응접용 소파로 사용하고 밤에는 침대로 사용할 수 있는 다목적용 침대가 갖춰진 객실을 말한다. 스튜디오 베드 룸은 2인이 사용할 수 있으며, 주로 비즈니스 사무실 용도로 사용하기도 한다.

우리나라의 경우, 과거에는 많이 설치하지 않았으나 현재는 스튜디오 베드 룸을 설치하는 추세이다.

10) 할리우드 룸(hollywood room)

일반적으로 호텔에서는 더블 룸이나 트윈 룸을 운영하는데, 할리우드 룸(hollywood room)은 이 두 가지 모두 가능하도록 침대를 배치한 객실이다. 즉 싱글이나 더블베드 2개를 붙여 놓은 형태이다.

〈표 4-7〉 객실 형태와 용도에 의한 분류

객실 형태와 용도에 의한 분류	1) 커넥팅 룸(connecting room)
	2) 어조이닝 룸(adjoining room)
	3) 스위트 룸(suite room)
	4) 이그젝티브 룸(executive room)
	5) 한실(ondol room)
	6) 금연 룸(non-smoking room)
	7) 장애인용 룸(handicap room)
	8) 여성 전용 룸(ladies floor room)
	9) 스튜디오 베드 룸(studio bedroom)
	10) 할리우드 룸(hollywood room)

3. 객실 위치에 의한 분류

1) 아웃사이드 룸(outside room)

호텔은 전망이 좋은 객실과 전망이 좋지 못한 객실로 나뉜다. 아웃사이드 룸(outside room)은 호텔 객실 중, 바깥쪽에 위치해 전망이 좋고 경치가 아름다운 객실을 의미한다.

고객들은 전망이 좋은 객실을 선호하나, 건축 구조상 모든 객실의 전망이 좋을 수는 없다. 따라서 어쩔 수 없이, 일부 객실만이 전망이 좋은 방향으로 위치하게 된다.

아웃사이드 룸은 주로 바다, 강, 산, 호수, 도심지 등의 경치가 좋은의 객실이다. 호텔에 따라 차이는 있지만, 아웃사이드 룸의 요금을 전망이 좋지 않은 객실에 비해 높게 책정하는 경우도 있다.

호텔 프런트 클럭(front clerk)은 VIP 고객, 개별 고객, 상용 고객에게 전략적으로 아웃사이드 룸을 우선 배정하기도 한다.

2) 인사이드 룸(inside room)

인사이드 룸(inside room)은 호텔 객실에서 외부의 전망이나 경치가 좋지 못하거나, 이를 볼 수 없는 객실을 말한다. 즉 인사이드 룸은 전망이 좋은 객실의 반대 방향에 있는 객실을 말한다.

인사이드 룸의 요금이 아웃사이드 룸(outside room)에 비해 다소 저렴한 경우가 있으며, 주로 단체 고객에게 배정하는 경향이 있다. 대부분의 호텔은 전망이나 경치가 좋은 방향의 객실 수를 늘리려고 하지만, 건축 구조상 어쩔 수 없는 경우에는 인사이드 룸이 건립된다.

〈표 4-8〉 객실 위치에 의한 분류

객실의 종류	주요 내용
아웃사이드 룸	• 객실에서 조망이 좋은 방향 • 객실 가격이 높게 책정될 수 있음
인사이드 룸	• 객실에서 조망이 좋지 않은 방향 • 객실 가격이 약간 저렴함

〈표 4-9〉 객실 위치에 의한 분류

객실 위치에 의한 분류	1) 아웃사이드 룸(outside room)
	2) 인사이드 룸(inside room)

4 호텔 객실요금의 종류

호텔 객실요금은 고객 유치에 결정적인 요인이 될 수 있다. 경쟁에서 민감한 특성을 지닌 것이 객실요금 정책이다. 객실요금은 경쟁력 우위를 확보하는 데 있어서 가장 강력한 도구가 될 수 있다.

객실요금을 설정할 때, 고객의 입장에서 가격을 결정할지 혹은 경쟁호텔 중심으로 적정하게 가격을 결정할지에 따라 고객의 반응이 달라진다.

객실요금을 설정할 때 준거가격, 즉 객실 품질을 의심하지 않고 이용할 수 있는 가장 낮은 가격정책을 수립할 경우 고객의 만족도가 극대화될 수 있다. 호텔 객실요금은 유형에 따라 다르게 적용되며, 경쟁호텔 상품과의 차별화 정도에 따라 책정될 때 고객 유치에 경쟁력을 가질 수 있다.

호텔 객실요금은 요금의 종류에 따라 시장의 수요를 반영한 정책이 매우 이상적이다.

1. 공표요금

객실요금은 고객이 객실 이용으로 얻게 되는 효용에 부여된 가치라고 할 수 있다. 고객이 객실로 얻는 효용에 적절한 가치를 부여하여 공표요금을 결정하는 것은 매우 중요하다. 객실요금은 고객이 민감하게 반응할 수 있기 때문에 신중하게 결정하여야 한다.

공표요금(tariff rate)은 관할 행정기관에 공식적인 절차를 통해 공시한 요금을 말한다. 관할 행정기관에 공식적으로 공시했기에, 공표요금이 곧 호텔 객실요금의 기준이 된다. 이때, 공표요금을 바탕으로 할인율이 적용될 수 있으므로 신중하게 정해야 한다.

고객이 얻는 객실 효용에 너무 높은 가치를 부여할 경우 고가격의 공표요금이 될 수 있고, 반대일 경우는 저가격의 공표요금이 될 수 있다. 고객이 적당하다고 느끼는 가격을 공표요금으로 하는 것이 바람직하다. 즉 경쟁호텔 간에 가장 강력한 우위를 확보할 수 있는 객실요금을 공표요금으로 설정하여야 한다.

호텔 객실의 공표요금을 결정할 때 고려하여야 할 사항들을 보면 첫째, 비용을 고려하여야 한다. 객실 상품이 생산되어 고객에게 제공될 때까지의 실제 비용을 고려하여 결정해야 한다.

둘째, 호텔의 이익률과 현재의 수요를 고려해야 한다. 객실을 판매하고 어느 정도의 이익이 발생하는지를 고려하여 공표요금을 산정해야 한다. 그리고 수요를 장·

단기적으로 분석하고 예측해 공표요금을 산정해야 한다.

셋째, 경쟁호텔이 제공하는 객실요금이나 서비스를 고려해야 한다. 객실요금과 서비스는 고객이 민감하게 반응을 보이기 때문에 경쟁호텔의 객실요금과 서비스 제공 수준을 파악하여 공표요금을 책정해야 경쟁력을 가질 수 있다.

〈표 4-10〉 공표요금 설정 고려사항

공표요금 설정 고려사항	첫째, 비용 고려
	둘째, 호텔의 이익률 · 현재 수요 고려
	셋째, 경쟁호텔이 제공하는 객실요금 · 서비스 고려

2. 특별요금

특별요금(special rate)은 호텔의 정책이나 마케팅전략에 따라 다양한 특별요금을 실시하는 경우에 시행하는 요금제도이다. 호텔은 성수기와 비수기의 격차가 심한 수요시장 환경에서 이를 극복하기 위한 전략으로 탄력적인 객실 가격정책을 수립하고 있다.

호텔은 치열한 경쟁 환경에서 경쟁력을 강화하기 위해 특별 요금제를 실시한다. 이는 가격경쟁에서 경쟁호텔보다 우위를 확보하는 전략이다.

호텔의 특별요금에는 무료요금(complimentary)과 힐인요금(discounted rate)이 있는데, 이들을 구체적으로 보면 다음과 같다.

1) 무료요금(complimentary)

무료요금(complimentary)은 호텔에서 판매촉진을 위해 초청된 사람이나 호텔에 이익을 주는 사람에게 객실을 무료로 사용하게 하는 것을 말한다. 무료요금 제도를 세부적으로 다시 구분하여 보면 객실요금만 무료로 사용하는 제도(room only complimentary)와 객실요금과 식사요금까지 모두 포함해 무료요금으로 사용하는 제도(all complimentary)로 구분할 수 있다.

객실요금과 식사요금까지 포함하여 무료로 제공하는 고객은 호텔의 이익에 매우 높은 영향을 미치는 고객이라고 할 수 있다. 예를 들면, 무료요금을 적용하는 경우는 주로 호텔에서 특별히 초청한 사람, 호텔 상품 판매촉진에 많은 영향을 주는 여행사 임직원, 여행사 단체인솔자, 국제회의 및 세미나 임원, 거래회사나 계약회사 임직원 등이 그 대상이다.

또한 총지배인이 호텔을 경영하는 과정에서 특별히 도움을 준 사람에게 자신의 권한으로 무료요금을 제공할 수 있다. 호텔에서는 무료요금이라는 뜻으로 불리는 컴플리멘터리(complimentary)를 컴프(comp.)라는 약자로 사용한다.

2) 할인요금(discounted rate)

(1) 단체요금(group discount rate)

단체요금(group discount rate)은 호텔 객실을 단체로 이용하는 고객에게 적용하는 요금제도이다. 호텔에서 단체요금을 지불하는 주된 단체들은 대부분 여행사의 단체 관광객이다.

이 외에도 정부, 각종 단체, 협회, 학회 등에서 개최하는 각종 회의 · 세미나 · 연수 등에 참석하는 단체 고객에게 특별히 할인을 적용한다. 단체요금을 적용할 때는 사전에 협의를 거쳐 이루어지며, 일반적으로 공표요금의 60~70%를 적용한다.

(2) 비수기 요금(off season rate)

비수기 요금(off season rate)은 특정 시기에 객실요금을 차별화하는 할인요금제도이다. 즉 계절적 요인으로 인해 비수기 요금을 조정하는 요금제도이다. 또한 주중이나 주말 등의 수요변화에 따라 객실요금을 조정하는 것을 비수기 요금이라고 한다.

비수기에는 객실 이용률이 성수기에 비해 상대적으로 낮다. 이는 비수기의 객실 매출액이 성수기에 비교하면 상당히 떨어짐을 의미한다. 호텔은 비수기를 극복하기 위해 객실요금을 할인하는 정책을 시행하고 있다.

일반적으로 도심지 호텔은 주말에, 휴양지나 리조트 지역의 호텔들은 평일에 호텔 객실 이용률이 낮다.

(3) 계약사 요금(commercial rate)

계약사 요금(commercial rate)은 호텔 객실 판매촉진을 위해 계약을 체결하고, 그로 인해 적용되는 요금제도이다.

일반적으로 호텔들이 계약하는 회사들을 보면 대기업 및 중견 기업, 여행사나 항공사, 협회 및 단체, 대학 등이 있는데, 계약에 의해 이들에게 힐인요금을 적용하는 제도이다.

계약사들은 대부분 호텔 이용 빈도가 높으며, 자사의 직원이나 고객들이 호텔을 이용할 때 유리한 조건으로 이용할 수 있도록 하기 위해 계약관계를 맺고 있다.

호텔은 계약사를 평가하여 이용 빈도가 특히 높을 경우, 그 계약사에게는 할인 적용률을 다시 설정하여 재계약하기도 한다. 반대로 이용 빈도가 낮은 계약사는 할인 적용률을 낮추거나 계약을 해지하는 경우도 있다.

(4) 가이드 요금(guide rate)

가이드 요금(guide rate)은 여행사 가이드 혹은 단체 관광객 인솔자에게 적용하는 힐인요금제도이다.

국제호텔 협회(IHA)와 여행업자 협회 세계연맹(UFTAA) 협정 제49조에 의하면 "호텔은 적어도 15명 이상의 여행자단체와 동승한 여행자대표 1인(안내원, 운전기사, 팀장 등)에 대하여 무료 서비스를 제공하도록 권장하고 있다. 호텔은 20명이 추가될 때마다 추가 대표자에게 무료 서비스를 제공할 수 있다."라고 규정되어 있다.[3] 이 규정에 따라 호텔에서는 여행사 가이드나 인솔자에게 가이드 요금(guide rate)을 적용하여 객실요금을 산정한다.

〈표 4-11〉 특별요금

특별요금	1) 무료요금(complimentary)
	2) 힐인요금(discounted rate)
	(1) 단체요금(group discount rate)
	(2) 비수기 요금(off season rate)
	(3) 계약사 요금(commercial rate)
	(4) 가이드 요금(guide rate)

3. 추가요금

호텔은 객실을 이용할 수 있는 시간, 즉 투숙(check-in)할 수 있는 시간과 퇴실(check-out)하는 시간이 정해져 있다. 이 시간을 초과하거나 투숙은 하지 않고 수화물만 객실에 남겨 두는 경우 등에 적용하는 요금제도가 추가요금이다.

1) 초과요금(over charge)

초과요금(over charge)은 호텔이 정한 퇴실 시간(check out time)을 초과하여 객실을 사용할 때 부과하는 요금제도이다. 일반적으로 호텔은 퇴실 시간을 정오(12:00)까지로 정하고 있다.

예를 들어 고객이 정오, 즉 12시에서 오후 2시까지 객실을 사용할 경우에 초과요금을 부과하게 된다. 그러나 호텔과 사전에 협의한다면, 오후 2시까지는 무료로 사용하는 경우가 많다. 오후 2시 이후에는 호텔 대부분이 초과요금을 부과하는 편이다.

2) 홀드 룸 요금(hold room charge)

홀드 룸(hold room)의 형태는 두 가지가 있다. 하나는 고객 개인의 사정으로 객실을 홀드 룸 처리하는 경우, 다른 하나는 현재 투숙 중인 고객이 수화물을 객실에 남겨 두고 떠나는 경우이다.

(1) 미도착으로 인한 홀드 룸 요금(hold room charge)

미도착으로 인한 홀드 룸 요금(hold room charge)은 고객이 객실을 예약한 상태에서 개인 사정으로 늦게 투숙하여도 정상적인 객실요금을 부과하는 경우를 말한다. 이런 경우는 주로 항공기가 늦게 도착했거나 도착시간이 새벽일 경우에 많이 일어난다.

(2) 객실에 수화물을 남겨둘 경우 부과되는 홀드 룸 요금(hold room charge)

객실에 수화물을 남겨둘 경우 부과되는 홀드 룸 요금(hold room charge)은 투숙객이 지방이나 단기 여행을 가면서 자신의 수화물은 객실에 두고 떠난 경우에 적용하는 요금제도이다.

이 경우 고객이 실제로 객실을 사용하지 않았지만, 수화물이 객실에 있어 다른 고객이 사용할 수 없으므로 호텔에서는 객실요금을 부과하게 된다. 이 부과요금 제도는 호텔마다 차이는 있지만, 객실의 공표요금은 아닐지라도 추가로 요금을 지불해야 한다.

〈표 4-12〉 추가요금

추가요금	1) 초과요금(over charge)
	2) 홀드 룸 요금(hold room charge)
	(1) 미도착으로 인한 홀드 룸 요금(hold room charge)
	(2) 객실에 수화물을 남겨둘 경우 부과되는 홀드 룸 요금(hold room charge)

4. 경영방식에 따른 요금제도

경영방식에 따른 요금은 객실과 식사비용을 포함해서 요금을 부과하는 제도와 객실과 식사비용을 분리하여 요금을 부과하는 제도를 말한다.

이들 요금제도에는 유럽식 요금제도(european plan), 미국식 요금제도(american plan), 대륙식 요금제도(continental plan), 혼합식 요금제도(dual plan)가 있다.

1) 유럽식 요금제도(european plan)

유럽식 요금제도(european plan)는 객실과 식사비용을 분리하여 요금을 산정하는 방식이다. 이는 객실과 식사비용을 구별하기 때문에 식사를 호텔 내에서 하도록 강요하지 않고 고객이 자유롭게 선택해서 할 수 있도록 하는 제도이다.

유럽식 요금제도는 주로 상용호텔에서 적용하는 요금제도이며, 우리나라를 비롯한 세계 여러 국가에서 이 방식을 채택하고 있다.

2) 미국식 요금제도(american plan)

미국식 요금제도(american plan)는 객실과 식사비용을 포함하여 요금을 부과하는 제도이다. 이 요금제도는 투숙객이 식사하지 않아도 객실요금에 식사 3식 비용이 포함된 요금제도이다.

객실요금과 식사 3식 비용이 포함된 미국식 요금제도를 '순 미국식 요금제도(full american plan, full pension)'라고 하기도 한다. 또한 순 미국식 요금제도를 수정하여 객실요금을 부과하는 제도를 '수정 요금제도(modified american, demi pension, semi pension, half pension)'라고 한다. 수정 요금제도는 객실요금을 부과할 때 조식에 중식이나 석식 중 1식의 비용을 선택하여 객실요금을 부과하는 제도이다.

미국은 산간 지역이나 휴양지에 식당이 거의 없어, 식사는 호텔에서만 가능한 경우가 있다. 그러므로 호텔 객실요금에 식사비용을 포함하게 된 것이다.

3) 대륙식 요금제도(continental plan)

대륙식 요금제도(continental plan)는 객실요금을 부과할 때 대륙식 아침 식사(continental breakfast)를 포함시킨 요금제도이다. 일반적으로 유럽에서 많이 시행하는 요금제도이다.

고객이 시간적으로 또는 장소적으로 제약을 받는 경우에 객실에서 룸서비스를 통해 조식을 받을 수 있어 편리하고 비용도 저렴하다. 즉 대륙식 요금제도는 고객이 룸서비스 또는 호텔 식당 중 식사 방법을 자유롭게 선택할 수 있어, 보다 편리하게 이용할 수 있는 제도다. 대부분의 고객은 객실에서 룸서비스를 통해 식사를 해결한다.

4) 혼합식 요금제도(dual plan)

혼합식 요금제도(dual plan)는 유럽식(european plan) 객실요금 제도와 미국식(american plan) 객실요금 제도를 혼합하여 객실요금을 부과하는 경영방식이다.

이 요금제도는 고객이 유럽식이나 미국식의 객실요금 제도를 선택하여 지불하는 방식으로, 경영자가 아닌 고객의 자유의사에 따라 지불 방법을 선택하게 되는 것이다.

혼합식 요금제도를 많이 사용하는 사람들은 단체관광객, 회의 및 세미나 참석자들이다. 이들은 지역의 상황과 관광 및 행사 일정에 따라 객실요금을 선택하게 되는데 대부분 식사비용을 포함하는 요금을 택한다.

〈표 4-13〉 경영방식에 따른 요금제도

경영방식에 따른 요금제도	1) 유럽식 요금제도(european plan)
	2) 미국식 요금제도(american plan)
	3) 대륙식 요금제도(continental plan)
	4) 혼합식 요금제도(dual plan)

5. 기타 객실요금 제도

1) Third Person Charge

Third Person Charge는 한 객실을 3인 이상이 사용할 경우에 부과되는 객실요금제도이다. 호텔은 한 객실에 1인 혹은 2인 투숙이 기준이다. 한 객실을 3인 이상이 사용할 경우, 침대나 침구가 추가되기 때문에 이를 적용한 요금이다.

2) House Use Room

House Use Room은 호텔의 임직원 숙소나 객실을 사무실로 사용하는 경우다. 호텔 임직원의 숙소가 별도로 마련되지 않거나 호텔 내에서 사무실의 공간이 부족할 때, 객실을 사무실로 사용한다. 주로 시티호텔(city hotel)에서 사무실 공간이 부족하거나 숙소 마련이 어려워 객실을 하우스 유즈 룸(house use room)으로 사용한다.

3) Family Plan

Family Plan은 부모와 동행한 14세 미만 어린이를 위해 엑스트라 베드(extra bed)를 무료로 제공하는 것을 의미한다. 그러나 호텔에 따라 엑스트라 베드를 제공할 때 추가요금을 부과하는 경우도 있다.

4) 대실요금(day use charge)

대실요금(day use charge)은 객실을 낮 시간대에 사용함으로써 요금을 부과하는 제도이다. 대실요금(day use charge)은 대부분 13시에서부터 17시까지 객실을 사용하게 하고 요금을 부과한다. 18시 이후에는 대실을 허용하지 않는 호텔들이 대부분이다. 이는 객실 청소를 담당하는 룸 메이드가 퇴근한 후에는 청소가 어려우며, 예약 없이 투숙하는 고객에게 제공하기 위해서다.

이 외에도 호텔 직원이 낮에 업무용 혹은 특별한 용도로 객실을 사용하는 경우가 있다. 이때 무료로 객실을 사용하기도 한다.

5) Midnight Charge

Midnight Charge는 고객이 예약하지 않고 밤늦게 혹은 새벽에 투숙할 때 부과하는 요금제도이다. 호텔의 경영정책에 따라 차이는 있을 수 있지만, 이런 경우는 객실요금을 할인하는 경우가 대부분이다.

6) 취소요금(cancellation charge)

취소요금(cancellation charge)은 고객이 예약을 한 상태에서 개인적인 사정으로 호텔 객실을 이용할 수 없을 경우에 적용하는 요금제도이다. 이 요금제도는 호텔의 경영정책에 따라 차이가 있지만, 취소요금을 적용하지 않는 경우가 대부분이다. 그러나 최근에는 규정에 의해 취소요금을 부과하는 경우가 증가하고 있다.

〈표 4-14〉 기타 객실요금 제도

기타 객실요금 제도	1) Third Person Charge
	2) House Use Room
	3) Family Plan
	4) 대실요금(day use charge)
	5) Midnight Charge
	6) 취소요금(cancellation charge)

5 호텔 객실부서의 조직

1. 객실부서의 조직

힉스와 굴레드(Hicks & Gullet)[4]는 조직이란 일정한 목적을 달성하기 위해서 인간들이 상호작용(interaction)을 하는 하나의 조직적 과정(structured process)이라고 규정하였다.

테리(Terry)[5]는 조직이란 일정한 목적을 달성하기 위한 제반 활동을 결정하고 이를 집합 · 배열하며, 활동을 수행하기 위한 인적자원을 배정하고 적절한 물질적 요소를 준비하며, 책임을 맡은 각 개인에게 권한을 이양하는 것이라고 규정하였다.

호텔은 객실 조직이 지향하는 목적을 달성하기 위해, 객실부서에 적절한 능력과 인성을 갖춘 구성원을 배정하고 효율적인 업무를 수행할 수 있는 환경을 조성해야 한다. 또한 조직 구성원이 직무를 합리적으로 실행할 수 있도록 권한과 책임을 부여해야 할 것이다.

객실 조직은 조직의 목적에 부합하는 목표를 설정해야 한다. 이것은 객실부서의 존재를 위해 반드시 필요하며, 조직의 존재 이유이기도 하다. 객실 조직의 목표는 조직 구성원들의 행동 지침과 동기부여, 의사결정과 성과의 기준, 불확실성의 감소 등을 제공한다.

구성원들에게 행동 및 업무의 지침과 동기부여는 업무를 효과적으로 수행하게 하며, 고품질 서비스를 제공하게 만든다. 이는 호텔이 추구하는 목표를 달성하는데 유리한 요소로 작용한다.

호텔 객실 조직은 고객을 접대하는 조직과 객실을 관리하는 조직으로 구분할 수 있다. 접객부문의 조직 구성원은 최초로 고객을 접대하고, 고객에게 마지막으로 서비스를 제공하는 부서의 구성원이다.

고객을 접대하는 조직의 구성원들은 고객 예약, 객실 안내, 객실 배정, 고객 투숙 및 지불 등의 업무를 수행한다. 이들의 업무가 호텔의 이미지를 결정하며 호텔의 얼굴이기도 하다.

[그림 4-15] 객실부서의 조직도

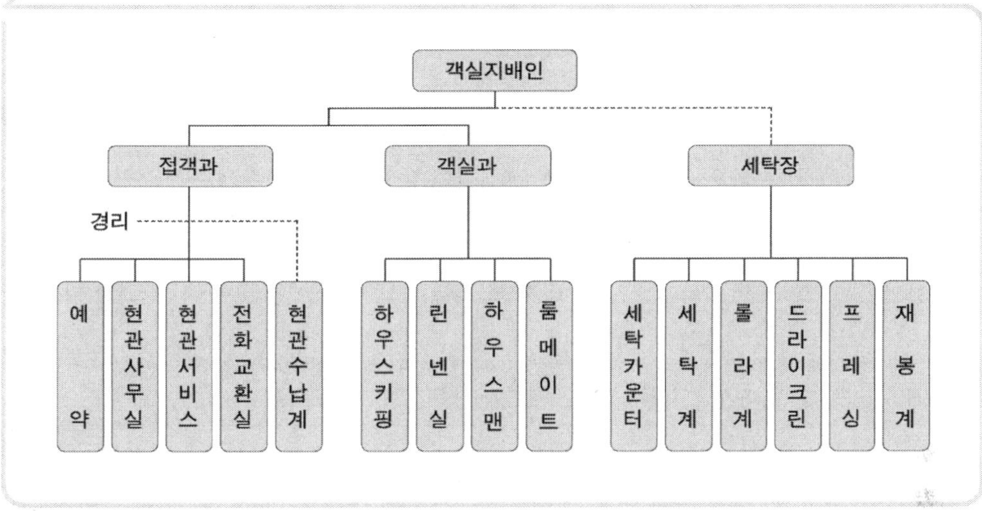

객실을 관리하는 조직 구성원은 객실을 정비하고 청결 상태를 유지하여 고객에게 객실을 판매할 수 있도록 하는 업무를 수행한다. 호텔 객실 조직은 고객이 객실을 이용할 수 있도록 관리하고 판매하는 생산부서라고 할 수 있다.

이들은 객실을 고품질 상품으로 생산하고 효과적으로 판매하기 위해 구성원 간의 협력적인 관계를 형성해야 한다.

2. 객실부서 조직의 특징

우리가 사회의 구성원으로 살아가듯, 호텔 종사원도 호텔 조직의 일원으로서 직무를 수행하며 살아가고 있다. 사람은 누구나 조직체의 일원으로서 조직의 발전에 기여하려고 한다.

조직체의 발전은 조직 구성원의 협력과 노력에 의해 이루어질 수 있다. 따라서 호텔 조직체, 나아가 호텔 객실부서가 성장하고 발전하기 위해서는 조직 구성원 개개인의 기여와 공헌을 통해 이룰 수 있다. 즉 호텔의 발전은 호텔을 구성하고 있는 여러 조직의 발전 없이는 이루어질 수 없다. 그러므로 호텔 조직의 수입원의 중추적인 역할을 하는 객실 조직의 발전을 위해 연구가 필요하다.

호텔 객실 조직을 구성하고 있는 조직체는 하나의 생명체와 같다. 특히 인적 서비스의 의존도가 높은 객실 조직의 내부에서 동맥경화작용이 일어나면 호텔 조직이나 객실 조직은 자연적으로 도태되거나 지구상에서 사라질 수 있다. 이에 호텔은 급변하는 호텔시장 환경에 대응할 수 있도록, 객실 조직에 긍정적인 에너지를 투입해 경쟁력과 지속 가능성을 갖춘 조직으로 만들어야 한다.

호텔기업 환경을 둘러싸고 있는 통제 불가능한 변수와 통제 가능한 변수를 적절히 활용하지 못한다면 조직의 힘이 약해져 소멸할 가능성이 있다. 따라서 호텔 객실 조직이 지속적으로 유지되기 위해서는, 이러한 변수를 활용할 수 있도록 객실 시설과 직원 업무의 효율성을 높이는 기술력 강화가 필요하다.

호텔 경영자는 객실 조직의 구성원들이 고객에게 고품질 서비스를 제공할 수 있도록 지속적인 관심과 배려를 통해 활력을 불어넣어야 한다. 또한 객실 조직의 구성원들이 변화하고 있는 고객 욕구에 적절히 대응하고 서비스 정신을 함양하도록 지원해야 한다.

호텔 객실 조직은 고객과 직접 접촉하면서 직무를 수행하는 조직과 간접적으로 접촉하는 조직으로 구분되어 있다. 직접 접촉하는 조직의 구성원은 서비스가 주된 직무로, 접객 서비스를 위해 다른 조직에 비해 상당히 높은 수준의 기본적인 자세나 인성이 요구된다. 반면 간접적으로 접촉하는 조직의 구성원은 서비스 정신 이외에도 높은 책임감이나 사명 의식이 필수적이다.

호텔 객실 조직이 계속 생존하기 위해서는 합리적으로 업무를 수행할 수 있는 원칙이나 지향점이 있어야 한다. 즉 객실 조직관리의 지표나 업무수행의 원칙에 의해 조직 유효성과 조직 능률성이라는 조직 목표를 성취하여야 한다.

3. 객실부서의 직무분석

인간은 누구나 조직 또는 자신의 이익을 극대화하는 데 주요 행동 목표를 둔다. 조직 구성원은 공식 및 비공식적인 조직을 통해서 자신의 욕구를 충족하려고 하며 자아실현적인 인간은 자신의 직무 그 자체의 의미와 성취를 추구한다.

이러한 맥락에서, 호텔 객실 조직의 구성원들은 자신의 일을 통해 성숙해지기를 원하고 직무에 대한 도전 의식과 성취감을 가지고자 한다. 또한 그들은 자아실현의 욕구를 충족하려 하거나 잠재성을 발견하려고 하기에, 충분한 동기부여가 될 수 있도록 명확한 직무를 제시할 필요가 있다.

직무분석이란 분석적인 방법을 통해 직무 또는 직위의 내용을 한정 짓는 요인을 서술하여 이를 조직에 제시 · 기록하는 것이다. 다종다양한 개인 직무의 특성에 관한 적절한 정보를 제공하고 보고하는 절차라고 할 수 있다. 또한 수행하는 일을 분석하여 그 성질을 결정하고 명확화하는 것이다.[6]

호텔 경영자는 객실 조직의 구성원이 수행하는 업무에 대해 철저히 분석한 것을 바탕으로 직무를 명확하게 서술해야 한다. 즉 호텔 객실 조직의 직무를 명확히 서술하기 위해 직접 접객하는 조직과 간접적으로 접촉하는 객실관리 조직의 직무를 정확하게 분석해야 한다. 또한 이를 통해 구성원이 직무를 정확히 이해하고 수행할 수 있도록 구성원의 역량을 강화해야 한다.

1) 프런트 오피스(front office)의 직무분석

호텔 조직에서 프런트 오피스(front office)의 직무는 고객의 만족도나 호텔의 이미지에 중요한 역할을 하고 있다.

프런트 클럭(front clerk)은 고객을 최초로 맞이하는 순간부터 마지막으로 배웅하는 시점까지의 모든 접객 업무를 수행하는 조직 구성원이다.

프런트 오피스는 객실 투숙객을 위한 예약 · 등록 · 퇴실 업무를 담당한다. 또한, 호텔 이용객들에게 각종 정보제공 및 안내, 환전 및 외화 교환, 수화물의 운반 · 보관, 현관 및 로비의 청결 등의 제반 업무를 수행하는 조직이다.

(1) 객실 지배인의 업무

객실 지배인은 현관 접객부문과 객실 관리부문에 대한 업무를 관리 · 감독하며, 객실부문의 각 부서 간 유기적인 협력 관계를 유지하고, 객실 상품의 생산과 판매에 대한 책임성을 가지고 업무를 수행한다. 나아가 VIP 고객을 영접 및 환송하는 업무를 담당하고, 객실부서 종사원의 채용, 배치, 평가 및 교육훈련 등의 인사관리 업무를 수행한다.

(2) 객실 예약 담당직원의 업무

객실 예약 담당직원은 고객이 사전에 예약하고 투숙할 수 있도록 하며, 예약 변경 및 취소 업무를 수행한다.

(3) 프런트 클럭(front clerk)의 업무

프런트 클럭(front clerk)은 프런트 데스크에서 투숙객의 등록카드를 작성하고 객실을 배정한다. 즉 프런트 클럭은 객실 판매 서비스를 제공하는 최종 업무담당자이다. 또한 호텔을 이용하는 고객들이 요청한 정보를 안내하고, 퇴실(check-out)하려는 고객에게 신속한 체크아웃 서비스를 제공하는 종사원이다.

(4) 전화 교환원의 업무

전화 교환원은 교환실에서 호텔의 내·외부적으로 걸려 오는 전화와 관련된 업무를 수행한다. 예를 들면, 고객에게 전화 연결, 전화요금 관리, 모닝콜 서비스, 메시지 전달 등의 업무를 수행한다.

(5) 프런트 오피스(front office)의 직무 요약

〈표 4-15〉 프런트 오피스(front office)의 직무

구분	직무
프런트 오피스(front office)의 직무	•객실 예약 판매
	• 고객의 영접
	• 숙박 등록 및 적절한 객실 배정
	• 퇴실 업무
	• 객실 키 관리
	• 현금 출납 및 신용카드 취급
	• 각종 정보 안내 및 제공
	• 우편물, 전신 메시지 처리 및 전달
	• 교환 업무
	• 귀중품 보관 및 환전 업무
	• 불평불만 처리 및 상담

〈표 4-16〉 프런트 오피스(front office)의 직무분석

프런트 오피스(front office)의 직무분석	(1) 객실 지배인의 업무
	(2) 객실 예약 담당직원의 업무
	(3) 프런트 클럭(front clerk)의 업무
	(4) 전화 교환원의 업무
	(5) 프런트 오피스(front office)의 직무 요약

2) 현관관리의 직무분석

호텔 현관에서 업무를 수행하는 부서로서 도어 데스크, 벨 데스크, 컨시어지(concierge) 등의 업무를 수행한다. 이들은 투숙객이나 호텔 시설을 이용하려는 고객들을 친절하게 안내하고 정보를 제공하며, 로비관리뿐만 아니라 로비에서 일어나는 크고 작은 일들을 접수하거나 처리한다.

(1) 도어 데스크(door desk)의 업무

도어 데스크(door desk)는 호텔 입구에서 고객 영접, 환송, 현관 부근의 차량 정리, 주차장 안내, 차량 호출, 차량 수배 등의 업무를 수행한다.

(2) 벨 데스크(bell desk)의 업무

벨 데스크(bell desk)는 고객을 객실에 안내하고 수화물 및 물품배달, 나아가 현관을 청결히 유지하고 관리하는 업무 등을 진행한다.

(3) 컨시어지(concierge)의 업무

컨시어지(concierge)는 고객 영접, 환송, VIP 고객의 투숙 및 퇴숙을 돕고, 차량 수배와 배차관리, 항공 관련 업무를 담당한다. 또한 고객의 불평불만 사항을 접수하고 처리한다.

(4) 야간 당직 지배인(duty manager)의 업무

야간 당직 지배인(duty manager)은 야간에 총지배인을 대신하여 야간 영업을 총괄하는 지배인으로서 프런트 오피스, 현관, 각 식당 및 부대영업장 등에 대한 책임과 권한을 가지고 업무를 수행한다.

(5) 현관관리의 직무 요약

〈표 4-17〉 현관관리의 직무

구분	직무
도어 데스크	• 고객 영접 · 환송 업무 • 주차관리 업무 • 차량 호출 업무 • 차량 수배 업무 • 고객 수화물 이동 업무 • 호텔 영업장 안내 업무 • 교통질서 및 차량 관리
벨 데스크	• 객실 안내 업무 • 메시지 전달 업무 • 고객 수화물 관리 업무 • 로비 청결 업무 • 고객에게 정보제공 • 엘리베이터 관리 업무
컨시어지	• 고객 영접 · 환송 업무 • VIP 고객 투숙 · 퇴숙 업무 • 항공 관련 업무 • 차량 수배와 배차관리 업무 • 불평불만 사항 접수 · 처리 업무
야간 당직 지배인	• 야간에 총지배인 업무 수행 •객실 및 각 영업장 총괄책임자 역할

〈표 4-18〉 현관관리의 직무분석

현관관리의 직무분석	(1) 도어 데스크(door desk)의 업무
	(2) 벨 데스크(bell desk)의 업무
	(3) 컨시어지(concierge)의 업무
	(4) 야간 당직 지배인(duty manager)의 업무
	(5) 현관관리의 직무 요약

3) 하우스키핑(housekeeping)의 직무분석

하우스키핑(housekeeping)은 객실, 객실정비, 세탁물을 관리하고 공공구역 정비 및 유지 등의 제반 업무를 수행하는 부서이다. 즉 하우스키핑은 객실 상품을 생산하며 객실 상품의 품질관리를 중요시하는 부서라고 할 수 있다.

또한 하우스키핑 부서는 고객의 분실물과 습득물 관리, 연회장 청결관리 등의 업무와 영업부서의 원활한 영업활동을 지원한다. 이 외에도 호텔 내외에서 고객이 쾌적하고 편안하게 휴식을 취할 수 있도록 환경을 조성한다. 이와 같이 하우스키핑 부서는 업무수행 영역이 호텔의 타 부서에 비해 넓고 많은 편이다. 하우스키핑 부서의 직무를 정리하면 다음과 같다.

(1) 하우스키핑 지배인(housekeeping manager)의 업무

하우스키핑 지배인은 객실관리에 대한 책임자로서 객실의 청소 · 정비 · 안전을 담당한다. 또한 하우스키핑 부서 직원의 인사관리 책임자로서 업무를 수행하며 객실 상품을 생산하는 과정에서 고객이 안락하고 청결하게 머물 수 있도록 직원들을 교육하고 훈련한다.

(2) 객실 인스펙터(room inspector)의 업무

객실 인스펙터(room inspector)는 객실을 판매할 수 있는지를 점검하는 업무를 수행한다. 특히 룸 메이드의 청소상태, 소모품 비치 상태, 객실 기능의 이상 유무 등을 점검한다.

(3) 오더 테이커(order taker)의 업무

오더 테이커(order taker)는 객실에서 고객에게 오더(order)나 불평불만과 관련된 전화가 걸려 왔을 때 신속하게 처리한다. 대부분의 오더는 세탁물, 영선 관계, 일반 소모품 관련 업무들이다.

(4) 린넨 클럭(linen clerk)의 업무

린넨 클럭(linen clerk)은 객실에서 필요한 린넨류를 공급하고, 이들의 수량을 예측하여 관리한다. 또한 종사원의 유니폼 세탁 및 수선, 그리고 고객의 요청이 있을 경우 린넨류를 추가 공급하는 업무를 수행한다.

(5) 미니바(mini bar)의 업무

객실에 있는 냉장고에 간단한 주류와 음료수를 준비하고 이에 대한 점검을 담당한다. 즉 미니바의 물품에 대해 입출고와 재고 유지관리 업무를 처리한다.

(6) 하우스키핑(housekeeping)의 직무 요약

〈표 4-19〉 하우스키핑의 직무

구분	직무
객실관리	• 객실 청소관리 • 미니바 관리 • 오더 테이커(order taker) 업무 • 객실 소모품 비치 업무 • 분실물 · 습득물 관리
객실 정비관리	• 객실 전기류 관리 • 객실 가구 유지 · 보수 관리 • 냉난방 유지 · 보수 관리 • 객실의 각종 집기 유지 · 보수 관리 • 화장실 유지 · 보수 관리
세탁물관리	• 종사원 유니폼관리 • 고객 세탁물관리 • 객실의 린넨류 세탁 업무

〈표 4-20〉 하우스키핑(housekeeping)의 직무분석

하우스키핑(housekeeping)의 직무분석	(1) 하우스키핑 지배인(housekeeping manager)의 업무
	(2) 객실 인스펙터(room inspector)의 업무
	(3) 오더 테이커(order taker)의 업무
	(4) 린넨 클럭(linen clerk)의 업무
	(5) 미니바(mini bar)의 업무
	(6) 하우스키핑(housekeeping)의 직무 요약

문제에 대한 토론

1. 호텔 객실의 개념과 기능에 대해 논의하여 보자.

2. 호텔 객실의 침대 종류, 형태 및 용도에 의한 분류에 대해 논의하여 보자.

3. 호텔 객실요금의 종류에 대해 논의하여 보자.

4. 객실부서의 직무분석에 대해 논의하여 보자.

호텔객실관리

Hotel Room Management

CHAPTER 5

호텔 객실의 예약 업무

05 호텔 객실의 예약 업무

1 객실 예약의 일반적 개요

1. 객실 예약의 개요

호텔의 핵심 상품인 객실은 다른 제품이나 서비스와는 달리 예약에 의해 구매가 이루어지고 있다. 이는 당일 객실 이용 여부가 불투명하므로, 예약을 통해 객실을 확보하려고 하기 때문이다.

객실 예약은 고객과 호텔 사이에 최초로 거래가 시작되는 곳이며, 호텔 전체 매출액에 지대한 영향을 미친다. 호텔 객실의 예약은 장기적이고 지속적으로 운영하기 위해 정확하고 책임성 있게 업무를 처리해야 한다.

호텔은 예약 관련 사항을 정확하게 접수, 기록, 정리, 보관하여 고객이 투숙하는 과정에서 불편사항이 발생하지 않도록 세심한 주의를 기울여야 한다.[7)]

객실 예약 서비스는 고객이 객실을 이용하려고 할 때 숙박에 대한 정보를 미리 제공하고 예약확인 등의 절차를 처리하는 서비스이다.

고객이 객실 투숙을 위해 전화로 예약할 때, 대고객 서비스에 차질이 없도록 고객과 관련된 정보를 최대한 수집하여야 한다.

예약은 고객이 머물기 위한 것으로, 최초의 대고객 서비스를 제공하는 행위이다. 객실 예약 직원의 업무 파악 능력 및 대고객 서비스에 따라 호텔의 이미지가 좌우될 수 있다.

객실 예약의 즉시성, 정확성 및 편리성은 호텔의 서비스 품질평가에 있어서 중요한 부분이 된다. 따라서 예약을 보다 신속하고 정확하게 처리할 수 있도록 항상 업무에 대해 숙지하고 있어야 한다. 특히 고객이 좋은 호감을 느낄 수 있는 언어 사용과 음성 혹은 훌륭한 화술이 필요하며 충분한 외국어 능력이 있어야 한다.

2. 예약 직원의 마음가짐

1) 공손한 응답

예약을 담당하는 직원은 고객과 객실 판매를 위해 최초로 접촉하는 직원으로서 그 역할이 매우 중요하다. 호텔 종사원의 모두가 고품질 서비스를 제공하기 위해 노력하지만, 예약 직원은 호텔 상품의 품질이나 이미지에 높은 영향을 미치기에, 그들의 역할에 따라 호텔의 경쟁력이 결정될 수 있다.

예약부서의 직원은 공손하고 예의 바르며 서비스 정신이 함양된 상태에서 호텔의 제반 시설, 이용 방법을 잘 숙지하여 고객의 질문에 분명하게 응답해야 한다. 처음 접촉하는 고객에게 신뢰감과 만족감을 제공하고, 재방문할 수 있도록 공손한 응답을 해야 한다.

2) 예약 관련 질문에 대한 자세

호텔 종사원이 점점 개별화되는 고객의 마음을 사로잡는 것은 쉽지 않은 일이다. 예약부서 직원은 고객이 객실을 이용할 수 있도록 질문에 응답하며, 특히 고객을 설득할 때는 고도의 기술을 발휘해야 예약할 가능성이 높아진다.

고객의 마음을 움직이게 하는 좋은 대화는 감성적 가치를 높인다는 것을 잊지 말아야 한다. 고객에게 단순히 객실을 판매한다는 생각을 넘어, 자신의 직무를 판매한다는 마음가짐으로 응답하고 아름다운 음성으로 설명하거나 설득하여야 한다.

고객이 예약부서 직원을 찾게 되는 것은 자신이 고객과 접촉하기 이전에 호텔에서 막대한 광고 선전비를 투자한 것은 물론, 국내외에서 객실을 판매하기 위해 판촉

부서 직원들이 온갖 노력을 기울인 결과라는 점을 명심해야 한다.

예약부서 직원은 고객은 물론 다른 사람으로부터 호텔의 각종 영업을 안내하고, 시설 등에 대한 질문을 받았을 때 언제든지 신속하게 대답할 수 있도록 호텔 내의 영업장 및 각종 행사에 대해 숙지해야 한다. 특히 해외 예약 네트워크 혹은 여행사에 관련된 사항을 충분히 파악하고 적극적인 자세로 업무를 수행하여야 한다.

3) 호텔 타 부서와 협력

호텔 종사원은 최고의 서비스를 고객에게 제공하기 위해, 자신의 직무와 타 부서의 직무에 대해 충분히 파악하고 있어야 하며, 그들과 상호협력적인 관계를 유지하여야 한다.

고객이 객실 예약만을 하는 경우도 있지만, 호텔의 다른 영업장을 이용하려고 할 때 그 영업장에 대해 안내할 수 있거나 예약 관련 업무를 처리할 수 있어야 한다.

4) 예약 직원의 신념과 긍지

호텔 예약부서의 업무는 다양한 성격 · 인품을 가진 고객과 접촉하면서 이루어진다. 고객으로부터 예약 관련 전화를 받을 때 가끔 마음의 상처를 받는데, 이런 상처를 빨리 치유하기 위해서라도 자신의 업무에 대한 신념과 긍지를 가지고 있어야 한다.

예약부서 직원은 전화 업무가 많은 편이며, 이 과정에서 고객으로부터 스트레스를 받을 수 있다. 따라서 이를 극복하고 항상 고품질 예약 서비스를 제공할 수 있도록 업무에 대해 강한 신념을 가져야 한다. 자신이 감성 노동자라는 사실을 잊지 않고 직무를 성실히 수행해야 한다.

또한 예약부서 직원은 자신의 업무가 호텔 전체에 미치는 지대한 영향에 긍지를 가져야 한다. 호텔의 규칙을 준수하며 공중도덕을 지키고 양심적으로 업무를 진행한다면 스스로에 대한 긍지가 생성될 것이다.

〈표 5-1〉 예약 직원의 마음가짐

예약 직원의 마음가짐	
예약 직원의 마음가짐	1) 공손한 응답
	2) 예약 관련 질문에 대한 자세
	3) 호텔 타 부서와 협력
	4) 예약 직원의 신념과 긍지

3. 예약 직원의 기본적 업무

호텔 예약부서 직원은 객실 판매와 직접적인 관련이 있다. 즉 예약 업무는 호텔 매출과 밀접하게 관련되어 있다. 또한 예약을 원하는 고객에게 어떻게 안내하느냐에 따라 매출이 달라질 수 있다. 자신의 업무 외에도 다른 부서의 업무에 대해 충분한 지식을 습득하여 안내할 수 있는 능력을 갖추어야 한다.

예약부서 직원의 사소한 실수에도 호텔의 이미지나 매출에 영향을 미칠 수 있기에, 풍부한 경험이 있는 종사원을 배치할 필요가 있다. 특히 호텔 객실 상품은 높은 가격을 형성하고 있어 더욱 주의해야 한다.

따라서 예약부서 직원들은 자신의 업무를 철저히 파악하고 기술적인 부분에 대해서도 충분히 익혀 두어야 할 것이다. 일반적으로 예약부서 직원이 수행하는 업무를 정리하여 보면 다음과 같다.

① 예약의 접수(accept reservation) 및 거절
② 선불 예약의 취급(handle guest deposit)
③ 예약신청서 작성(record the reservation card)
④ 예약의 통제 및 조정(reservation control)
⑤ 예약 상황판단 관리(reservation rack control)
⑥ 예약 랙 슬립 작성(reservation rack slip typing)
⑦ 초과예약의 조정(over booking control)
⑧ 예약확인서(reservation confirmation sheet) 취급
⑨ 예약의 취소 및 변경(cancellation and change) 업무처리

⑩ 연회장 및 회의장(banquet room) 예약

⑪ VIP 예약 보고

⑫ 예약 관계 서류관리[8)]

〈표 5-2〉 예약 직원의 기본적 업무

예약 직원의 기본적 업무	
	① 예약의 접수(accept reservation) 및 거절
	② 선불 예약의 취급(handle guest deposit)
	③ 예약신청서 작성(record the reservation card)
	④ 예약의 통제 및 조정(reservation control)
	⑤ 예약 상황판단 관리(reservation rack control)
	⑥ 예약 랙 슬립 작성(reservation rack slip typing)
	⑦ 초과예약의 조정(over booking control)
	⑧ 예약확인서(reservation confirmation sheet) 취급
	⑨ 예약의 취소 및 변경(cancellation and change) 업무처리
	⑩ 연회장 · 회의장(banquet room) 예약
	⑪ VIP 예약 보고
	⑫ 예약 관계 서류관리

4. 객실 예약 업무의 중요성

호텔 객실 상품은 그 특성으로 인해 연중무휴로 운영되는 상품이며, 대다수는 예약구매가 이루어지고 있다.

호텔의 예약부서는 고객과 대면하지 않고 상품을 판매하는 부서이기 때문에, 중요하지 않게 여길 수도 있다. 그러나 호텔 객실을 이용하는 고객들의 대부분은 예약을 통해 객실을 구매하므로, 예약부서 직원의 능력에 따라 호텔의 매출이나 이미지에 영향을 미칠 수 있다.

1) 마케터의 역할

호텔 상품은 대부분 예약을 거쳐서 판매가 이루어지므로, 예약부서 직원의 설명력이나 서비스 제공 능력에 따라 판매 여부가 결정될 수 있다.

일반 상품은 고객이 직접 방문하여 그 상품의 색상, 디자인 및 기능 등을 파악해 구매한다. 그러나 호텔 객실 상품은 고객이 직접 방문하여 객실을 보거나 기능을 파악해 구매하는 방식이 아니다. 예약부서 직원의 설명이나 친절함 등이 고객의 구매 의사결정에 영향을 미치므로, 객실 판매촉진 업무를 직접 수행하는 부서의 직원과 같이 마케터의 역할을 한다.

호텔 객실은 주로 전화에 의해 예약이 이루어지는데, 전화 예약은 고객과의 구두 계약이라는 사실을 인지해야 한다. 한정된 시간에 신속하고 정확하게 예약에 필요한 사항을 확인하고 처리함으로써 고객에게 신뢰감을 줄 수 있다. 직원의 신속한 예약 서비스는 고객의 구매 의사결정에 긍정적으로 작용하고, 이는 곧 마케터의 역할을 한다.

따라서 예약부서 직원이 친절하고 자세히 설명할 때, 고객의 마음을 움직여 객실을 구매하게 하는 마케터의 역할을 한다. 즉 예약부서 직원은 영업의 최일선에 종사하는 직원들과 같은 업무를 수행한다는 인식을 지녀야 한다.

2) 호텔 이미지에 영향

예약부서 직원이 예약과 관련하여 전화, 구두, 인터넷, 팩스 등을 통해 연결되었을 때, 고객에게 어떤 인상을 심어주었는지에 따라 호텔의 서비스 품질평가에 영향을 줄 수 있다.

만일 고객에게 상냥한 목소리로 친절하게 설명하였다면, 고객은 호감을 느껴 품격 높은 서비스를 받았다고 평가할 것이다. 반대로, 불친절한 태도로 대한다면 고객은 낮은 서비스를 받았다고 평가할 것이다.

또한 예약부서 직원의 실수로 예약이 되지 않아 호텔 객실을 이용하지 못하는 경우, 그 호텔에 대한 이미지는 떨어질 것이다. 반면에 예약접수가 무리 없이 진행되어 정상적으로 처리될 경우, 호텔의 이미지는 상승할 것이다.

예약부서 직원은 호텔의 예약 상황을 수시로 점검해야 한다. 상황변화에 민감하게 대처하여 고객이 객실을 이용할 수 있도록 할 때, 호텔의 이미지가 긍정적으로 형성될 수 있다.

3) 호텔 매출액에 영향

호텔에서는 상품을 판매하기 위해 마케팅 부서와 광고 및 홍보 부서를 운영하고 있다. 이들의 주된 업무가 바로 고객의 반응을 긍정적으로 유도하여 호텔 상품의 판매를 촉진하는 것이다.

호텔은 객실을 판매하기 위해 많은 비용과 인력을 투자하고, 그 결과 판매하기 전 단계인 예약과정을 거치게 된다. 예약부서 직원은 객실 예약이 광고 선전 또는 마케팅의 결과물이라고 여겨야 하며, 또한 예약은 객실 수입이나 호텔영업에 큰 이익을 준다는 점을 인식해야 한다.

예약부서 직원은 예약하고 투숙하지 않는 고객, 즉 노쇼(no show)율을 낮출수록 매출액을 높일 수 있다. 즉 객실 예약부서 직원의 경험을 바탕으로 초과예약을 적절히 받아 객실 점유율을 높인다면 호텔 매출을 향상시킬 수 있다.

초과예약을 받는 경우 경쟁호텔의 예약현황이 매우 중요하므로, 이를 수시로 점검해야 한다. 또한 초과예약 상태를 적절히 대처하고 객실 점유율을 높여 매출을 증대시키기 위해 도착 2일 전까지 예약을 수시로 확인해야 한다.

〈표 5-3〉 객실 예약 업무의 중요성

객실 예약 업무의 중요성	1) 마케터의 역할
	2) 호텔 이미지에 영향
	3) 호텔 매출액에 영향

2 객실 예약부서의 업무

1. 객실 예약의 접수 업무

고객들의 예약접수 수단은 다양하다. 대다수 호텔은 전산시스템을 도입하여 예약 업무를 진행한다. 최근에는 인터넷을 통한 예약접수가 많아졌으나, 여전히 전화 예약접수도 이루어지고 있다. 고객의 다양한 예약과정을 살펴보면 다음과 같다.

첫째, 고객이 호텔로 직접 전화해 예약하는 경우다. 둘째, 온라인(on-line) 플랫폼을 이용하는 경우다. 여기에는 호텔 홈페이지, 도매 여행업자(wholesaler) 및 기획 상품 판매, 온라인 여행대행업자(on-line travel agency) 예약 플랫폼, SNS(social net work) 등이 포함된다. 셋째, 호텔과 기업 간의 거래를 통해 예약이 이루어지는 경우다.

호텔 객실부서의 직원은 예약접수가 완료되면 처리 절차를 거쳐 고객에게 예약 여부를 문자 메시지로 전송하는 업무를 수행한다.

1) 예약접수 확인

고객이 예약 관련으로 전화하거나 직접 방문했을 때 먼저 예약접수된 내용을 확인해야 한다. 그 후 객실 예약이 가능한지를 파악하고 고객과의 대화 과정에서 신속히 예약 가능 여부를 알려주어야 한다.

2) 예약이 불가능할 때 업무

호텔 직원은 객실예약 가능 여부에 따라 적절한 업무를 수행해야 한다. 예약이 불가능할 때는 먼저 고객이 불쾌감을 느끼지 않도록 친절하게 설명해야 한다. 또한 고객이 객실 이용 일자를 변경할 가능성을 고려해, 예약 가능한 일자를 반드시 안내해야 한다.

3) 예약이 가능할 때 업무

고객은 당일 객실 이용이 불확실하기에 예약을 통해 이용하고자 한다. 고객이 예약할 때, 직원은 예약이 가능한지를 먼저 확인해야 한다. 이후 고객에게 객실을 제공할 수 있다면 예약신청서(reservation request)의 기입 절차에 따라 업무를 수행해야 한다.

(1) 고객 성명(name of guest)

예약처리 과정에서 가정 먼저 작성해야 할 사항은 "Last Name(성)"이며, 그다음은 "First Name(이름)"이다. 이때, 작성자는 철자(spelling)를 정확히 적어야 한다.

단체 고객 중 여행사에서 예약할 경우 국내 여행사의 단체명을 기재한다. 또한 국제회의의 경우 국제 행사, 학회, 단체는 행사명과 대표자의 성명을 기입한다.

(2) 도착 예정일(arrival date)

호텔 도착 예정일은 반드시 연, 월, 일 그리고 요일까지 정확하게 기록해야 한다. 그리고 도착시간, 교통수단 등을 함께 질문하여 도착 날짜에 프런트(front)에서 객실 준비가 원활히 이뤄지도록 한다.

외국인의 경우 도착 예정일을 설명하면서 요일을 말하는 경우가 많은데, 예약부서 직원은 항상 월, 일, 요일과 도착 항공기 편명 및 시간까지 정확히 작성해야 한다.

(3) 출발 예정일

예약부서 직원은 고객의 숙박일이 언제부터 언제까지인지를 정확하게 기입하여야 한다. 예약하려는 고객 대다수가 숙박하는 날을 출발 날짜(departure date)로 착각하거나, 단순히 "3박 4일"이라고만 말하거나, 언제 퇴실(check-out)할지 정확히 모르는 경우가 많다.

호텔 예약부서 직원은 매일 예약을 관리하는 것이 대단히 중요한 사항이기 때문에 호텔에서 출발하는 날짜, 즉 월과 일을 기록해야 한다. 출발 예정일을 정확하게 확인하지 않으면 자칫 출발 날짜 당일까지 숙박한다는 의미로 받아들일 수 있다.

예약부서 직원은 고객과의 업무를 정확하게 수행하기 위해서 출발 일자 및 출발 시간과 관련한 내용은 반드시 숫자로 적어야 한다. 즉 연, 월, 일은 두 자리 숫자로 기입하고 시간 관련 내용은 오후나 오전으로 구분하지 않고 24시간제를 사용하여 기입하는 것이 바람직하다. 또한 항공기 편명이나 시간을 작성할 필요가 있는데, 이는 고객이 호텔만 예약하고 항공기 표를 구입하지 못할 경우, 고객이 당일 도착하지 못할 수 있기 때문이다.

(4) 객실 종류, 객실 수 및 인원수

객실의 종류, 투숙할 객실 수 및 인원이 몇 명인지를 명확하게 기입해야 한다. 가끔 고객들 중에 트윈 룸(twin room)을 더블 룸(double room)으로 착각하는 경우가 있다. 이때 One Double Room인지 Two Beds Room인지를 확인해야 한다.

특히 스위트 룸(suite room) 및 디럭스 더블 룸(deluxe double room)을 희망하는 경우 객실 가용 현황을 확인하고 예약을 받아야 한다. 이러한 객실을 이용하는 고객들에게는 작은 실수가 큰 문제로 이어질 수 있을 뿐만 아니라 호텔 이미지에도 악영향을 줄 수 있기 때문이다.

(5) 객실요금(room rate)

객실요금은 항상 공표요금을 적용해 객실을 판매하지만, 호텔에서 마케팅전략으로 특별요금을 운영할 시 해당 가격으로 객실을 판매해야 한다. 고객에게 객실을 할인하였을 경우 할인 퍼센트(%)를 기록해야 하며, 할인 이유를 기입하는 것도 바람직하다.

예를 들어, 단골 고객 및 FIT, 국제회의나 세미나에 참석하는 고객인지를 정확하게 작성해 할인에 대한 이유를 명확히 표시해야 한다. 또한 단체 고객의 경우는 객실요금을 적용하는 조건들이 단체마다 차이가 있기 때문에, 각 객실요금을 기입해야 한다.

(6) 예약자 이름과 연락처(reservation source)

호텔에 예약할 때, 고객이 직접 하는 경우도 있지만, 다른 사람이 대신하는 경우도 많다. 이 경우 숙박일 전에 예약을 확인하는 차원에서, 또는 예약 이후에 투숙(check-in) 여부에 대해 변동이 있는지 파악하기 위해서 예약자의 이름이나 연락처를 기입해야 한다.

[그림 5-1] 호텔 객실 예약체계

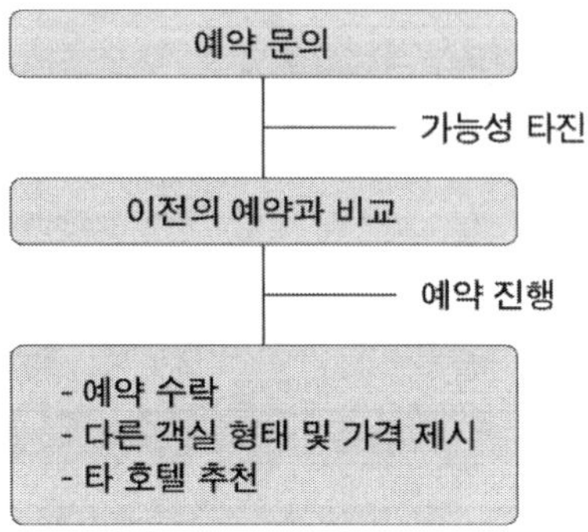

특히 외국인의 경우는 국내 회사나 여행사를 통해 예약할 때가 있다. 이때 예약자는 투숙고객을 대신하는 보증인이라고 할 수 있어, 이름이나 연락처 기재가 필수적이다.

호텔은 객실을 예약하고 숙박 당일에 나타나지 않는 고객, 즉 노쇼(no show)로 인한 매출 손실이 발생하므로, 이런 문제를 해결하기 위해서라도 반드시 예약자의 이름과 연락처를 작성해야 한다. 또한 고객이 체류 중 혹은 퇴숙(check-out) 이후에 발생할 수 있는 여러 문제에 대해 해결하기 위해서도 필요하다.

(7) 객실요금 지불조건(bill instruction)

예약부서 직원은 객실 이용에 따른 요금 지불조건을 예약자로부터 확인하여야 한다. 본인, 회사 또는 여행사 등 다양한 주체가 요금을 지불할 수 있기 때문이다. 지불조건에는 여러 가지 형태가 있는데, 선수금, 카드, 현금으로 지불하는 것이 그 예시다. 카드로 지불할 경우 지불할 수 있는 한도금액에 대해 기입해야 한다.

[그림 5-2] 호텔 객실 예약 profile

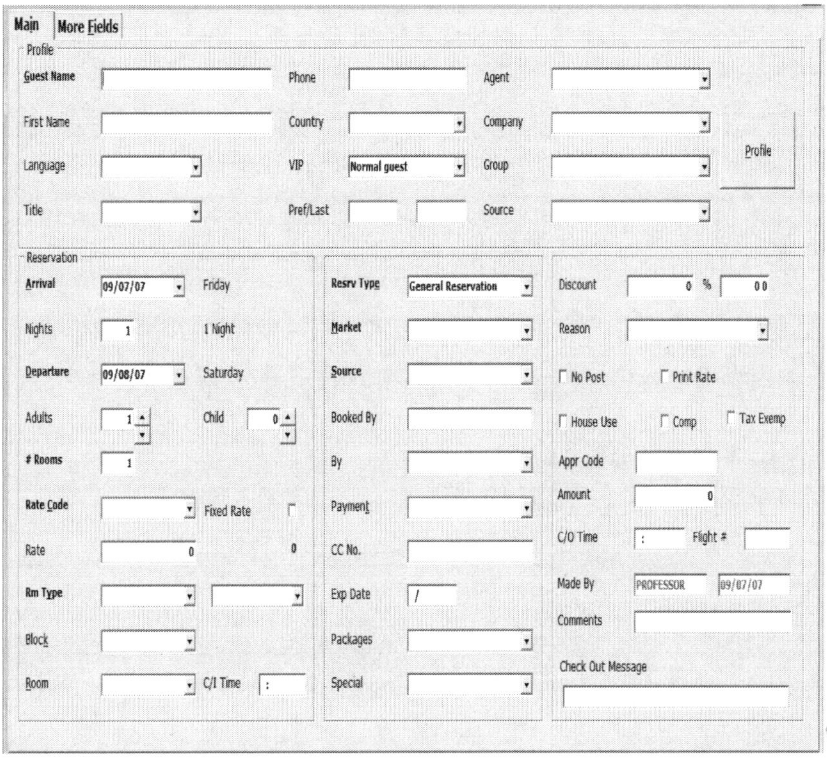

4) 객실 선수금 영수증(deposit receipt)

호텔 객실을 예약한 고객이 개인 사정으로 숙박일 전에 일방적으로 예약을 취소하거나 투숙 날짜에 숙박하지 않는 경우, 그 피해는 호텔이 부담하게 된다. 이런 경우를 대비해 호텔에서는 객실 예약보증금의 형태로 객실요금의 일부나 전액을 받는다.

예약부서 직원은 고객으로부터 예약을 받을 때, 고객의 사정으로 객실 이용이 불가능할 경우를 대비해 선수금을 받아야 호텔영업에 대한 손실을 줄일 수 있다.

(1) 선수금 접수 절차

호텔 선수금 절차는 온라인 시스템을 통해 예약의 모든 결제가 이루어지고 있으며, 여행사를 통한 예약은 여행사와 호텔 간의 객실 판매망을 통해 결제가 이루어지고 있다.

예약자 성명 및 예약 번호 등은 고객의 핸드폰으로 전송되며 문자로 확인이 가능하다. 또한 여행사를 통하지 않고 유선으로 고객이 호텔에 직접 예약을 접수하였을 경우, 고객에게 온라인 입금이나 신용카드를 사전에 오픈하여 선수금을 지불하도록 유도한다.

(2) 여행사 지불 보증 처리 절차

보증보험에 가입한 여행사의 경우, 여행사를 통해 예약한 고객은 프런트에서 호텔 전산 웹 사이트(web site)의 예약확인 시트(confirmation sheet)를 확인하며 여행사에서 후불로 월말에 일괄처리 한다. 그러나 보증보험에 가입이 되어있지 않는 여행사의 경우 선수금으로 신용카드를 오픈(open)하거나 당일에 결제한다.

〈표 5-4〉 객실 예약의 접수 업무

객실 예약의 접수 업무	1) 예약접수 확인
	2) 예약이 불가능할 때 업무
	3) 예약이 가능할 때 업무
	(1) 고객 성명(name of guest)
	(2) 도착 예정일(arrival date)
	(3) 출발 예정일
	(4) 객실 종류, 객실 수 및 인원수
	(5) 객실요금(room rate)
	(6) 예약자 이름과 연락처(reservation source)
	(7) 객실요금 지불조건(bill instruction)
	4) 객실 선수금 영수증(deposit receipt)
	(1) 선수금 접수 절차
	(2) 여행사 지불 보증 처리 절차

2. 객실 예약의 조정업무

고객은 객실을 이용하기 위해 다양한 예약시스템을 통해 예약하며, 이 과정에서 예약부서 직원과 소통하게 된다. 예약 조정은 예약 업무과정 중 가장 중요한 업무라 할 수 있다.

이는 예약 조정이 잘못되어 초과예약(over booking)이 일어날 경우, 초과 예약된 고객을 다른 호텔로 보내야 하기 때문이다. 즉 턴 어웨이(turn away)가 발생하기 때문이다.

반대로 접수된 예약 고객에 비해 지나치게 적게 수용한다면, 이용 가능한 객실(available room)을 비우게 되며 그 결과 호텔 전체의 수입이 감소한다. 이러한 맥락에서 예약 조정업무(reservation control)가 매우 중요하므로, 관련된 경험이 풍부한 직원을 배치하여야 한다.

객실 예약의 조정업무는 예약현황을 파악하여 정확하고 효과적인 객실을 판매할 수 있도록 예약을 조정하는 것을 말한다. 호텔은 예약 조정을 통해 이용 가능한 객실을 최대한 판매하여 객실 수입을 극대화해야 한다.

객실 점유율을 높이는 것은 곧 식음료 및 부대영업장의 영업을 활성화하게 하는 계기가 되고, 이는 호텔의 영업 수입을 향상시킨다.

객실 예약부서 직원은 항상 예약상태를 파악하여 예약취소나 노쇼(no show)가 발생할 것을 예측하고 초과예약을 받아야 당일 판매할 수 있는 객실을 모두 판매할 수 있다. 초과예약을 받을 때는 항상 객실 지배인이나 총지배인과 협의하여 그 정도를 결정하여야 할 것이다.

일반적으로 고객의 취소, 노쇼(no show), 갑작스런 일정 변동에 의해 숙박 날짜를 변경하는 등의 이유로 예약된 객실에서 5~10% 정도의 초과예약을 받고 있다.

3. 객실 예약의 변경 및 취소 업무

객실 예약 고객의 여러 가지 이유로 인해 예약된 객실을 변경하거나 취소하는 일들이 발생하게 된다.

1) 객실 예약변경(reservation change)

고객이 어쩔 수 없이 예약과 관련한 사항을 변경하게 되는 경우, 호텔도 이에 맞춰 조정해 주어야 한다. 주된 변경 내용을 보면 첫째, 일정 변경이 있다. 일정 변경에는 고객의 여러 이유에 의해 도착 날짜나 출발 날짜를 변경할 수밖에 없는 상황이 발생해 일정을 조정하는 경우가 있다. 예약부서 직원은 특별한 어려움이 없는 한 고객의 요청을 수용하는 것이 좋은 서비스이다.

둘째, 객실 수의 변경이다. 객실 수의 변경은 투숙객의 인원이 변경되어 객실 수를 변경하려고 하는 것이다. 추가로 늘어나는 객실을 예약할 때 주의할 사항이 있는데, 바로 객실 예약현황을 파악하고 고객에게 응답해야 한다는 것이다.

인원수의 감소로 객실 수를 변경하려고 할 때는 가능한 고객의 입장을 최대한 반영하여 업무처리를 하는 것이 바람직하다. 즉 취소 수수료를 받지 않고 객실 수를 변경하는 것이 바람직하다는 것이다.

셋째, 객실 형태의 변경이다. 고객이 객실의 등급을 상향(up-grade)하기를 원할 때, 객실 등급을 낮출 때, 침대 수에 의한 객실 형태 등의 이유로 객실을 변경하려고 할 때 일어나는 현상이다. 예약부서 직원은 고객이 변경을 희망하는 객실 형태에 투숙이 가능한지를 먼저 파악하고 응답하여야 할 것이다.

넷째, 지불 방법에 의한 객실 변경이다. 고객이 기존에 예약된 객실의 지불 방법을 바꿔 객실을 변경할 때 일어나는 현상이다.

본인이나 회사의 지불 방법 또는 현금이나 카드 등의 지불 방법을 변경할 수도 있으며, 객실이 보장성 예약 혹은 비보장성 예약 형태로 되어 있는 것을 변경할 수도 있다.

고객의 예약변경 요청이 있을 때, 예약부서 직원은 고객이 원하는 날짜에 예약이 가능하면 신속하게 처리해야 한다. 이는 수정된 날짜를 컴퓨터에 반영하는 방식으로 이루어진다.

2) 객실 예약취소(reservation cancellation)

객실 예약취소는 고객으로부터 투숙일 전에 예약취소가 접수되어 취소절차에 따라 업무를 수행하는 것을 말한다. 객실 예약취소 업무를 수행할 때는 예약카드에 언제, 누구로부터, 누가 취소의 접수를 받았는지를 기록해야 한다.

예약취소의 통보를 받았을 때 가능하면 고객의 입장에서 취소 처리를 하여야 하며, 그리고 고객에게 친절한 서비스를 제공할 수 있도록 해야 한다.

예약부서 직원은 객실 취소 고객이 자사의 호텔 잠재고객이라는 점을 정확하게 이해하고 신속하게 취소할 수 있도록 해야 한다. 고객의 요청에 의해 예약취소가 되었을 때는 고객에게 취소되었다는 사실을 문자 메시지로 즉시 통보해 준다. 호텔 예약실과 프런트에서 전산 입력된 예약자명으로 예약 취소사유와 모든 예약자의 취소 리스트(list)를 확인할 수 있다.

〈표 5-5〉 객실 예약의 변경 및 취소 업무

객실 예약의 변경 및 취소 업무	1) 객실 예약변경(reservation change)
	첫째, 일정 변경
	둘째, 객실 수의 변경
	셋째, 객실 타입의 변경
	넷째, 지불 방법에 의한 객실 변경
	2) 객실 예약취소(reservation cancellation)

4. 객실 예약의 확인 업무

1) 예약확인 요청이 있을 때

예약부서 직원이 고객으로부터 예약확인 전화를 받거나 직접 찾아와서 확인을 요청할 때 예약을 확인한다는 그 자체가 고객과 호텔 측 모두에게 매우 중요하다. 예약부서 직원은 고객에게 예약 여부를 확인시켜준 후 예약번호 문자 메시지를 재전송해야 한다.

2) 예약자에게 예약확인 전화

호텔 예약부서 직원은 노쇼(no show)의 방지 그리고 예약자 및 예약처가 확실한지를 확인하기 위해, 국제전화를 해야 하는 경우를 제외하고는 전화로 확인 업무를 수행한다. 이때 직원은 숙박 날짜 도착 여부나 예상 체크인 시각 등을 점검한다.

또한 전산예약 기록카드에 고객의 내용이 누락된 것이 있는지 등을 확인해야 한다. 누락 사항이 있다면 부족한 부분을 보충하고 언제, 누구로부터 확인을 받았는지에 대한 이름(full name)을 기입하여야 한다.

3) 예약확인서 작성

전화로 예약한 경우, 일반적으로 예약확인서를 작성하지 않는다. 그러나 예약자로부터 특별한 요구가 있을 때는 수신인과 주소를 정확하게 물어 예약카드에 기록 후 예약확인서를 작성한다.

〈표 5-6〉 객실 예약의 확인 업무

객실 예약의 확인 업무	1) 예약확인 요청이 있을 때
	2) 예약자에게 예약확인 전화
	3) 예약확인서 작성

5. 예약 신청에 응할 수 없을 때

호텔 객실이 만실이거나 고객이 이용하려는 객실의 종류가 없을 경우, 예약 부서 직원은 고객에게 예약할 수 없다는 사실을 전달해야 한다. 객실 이용이 불가능한 사례를 보면 첫째, 고객이 원하는 날짜에 객실을 이용할 수 없는 경우가 있다. 이는 여러 이유가 있겠으나, 대부분 객실 예약이 마감되었기 때문이다.

고객이 원하는 날짜에 예약이 불가능할 경우, 다음 날짜에 이용이 가능한지 확인해 고객이 원한다면 해당 날짜로 예약할 수 있도록 안내해야 한다.

둘째, 고객이 예약하려는 객실의 종류는 이용이 불가능하고 다른 종류의 객실은 가능할 경우가 있다. 이 경우도 고객에게 객실 상황을 빠르게 알려주어 원하는 내용에 따라 예약을 처리하면 된다.

셋째, 객실을 전혀 이용할 수 없는 경우가 있다. 이런 경우는 고객에게 객실 이용의 불가능에 대해 신속하게 전달해야 한다. 이러한 상황 전달이 지연된다면 고객으로부터 불평불만을 자초할 수 있으므로 주의하여야 한다.

〈표 5-7〉 예약 신청에 응할 수 없을 때

예약 신청에 응할 수 없을 때	첫째, 고객이 원하는 날짜에 객실을 이용할 수 없는 경우
	둘째, 고객이 원하는 객실 종류 예약 불가능, 다른 종류의 객실이 가능한 경우
	셋째, 객실을 전혀 이용할 수 없는 경우

6. 고객 도착 전의 예약 업무

1) 예약 업무 점검

예약부서 직원은 고객이 도착하기 전에 접수된 예약이 효력을 발생하는 모든 업무를 점검해야 한다. 고객으로부터 접수된 예약이 효력을 발생하고 그 고객의 체류에 영향을 미치게 되는 실제 단계에 접어들기 전에, 지금까지 이루어진 모든 예약 업무의 최종 점검을 마치면 리셉션(reception)이나 프런트 데스크에서도 컴퓨터로 모든 예약정보를 확인할 수 있다.

3 객실 예약의 유형

1. 보장성 예약

호텔의 객실이 만실이 되어도 보장성 예약고객에게는 객실을 제공해야 한다. 보장성 예약(guaranteed reservation)은 고객이 절차를 거치지 않고 객실에 투숙하지 않는 경우, 고객이 객실 비용을 지불해야 하는 예약제도이다.

보장성 예약(guaranteed reservation)을 하는 방식을 보면 첫째, 예약요금을 선불로 결제하는 방식이다. 성수기에 객실 예약이 어려울 때나 고객이 확실히 투숙할 예정일 경우, 먼저 객실요금을 입금하고 호텔 객실을 이용하게 하는 예약방식이다. 이 방식을 사용하면 객실 예약을 보장받는 이점이 있다.

둘째, 신용카드 회사가 예약된 객실요금 지불을 보장하는 방식이다. 신용카드 회사가 우수 신용 고객에게 호텔 객실요금에 대한 지불을 보장하는 제도이므로 고객의 투숙 여부와 상관없이 호텔 객실요금을 신용카드 회사에 청구하면 요금을 받을 수 있다. 즉 고객이 객실을 이용하지 않는, 'No Show'를 해도 호텔은 신용카드 회사로부터 객실요금을 받을 수 있다는 것이다.

셋째, 고객이 호텔 투숙 전에 일정 금액을 선불로 예치하는 방식이다. 이 경우 고객이 투숙하지 않더라도 예치금의 일부분만 반환되므로, 호텔의 손실을 최소화할 수 있다.

넷째, 여행사가 보장하는 예약방식이다. 고객이 호텔에 투숙하지 않아도 여행사로부터 객실요금을 청구하면 받을 수 있는 방식이다. 여행사는 신용 및 기여도가 높은 고객을 대상으로 고객관리 차원에서 객실 예약을 보장하기도 한다.

다섯째, 법인이 객실요금을 보장하는 방식이다. 어떤 법인이 호텔 객실을 이용하려고 하는데 객실이 부족할 경우, 법인이 객실 비용을 보장하면서 예약을 하게 되는 경우가 있다.

따라서 보장성 예약(guaranteed reservation)방식은 호텔 경영자와 고객 모두에게 이점이 있다. 이 시스템을 활용하면 호텔은 손실을 적게 받고 객실 점유율을 높일 수 있어 적극적으로 활용할 필요가 있다. 또한 고객은 성수기에도 반드시 객실을 이용할 수 있기 때문에 활용할 가치가 있는 제도이다.

〈표 5-8〉 보장성 예약

보장성 예약	첫째, 예약요금을 선불로 결제하는 방식
	둘째, 신용카드 회사가 예약된 객실요금 지불을 보장하는 방식
	셋째, 고객이 호텔 투숙 전에 일정금액을 선불로 예치하는 방식
	넷째, 여행사가 보장하는 예약방식
	다섯째, 법인이 객실요금 보장하는 방식

2. 비보장성 예약

비보장성 예약(non-guaranteed reservation)방식은 고객이 호텔 객실을 예약했어도 객실을 고객에게 반드시 제공할 수 없는 경우를 말한다. 고객이 객실을 예약했을지라도 당일 예약취소 시간(성수기에는 일반적으로 18시)까지 등록절차를 거치지 않으면 자동 취소될 수도 있으며, 또는 20시까지 선수금을 지불하지 않으면 다른 고객에게 객실을 판매할 수 있다고 사전 통보한 후 판매하는 예약방식이다. 비수기에는 호텔 객실에 여유가 있어 전화로 투숙 여부만 확인한다.

호텔에서는 객실을 취소 시간 전까지만 보유하며, 고객이 투숙 등록 절차를 거치지 않으면 다른 고객에게 판매하여 손실을 최소화하려는 제도다.

비보장성 예약방식은 객실 판매를 융통성 있게 운영할 수 있다는 점에서 유익하지만, 예약취소 시간 이후에 판매가 안 될 경우에는 영업 손실을 가져올 수 있다. 비보장성 예약방식으로 운영하는 호텔은 비교적 예약 없이 투숙하려는 고객이 많은 호텔이기 때문에 영업에 큰 부담은 없다고 할 수 있다.

4 객실 예약의 종류

호텔 객실 예약의 종류는 예약 형태에 따라 분류할 수 있다. 순수 개인 예약, 여행사 또는 회사에 의한 개인 예약, 여행사에 의한 단체 예약, 순수 단체 예약으로 분류할 수 있다.

1. 순수 개인 예약

순수 개인 예약은 고객이 직접 호텔을 상대로 객실을 예약하는 것을 말한다. 일반적으로 고객 본인이 여러 예약 신청 수단을 통해 예약하며, 호텔과 직접 관련이 없는 제3자가 대리로 예약하는 경우도 있다.

1) 고객 개인정보(individual profile)

(1) 고객 성명

(2) 전화번호

(3) 국적

이 외에 호텔경영에 필요한 마케팅 요소나 고객의 특별한 요구사항 등의 정보를 입력한다. 호텔에 따라 차이는 있지만 고객 개인정보는 1~2년간 보유한 후 일정 기간이 지나면 폐기한다. 이 기간 내에 고객이 객실을 다시 이용하게 되면 기존에 입력된 정보에서 변경된 부분만 수정하여 등록한다.

고객이 객실을 이용하게 되면 투숙하는 기간에 고객의 요구사항, 불평불만 사항 및 건의 사항 등에 대한 정보를 입력하여 재방문할 때 고객의 욕구를 충족시켜 줄 수 있도록 한다.

2) 객실 예약정보(reservation record)

호텔 객실을 예약하기 위해서는 객실 예약정보를 입력해야 한다. 예약에 필요한 입력 내용들을 보면 다음과 같다.

① 도착일
② 체류 기간
③ 출발일
④ 객실 수
⑤ 객실요금
⑥ 객실 형태
⑦ 체크인 시간

이 외에도 호텔 객실 판매에 필요한 사항들이 있을 수 있다. 대부분의 호텔에서는 객실 예약정보 시스템을 활용하여 예약하기 때문에 컴퓨터에 입력하면 관련 정보를 신속하게 알 수 있다.

객실 예약정보와 관련된 데이터 입력이 완료되면 고객의 예약번호가 나타난다. 고객이 객실에 투숙할 때 프런트 클럭(clerk)은 예약번호 여부를 질문하는데, 그때 이 번호를 알려주면 등록 절차를 신속하게 진행할 수 있다.

〈표 5-9〉 순수 개인 예약

구분	내용
순수 개인 예약	1) 고객 개인정보(individual profile)
	(1) 고객 성명
	(2) 전화번호
	(3) 국적
	2) 객실 예약정보(reservation record)
	① 도착일, ② 체류 기간, ③ 출발일, ④ 객실 수, ⑤ 객실요금 ⑥ 객실 형태, ⑦ 체크인 시간

2. 여행사에 의한 개인 예약

여행사에 의한 개인 예약은 주로 호텔과 객실요금 및 수수료에 대한 계약을 체결하고 있는 여행사 및 일반 회사 등에서 호텔 객실 예약을 대행하는 것을 말한다. 여행사를 통해 예약하게 되면 고객이 호텔 객실에서 체크아웃(check- out)하기 전에 여행사 프로파일(profile)에 투숙실적이 자동으로 누적된다.

여행사를 통해 객실 예약할 때 입력해야 할 정보는 순수 개인 예약의 내용과 유사하다. 그러나 예약정보를 입력할 때 여행사명을 기입해야 하고 여행사 프로파일로 연결된다는 점이 차이가 있다. 또한 여행사의 실적에 따라 수수료를 지불해야 하기에 이러한 부분이 집계된다.

3. 여행사에 의한 단체 예약

여행사에 의한 단체 예약(group reservation)은 여행사를 통해 객실 예약이 이루어지는 형태를 말한다. 여행사와 호텔 간의 계약에 따라 객실요금의 할인이나 수수료가 결정된다. 객실 예약부서 직원은 단체 예약을 받을 때 단체 예약 프로파일(profile)에 등록시킨다.

단체 예약을 받을 때의 예약정보는 순수 개인 예약 방법과 유사하나 등록할 때 여행사명을 입력하여야 하며 단체대표자의 국적을 입력하는 등 약간의 차이가 있다.

4. 순수 단체 예약

순수 단체 예약은 순수한 여행단체에 의해 예약이 이루어지는 것을 의미한다. 즉 순수 단체 예약은 여행사 및 회사에 의해 단체 예약이 되는 것이 아닌, 여행하려는 순수 단체가 객실을 예약하는 것이다. 이 경우는 수수료를 지불하지 않는다. 예를 들면, 순수 단체 예약은 기업체의 연수 · 세미나, 각종 단체 · 협회 등의 회의를 주관하는 주최 측에 의해 예약이 이루어진다.

5 단체 예약의 특징

1. 단체 예약의 특징적 요소

단체 예약의 특징은 첫째, 단체 예약 구성원 개개인이 예약에 관여하지 않는다. 예약에 관여하는 고객은 여행사나 단체 예약의 대표자에게 예약에 관한 사항을 모두 위임한다.

둘째, 단체 고객의 명단(rooming list)을 프런트 클럭(front clerk)에게 전송하여야 한다. 단체 고객이 도착하게 되면 호텔 로비가 혼잡하게 된다. 이런 혼잡함을 방지하기 위해 고객이 도착하기 이전에 고객의 명단을 받고 단체 고객들의 등록 준비 및 객실 배정을 신속하게 하여 고객의 만족도를 높인다.

셋째, 단체 고객을 예약할 때는 블록(block)을 지정하여야 한다. 예약부서 직원이 단체 고객을 예약할 때는 일반 고객과 달리 블록(block)을 지정하는데, 이는 예약부서의 직원이 업무를 효율적으로 처리할 수 있도록 도와준다. 이후 예약이 완료되면 프로파일(profile)을 생성한다.

넷째, 단체 예약고객들은 호텔을 이용할 때 개별적으로 객실요금을 지불하지 않는다. 단체 예약을 하는 대표자가 Pay Master라고 불리는 별도의 계좌(Account)를 만들어 결제한다.

[양식 5-1] 단체 예약 슬립(group reservation slip)

<table>
<tr><th colspan="6">Group Reservation Slip</th></tr>
<tr><td colspan="6">T/C:
Name:
Tel:</td></tr>
<tr><td colspan="6">Group Name:</td></tr>
<tr><td colspan="2">No. of Rooms</td><td colspan="4">No. of Persons</td></tr>
<tr><td rowspan="2">Arrival Date</td><td>F/N:</td><td rowspan="2" colspan="3">Departure</td><td>F/N:</td></tr>
<tr><td>C/I:</td><td>C/O:</td></tr>
<tr><td colspan="6">Conditions</td></tr>
<tr><td colspan="6">1. Room Status</td></tr>
<tr><td>Date</td><td>Rm Type</td><td colspan="3">Rate</td><td rowspan="3">Remark:</td></tr>
<tr><td></td><td></td><td colspan="3"></td></tr>
<tr><td></td><td></td><td colspan="3"></td></tr>
<tr><td colspan="6">2. Meal Plan</td></tr>
<tr><td>Date</td><td>Menu</td><td>Place</td><td>Rate</td><td>Persons</td><td rowspan="3">Remark:</td></tr>
<tr><td></td><td></td><td></td><td></td><td></td></tr>
<tr><td></td><td></td><td></td><td></td><td></td></tr>
<tr><td colspan="6">3. Function</td></tr>
<tr><td>Date</td><td>Time</td><td>Place</td><td>Rate</td><td>Persons</td><td rowspan="3">Remark:</td></tr>
<tr><td></td><td></td><td></td><td></td><td></td></tr>
<tr><td></td><td></td><td></td><td></td><td></td></tr>
<tr><td colspan="6">4. Payment</td></tr>
<tr><td></td><td>Net</td><td colspan="3">Amount</td><td rowspan="5">Remark:</td></tr>
<tr><td>Room</td><td></td><td colspan="3"></td></tr>
<tr><td>Meal</td><td></td><td colspan="3"></td></tr>
<tr><td>Function</td><td></td><td colspan="3"></td></tr>
<tr><td>Others</td><td></td><td colspan="3"></td></tr>
<tr><td colspan="6">5. Others:

Sales by MAG: GM.:</td></tr>
</table>

자료: 최복수, 호텔현관과 객실업무, 대왕사, 2006, p.141.

〈표 5-10〉 단체 예약의 특징적 요소

구분	내용
단체 예약의 특징적 요소	첫째, 단체 예약 구성원 개개인이 예약 관여하지 않음
	둘째, 단체 고객 명단(rooming list)을 프런트 클럭(front clerk)에게 전송
	셋째, 단체 고객을 예약할 때는 블록(block) 지정
	넷째, 단체 예약고객은 호텔을 이용할 때 개별적으로 객실요금을 지불하지 않음

문제에 대한 토론

1. 객실 예약부서의 업무에 대해 논의하여 보자.

2. 객실 예약의 유형에 대해 논의하여 보자.

3. 객실 예약의 종류에 대해 논의하여 보자.

호텔객실관리

Hotel Room Management

CHAPTER 6

프런트 오피스 (front office)의 업무

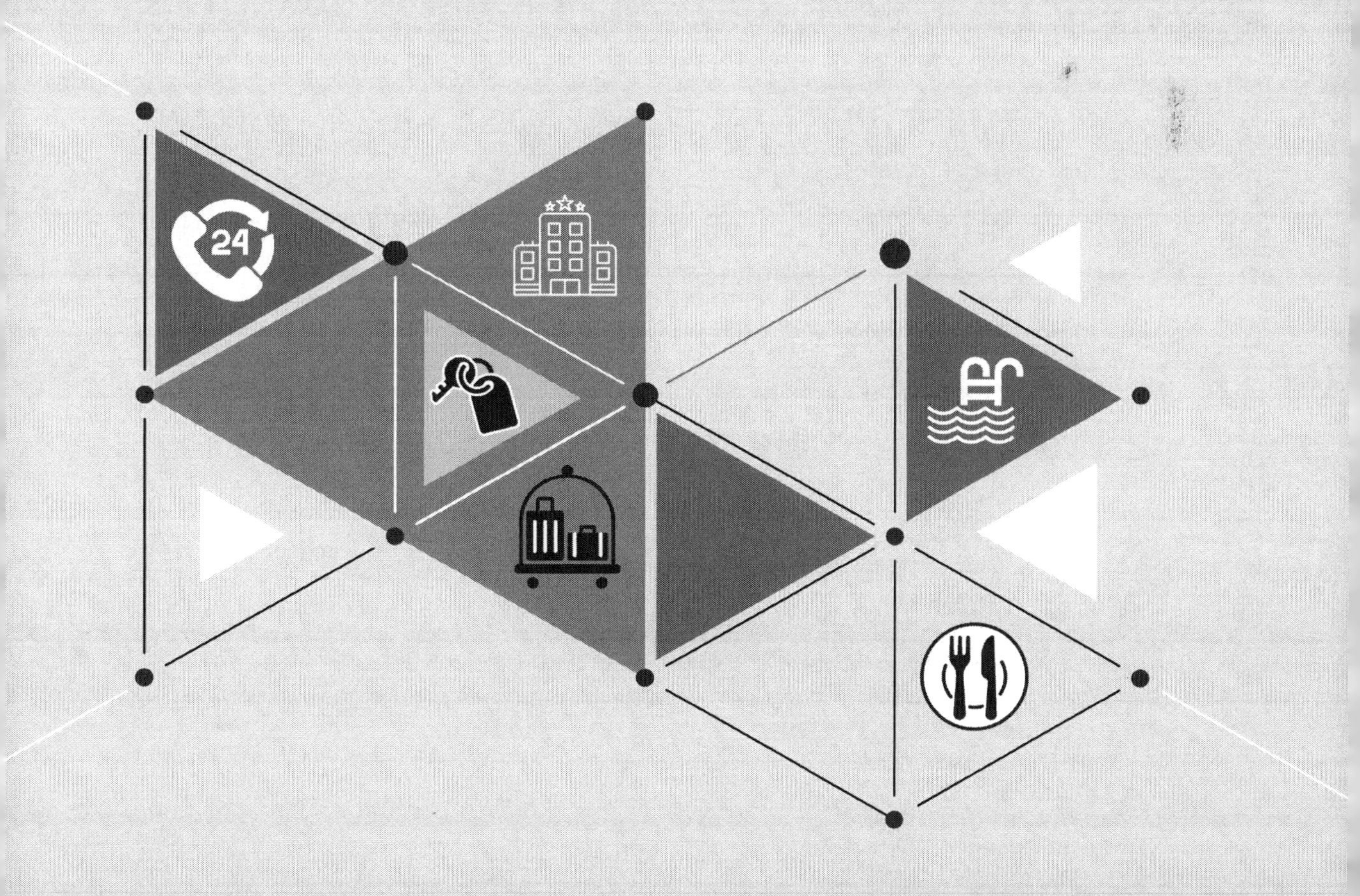

06 프런트 오피스의 업무

1 프런트 오피스 업무의 개요

1. 프런트 오피스의 업무 개요

프런트 오피스(front office)는 고객이 처음으로 대면하는 부서이기 때문에 호텔에서 매우 중요하게 여겨진다. 해당 부서는 호텔 객실을 판매하는 과정에서 고객과의 접촉을 통해 호텔에 대한 전반적인 정보제공 및 안내 등을 수행한다. 즉 프런트 오피스는 호텔 객실 예약, 숙박 등록 · 퇴실, 정보 및 안내, 우편물 제공 등의 다양한 업무를 수행하는 부서이다.

프런트 오피스의 기본적 서비스는 다음과 같다. 첫째, 숙박을 원하는 손님에게 객실 예약, 등록업무를 겸한 적절한 객실 판매 업무를 수행한다. 둘째, 고객이 필요로 하는 호텔의 내외적인 각종 정보와 통신 처리에 따른 편의 서비스를 제공한다. 셋째, 조직 여하에 따라 다르지만 일반적으로 고객에게 신속하고 정확한 신용 서비스를 제공하며 재정을 관리한다.[9)]

호텔은 인적 서비스가 핵심 상품이다. 서비스는 세일즈의 조건이며 상품으로서의 연출이다. 호텔에 있어서 프런트 오피스는 고객활동의 기골(backbone)이자 심장부라 할 수 있다.[10)]

프런트 클럭(front clerk)의 첫인상은 고객의 심리작용에 영향을 미치고 고객이 체류하는 동안에 좋은 인상을 줄 수 있다. 또한 프런트 클럭이 고객에게 친절하고 예의 바른 자세로 접객하며, 세련되고 새로운 분위기를 호텔에서 체험할 수 있도록 서비스 제공에 최선을 다하는 것은 고객이 객실을 이용한 후에도 좋은 경험으로 기억에 남을 수 있게 만드는 것이다.

2. 프런트 오피스의 업무 내용

호텔 프런트 오피스는 숙박하려는 고객에게 편의와 휴식, 그리고 건강의 증진을 위해 마지막까지 만족할 수 있도록 서비스를 제공한다. 또한 객실 판매 서비스의 중추 역할을 한다.

1) 객실 판매업무

프런트 클럭은 객실 상품의 판매를 위한 마케팅 능력과 탁월한 서비스 정신이 요구되는 업무를 수행한다. 따라서 프런트 클럭은 객실 판매 없이는 호텔이 존재하지 않는다는 철학을 가지고 종사해야 한다.

호텔 프런트 오피스(front office)는 호텔 판매촉진을 극대화하기 위해 대외적인 판매촉진 활동을 지원하기도 한다. 프런트 오피스에서 판매촉진 업무를 지원하는 기능은 다음과 같다.

첫째, 객실 판매촉진의 기능을 지닌다. 고객과 직접 상호작용을 하면서 호감을 주고 상호 친근한 관계가 형성될 경우, 고객은 호텔을 지속적으로 이용할 가능성이 높다. 이는 마케터의 역할을 한다고 볼 수 있다.

둘째, 호텔의 이미지 향상을 위한 세심한 노력이 판매촉진 효과를 향상시킬 수 있다. 고객이 호텔에서 체류하면서 훌륭한 서비스를 받을 경우 좋은 이미지를 갖게 된다. 호텔의 긍정적인 이미지를 창출할 수 있는 서비스 제공이 객실 판매촉진 효과를 향상시킬 수 있다.

셋째, 고객의 불평불만을 신속하게 처리하는 것이 판매에 영향을 미친다. 고객의 불평불만을 신속하게 처리한다면 고객이 재방문할 가능성이 높아진다. 만일 고객의 불평불만을 제대로 처리하지 못할 경우, 고객은 경쟁호텔로 이동하게 된다는 사실을 인지하고 있어야 한다.

2) 정보 서비스

고객이 원하는 호텔 내외의 각종 정보를 제공하는 부서가 프런트 오피스이다. 호텔 내 영업장의 종류 및 특성, 행사 일정 등에 대한 정보는 물론, 호텔 외부의 정보도 충분히 제공할 수 있도록 하여야 한다. 즉 호텔을 이용하는 고객이 관광지에 대한 안내를 요청할 때도 그에 대해 자세히 설명할 수 있도록 정보를 지녀야 한다.

따라서 호텔의 내 · 외부에 대한 충분한 정보를 숙지하고 있어야 고객이 원하는 정보는 무엇이든 제공할 수 있을 것이다. 만일 자신이 보유한 정보에 한계가 있을 경우, 고객이 요청하는 정보를 잘 알고 있는 부서나 종사원에게 연결해야 한다.

3) 고객서비스

프런트 오피스 클럭(front office clerk)은 고객서비스에 대한 업무를 하기 때문에 항상 고객에게 편익이나 도움을 주는 자세로 종사해야 한다. 접객할 때는 항상 고객 지향적인 자세와 역지사지의 서비스 정신을 바탕으로 업무를 수행해야 한다.

프런트 클럭(front clerk)은 기본적으로 프런트 오피스의 업무를 잘 숙지하고 있어야 한다. 나아가 고객에게 친절하고 예의 바른 접객 태도로 자신의 호텔을 빛내고 신속한 서비스를 제공할 수 있어야 한다. 또한 업무에 대한 강한 긍지와 자긍심을 가지고 있는 동시에 업무에 대한 책임과 의무를 성실히 수행하여야 한다.

프런트 클럭은 고객의 요청이나 질문이 있을 경우에 정중하고 바른 자세로 고객의 요구에 성실히 응대해야 한다. 고객의 감성 가치를 극대화할 수 있도록 마지막 순간까지 계속해서 탁월한 서비스를 제공하는, 즉 밝은 표정과 미소로 대하며, 단정한 용모 등이 고객서비스에 매우 중요한 역할을 한다는 것을 잊어서는 안 된다. 탁월한 서비스를 제공받은 고객은 모든 접점 서비스가 끝났음에도 좋은 기억을 가지게 된다.

프런트 클럭(front clerk)은 자신의 능력 밖의 내용을 요청받는 경우 해당 부서나 담당 종사원에게 인계를 하여 고객이 원만하고 편리하게 처리할 수 있도록 하여야 한다. 특히 VIP 고객의 접객을 위해 정중하고 품격 있는 서비스를 제공할 수 있는 자세로 업무를 수행해야 한다.

[그림 6-1] 프런트 오피스 조직도

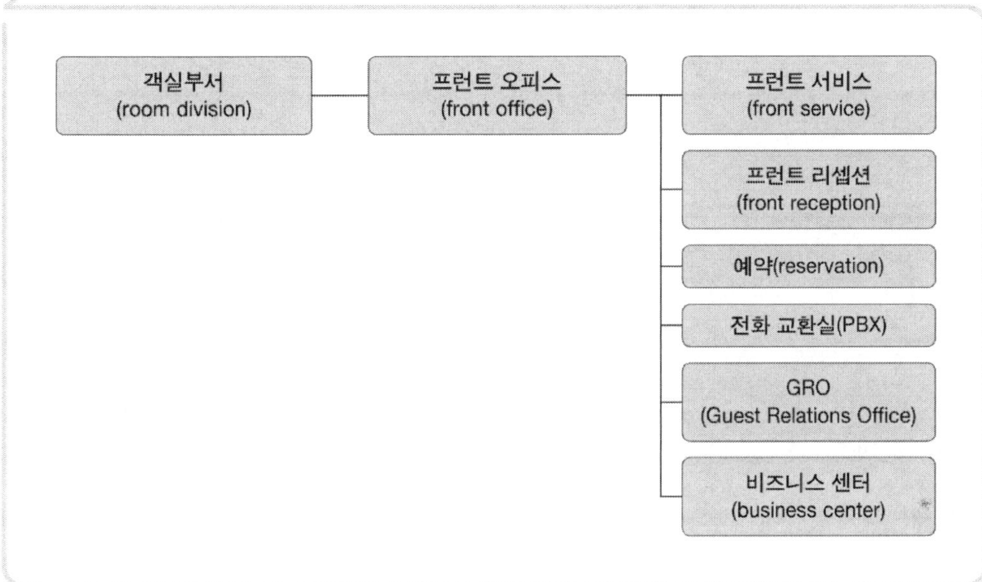

〈표 6-1〉 프런트 오피스의 업무 내용

프런트 오피스의 업무 내용	1) 객실 판매업무
	첫째 객실 판매촉진 기능
	둘째, 호텔 이미지 향상을 위한 세심한 노력이 판매촉진 효과를 향상시킴
	셋째, 고객의 불평불만을 신속하게 처리하는 것이 판매에 영향을 줌
	2) 정보 서비스
	3) 고객서비스

2 호텔 정보 시스템

1. 호텔 정보 시스템의 이해

호텔 정보 시스템(Hotel Information System, 이하 HIS)은 호텔의 가장 중요한 자원인 정보의 흐름과 처리를 통하여 효과적인 경영을 하는 것이다. HIS의 발달은 비용 절감, 빠르고 정확한 업무처리로 호텔의 데이터 프로세스를 단순화하기 위해 이루어진다.

1) HIS의 기본 목적

HIS는 고객, 종사원, 경영자 모두에게 유익하다. 이는 고객에게 신속한 서비스 제공, 종사원에게 업무의 단순화와 신속한 업무처리, 경영자에게 관리 및 비용 절감의 효과를 기대할 수 있는 시스템이다.

HIS를 활용하는 목적은 다음과 같다.

첫째, 시기적절하고 이해하기 쉬운 정보를 경영자에게 제공한다.
둘째, 불필요한 문서와 데이터를 감소 · 제거할 수 있다.
셋째, 운영조절이 향상되며 즉각적인 가시성을 운영자에게 제공한다.
넷째, 경영자가 고객 사이클을 더욱 효과적으로 감독 · 조절할 수 있다.
다섯째, 호텔의 수준이 향상되며 확장된 고객서비스를 제공할 수 있다.
여섯째, 비용을 절감할 수 있다.

2) HIS의 역할

HIS는 합리적인 경영방식으로, 업무처리의 효율성을 높여 신속한 고객서비스를 제공하는 것이 주된 역할이다.

HIS의 역할들을 구체적으로 살펴보면 첫째, 업무를 표준화한다. 전산화로 모든 업무를 표준화한다.

둘째, 영업정책 수립에 기여한다. 여러 가지 자료를 수집하여 통합된 데이터베이스를 구축함으로써 영업정책 수립에 적절히 응용할 수 있다.

셋째, 효율적인 인적자원 관리가 가능해진다. 업무 전산화로 인적자원을 효율적으로 관리할 수 있어 인건비 절감이나 인적자원의 재배치에 도움을 준다.

넷째, 호텔을 효율적으로 홍보할 수 있다. 항공사나 다른 호텔과 제휴하여 통신망을 통해 호텔을 홍보할 수 있다.

다섯째, 수준 높은 서비스를 제공할 수 있다. 전산화로 고객에게 신속한 서비스를 제공할 수 있다.

여섯째, 업무의 효율화를 기대할 수 있다. 종사원들의 전산 활용 수준을 높여 업무의 능률이 향상하며 데이터 처리 시 오류를 최소화할 수 있다.

[그림 6-2] HIS(Hotel Information System)의 역할

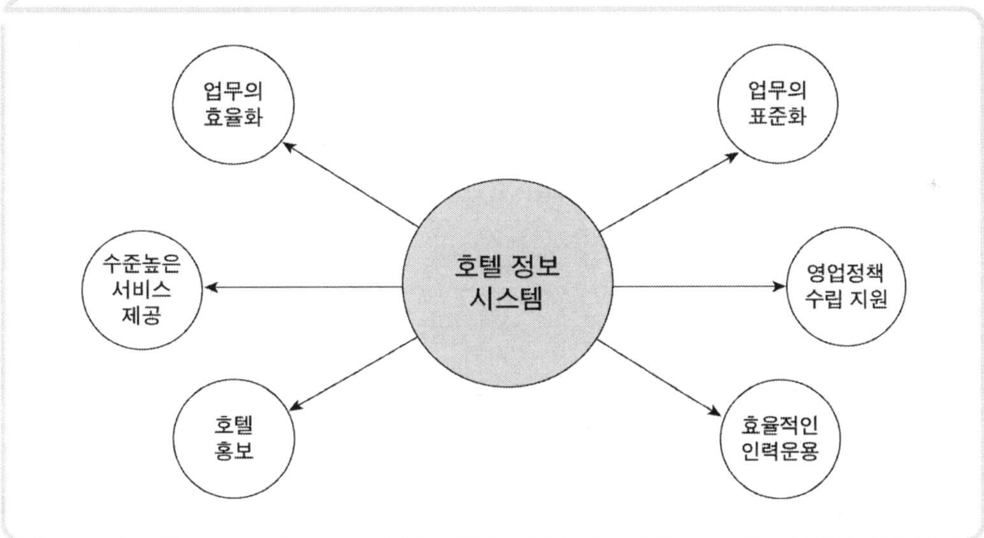

참고: 박수형, 호텔정보시스템실무, p.77.

〈표 6-2〉 호텔 정보 시스템의 이해

호텔 정보 시스템의 이해	1) HIS(Hotel Information System) 기본 목적
	첫째, 시기적절하고 이해하기 쉬운 정보를 경영자에게 제공
	둘째, 불필요한 문서와 데이터를 감소·제거
	셋째, 운영조절 향상·즉각적인 가시성을 운영자에게 제공
	넷째, 경영자가 고객 사이클을 더욱 효과적으로 감독·조절
	다섯째, 호텔 수준 향상, 확장된 고객서비스 제공
	여섯째, 업무 효율화 기대
	2) HIS(Hotel Information System)의 역할
	첫째, 업무의 표준화
	둘째, 영업정책 수립에 기여
	셋째, 효율적인 인적자원 관리
	넷째, 호텔을 효율적으로 홍보
	다섯째, 수준 높은 서비스 제공
	여섯째, 업무의 효율화 기대

2. 프런트 오피스 시스템(front office system)

1) 프런트 오피스 시스템의 이해

호텔 영업장 중 가장 대표적인 업장이 프런트 오피스(front office)라고 할 수 있다. 그리고 프런트 오피스의 업무 특성을 적절하게 나타낸 것이 프런트 오피스 시스템(front office system)이라고 할 수 있다. 프런트 오피스 시스템은 소프트웨어(software)와 하드웨어(hardware)가 결합해 구축되어 있다.

소프트웨어(software)의 기능은 매우 복잡하므로, 호텔전문가와 전산 전문가들이 호텔의 전반적인 기능을 수행할 수 있도록 프로그램을 집약한다.

2) 프런트 오피스 시스템의 업무 구성

프런트 오피스 시스템(front office system)의 업무는 예약 업무, 프런트 데스크 업무, 하우스키핑 업무, 회계원 업무(cashier), 나이트 오디트(night Audit)로 구성되어 있다.

3) 프런트 데스크의 기능

프런트 데스크 시스템의 주요 기능은 고객 체크인(check-in) 기능, 투숙 고객관리 기능, 객실관리 기능으로 구성되어 있다.

(1) 고객 체크인(check-in) 기능

첫째, 예약고객에 대한 체크인(check-in) 기능이다. 예약고객의 투숙 절차는 호텔마다 다른 시스템을 가지고 있지만, 기본적인 내용은 유사하다. 일반적으로 고객 성명, 도착 · 출발 일자, 여권번호, 국적, 여행목적, 요금지불 방법, 기타 사항 등의 기능이 있다.

둘째, 예약하지 않은 워크인(walk-in) 고객의 체크인 기능이다. 워크인 고객이 투숙하려 할 때, 이용 가능한 객실을 확인하고 배정한다. 이때도 상기 예약고객과 같은 내용을 확인하고, 입수된 고객정보를 컴퓨터에 입력한다.

투숙 가능한 객실을 확인할 때, 객실 점유상태(occupied)와 청소 여부를 체크해야 한다. 특히 청소 여부를 확인할 때 파악해야 할 요소들을 보면 다음과 같다.

첫째, Occupied Clean: 판매 불가능한 객실

둘째, Occupied Dirty: 판매 불가능하고 청소가 필요한 객실

셋째, Vacant Clean: 판매 가능한 객실

넷째, Vacant Dirty: 청소를 한 후 판매 가능한 객실

(2) 투숙 고객관리 기능

투숙 고객관리 기능은 고객이 체크인(check-in)한 순간부터 체크아웃(check-out)할 때까지 호텔에서 발생한 모든 정보를 관리하는 기능이다. 이를테면, 투숙 기간 중 고객이 지불한 금액을 처리하는 기능이다.

① 요금 전송(transfer) 기능

투숙 중인 고객이 호텔 내의 식당이나 부대시설을 이용한 후, 객실요금과 합산하여 결제하도록 할 때 요금을 전송하는 것을 말한다. 특히 단체 고객이 여행사를 통해 호텔을 이용하는 경우, 일반적으로 여행사에서 객실료나 식대 등을 지불하게 되는데, 이때 여행사가 지불하는 기능이 필요하다. 이런 기능은 호텔마다 다를 수 있지만, 전송(transfer)하기 위해 다음 조건들을 충족해야 한다.

첫째, 객실 번호나 회계번호(account number)로 전송하려는 금액이 자동전송 되어야 한다.

둘째, 객실에 2인 이상이 투숙한 경우, 객실 번호가 아닌 회계번호(account number)로 금액이 전송되어야 한다. 즉 객실 1개에 2명 이상이 투숙할 경우, 영수증을 분리(share)하여 고객별로 회계를 처리하도록 하는 것이다.

셋째, 여러 개의 전송코드(transaction code)가 제공되어야 한다. 한 객실에 2명 이상이 사용할 경우, 고객별로 별도의 영수증이 필요할 수 있다. 이때 고객 개인별로 요금을 지불하기 위해 다수의 코드가 필요하다.

넷째, 한 객실에서 여러 개의 객실료 혹은 여러 개의 회계(account)로 금액이 전송될 수 있어야 한다. 예를 들어, 단체여행일 경우 객실료는 가이드(1101호)가 결제하는 그룹 마스터(group pay master)로, 식사나 사우나는 비용은 고객 개인별, 즉 1201호, 1202호로 전송할 수 있어야 한다.

(3) 객실관리(housekeeping) 기능

객실관리(housekeeping) 기능은 객실 청소를 한 후 상태를 변경하거나 프런트 데스크로부터 긴급하게 객실 청소요청이 있을 때 단말기로 조회하여 처리하는 기능이다.

이 외에도 객실 청소상태와 고객 투숙 여부를 신속하게 파악하고, 변동사항이 발생할 때 객실 청소계획을 수립해 필요한 인적자원 관리를 통해 적시에 청소를 완료할 수 있다.

① 객실 상태(house status) 조회

객실 전체의 상태를 한눈에 파악할 수 있는 화면으로, 프런트 오피스 패키지마다 다소 차이는 있다. 일반적으로 Room Summary, House Keeping Status, Current

Status, Rooms Status After End-of-day 등의 내용을 포함하고 있다.

② 하우스키핑 기능

객실의 청소상태를 조건별로 조회하고, 청소가 완료된 객실의 청소상태를 변경할 수 있다. 세부적 기능은 다음과 같다.

첫째, 조건별 객실 조회 기능이다. 모든 객실(all room), 청소가 안 된 객실(dirty), 청소가 된 객실(clean)를 조회할 수 있다.

둘째, 객실 상태 변환 기능이다. 객실 청소가 완료된 경우 객실 상태를 변환하는 기능이다.

셋째, 객실 린넨(linen)류 관리 기능이다. 객실에 필요한 수건이나 린넨류의 수량을 미리 등록하여 청소할 때 교체할 수량을 파악할 수 있는 기능이다.

(4) 프런트 회계원(front cashier) 기능

프런트 회계원 기능은 고객이 식당이나 호텔의 부대시설을 이용해 생긴 영수증을 해당 고객 폴리오 계정(guest folio account)에 입력하는 기능이다. 또한 이를 수정 및 삭제하거나, 퇴실할 때 고객의 요청에 따라 다양한 형태의 영수증을 인쇄하는 기능이다.

(5) 나이트 오디트(night audit) 기능

나이트 오디트(night audit) 기능은 당일 호텔 총매출에 대한 집계, 각 계정(account)별 결산작업을 하는 기능이다. 결산 과정에서 전표의 누락이나 오류 등을 체크하고 수정할 수 있다.

〈표 6-3〉 프런트 데스크의 기능

프런트 데스크의 기능	(1) 고객 체크인(check-in) 기능
	(2) 투숙 고객관리 기능
	(3) 객실관리(housekeeping) 기능
	(4) 프런트 회계원(front cashier) 기능
	(5) 나이트 오디트(night audit) 기능

3 고객등록업무

1. 등록업무

호텔 프런트 데스크(front desk)는 고객을 맞이하고 환송하는 부서이자 호텔의 얼굴이다. 고객은 프런트 데스크의 클럭(clerk)과 첫 대면이 이루어지기 때문에 클럭의 긍정적인 첫인상은 호텔에 대한 좋은 이미지를 심어주는 계기가 된다. 고객이 현관에서 체류하는 시간을 가능한 줄이는 것이 고품질 서비스라고 할 수 있다. 프런트 클럭의 주된 업무는 객실 등록과 수납이지만, 이 밖에도 안내, 정보제공 등의 다양한 업무를 수행하고 있다. 프런트 데스크에서의 숙박 등록절차는 다음과 같다.

1) 고객의 등록(registration) 전 업무

고객이 도착하기 전에 수행할 업무를 살펴보면 다음과 같다.

첫째, 사전에 객실을 배정한다. 둘째, 객실요금 설정과 관련된 업무를 한다. 셋째, 고객이 도착하면 신속하게 등록(registration)할 수 있도록 준비한다.

일시에 많은 고객이 등록 절차를 거칠 경우, 로비에서 대기하게 된다. 따라서 프런트 클럭(front clerk)의 등록 전 업무는 로비나 프런트 데스크에서의 대기시간을 줄이고 업무의 실수를 예방하는 효과를 기대할 수 있다.

2) 등록카드(registration card) 작성

고객이 호텔 프런트에 도착하면 예약자 성명이나 예약번호를 확인 후, 사전에 전산 입력된 고객의 정보와 투숙 인원, 차량번호 등 추가정보를 입력한다. 이후 등록카드(registration card)를 출력하여 고객의 서명을 받는다.

이 등록카드는 투숙객 관리에 활용될 뿐만 아니라, 재방문 고객을 확보하는 데에도 중요한 자료가 된다. 또한 등록카드의 정보를 활용하여 특별 이벤트나 호텔의 정보를 제공하는 데 사용할 수 있다.

3) 객실 및 객실요금 설정

예약고객의 경우, 호텔에 도착하기 전에 예약된 자료를 바탕으로 객실을 배정하고 객실요금을 결정할 수 있다. 그러나 예약 없이 투숙하려는 워크인(walk-in) 고객의 경우, 프런트 클럭(front clerk)과 접촉해 객실을 배정받고 객실요금을 설정한다. 이때 고객의 요구를 최대한 존중하여 객실 배정 및 요금을 설정해야 한다. 객실요금은 객실의 크기, 위치, 가구의 품질, 객실 내 소모품 등에 따라 차이가 있다.

4) 지불방법 결정

고객이 카드 혹은 현금 등으로 결제할지와 같은 지불 방법을 결정해야 한다. 또는 객실을 예약할 때 선수금을 지불하지 않았거나 신용도가 불확실한 고객에게는 선수금 지불을 요청한다.

5) 객실 열쇠 발급

숙박 등록절차는 카드 키(key)를 발급하면서 완료된다. 그리고 벨 서비스(bell service)를 제공하는 호텔에서는 프런트 클럭(front clerk)이 벨 맨(bellman)에게 카드 키를 건네준 뒤, 고객을 객실로 안내하도록 한다.

〈표 6-4〉 등록업무

등록업무	1) 고객의 등록(registration) 전 업무
	2) 등록카드(registration card) 작성
	3) 객실 및 객실요금 설정
	4) 지불방법 결정
	5) 객실 열쇠 발급

2. 개인 고객의 등록업무

1) FIT(Free Independent Traveler) 등록업무

개인 고객의 등록(registration)은 프런트 클럭(front clerk)이 벨 맨(bellman)의 안내를 받아 프런트에 도착하는 고객에게 정중한 인사를 하고, 고객에게 숙박 등록 및 객실 배정 절차를 진행한다. 그 절차를 보면 다음과 같다.

① 예약 여부를 확인한다.

② 예약된 고객은 사전에 전산 입력된 등록카드에서 확인한다.

③ 객실 등록에 필수적인 사항, 즉 숙박 일정, 객실의 형태, 선호하는 객실 층, 객실의 위치, 지불방법, 객실요금 등에 대해 세심한 주의를 기울여야 한다. 착오 및 사소한 실수가 발생하지 않도록 면밀히 검토해 편안히 투숙할 수 있도록 하여야 한다.

예약한 고객의 경우는 고객의 이름을 기억해 신속한 서비스를 제공한다. 예약하지 않고 체크인(check-in)하려는 고객에게는 객실에 대한 현황 등을 간단하고 명확하게 설명할 필요가 있다. 또한 변경 · 요청사항이 있는지 확인하여야 한다.

④ 사전 도착물이나 전달물에 대해 확인한다. 메시지나 우편물 등이 사전에 도착해 있는지를 전산의 로그 북(log book)을 통해 확인한 뒤, 전달물이 있을 경우 신속하게 건네준다.

⑤ 고객이 예약했지만 확인이 안 될 경우, 객실에 여유가 있다면 체크인 절차를 받도록 한다. 만일 만실이라면 정중하게 사과하고 주변의 동급 호텔을 안내해 준다.

2) 재방문 고객의 등록(repeating guest)

재방문 고객은 최고의 VIP로 인식하여 영접에 소홀함이 없도록 하며, 체크인 시 고객의 이름을 불러주어 깊은 관심과 매력을 느낄 수 있도록 한다.

또한 재방문 고객에게는 숙박 중에도 불편함이 없도록 최대한의 편의를 제공하고 배려를 아끼지 말아야 한다. 아울러 객실을 배정할 때 선호 객실을 배정하여

주어야 한다. 이는 선호하는 객실 층, 객실 번호 및 위치 등에 대한 사항들을 충분히 고려하여 배정하는 것을 의미한다.

〈표 6-5〉 개인 고객의 등록업무

개인 고객의 등록업무	1) FIT 등록업무
	2) 재방문 고객의 등록(repeating guest)

3. 단체 고객의 등록업무

단체 고객의 등록은 고객이 도착하기 전에 여행사로부터 고객정보를 입수해야 한다. 단체의 인원이 로비에서 체크인(check-in)할 때까지 대기하게 되면 로비가 혼잡하게 되고 다른 고객에게 불편을 줄 뿐만 아니라 호텔의 이미지도 떨어질 수 있다. 단체 고객들을 신속하게 체크인하기 위해 고객의 명단(rooming list) 및 여권 등을 사전에 받아야 하고, 또한 객실을 배정해 두어야 한다.

단체 고객에 대한 체크인 절차가 완료되었으면 단체 고객의 인솔자 및 여행사 가이드에게 객실 키를 제공하고 벨 맨(bellman)이 수화물을 운반하도록 한다. 단체 고객은 가능한 같은 층에 투숙할 수 있도록 배정하고, 객실의 위치는 인사이드 룸(inside room)으로 배정하는 것이 다른 FIT 고객을 위한 적절한 조치이다.

특히 50명 이상의 단체 예약이 있을 경우, 로비의 혼잡함을 피하기 위해 별도의 프런트 데스크를 만들어 고객이나 단체의 대표자가 등록하도록 한다.

4. 워크인(walk-in) 고객의 등록업무

워크인(walk-in) 고객은 사전 예약 없이 투숙하려고 하는 고객을 의미한다. 이때 프런트 클럭(front clerk)은 객실이 초과 예약상태가 아닌지 확인하고 이용 가능한 객실이 있다면 제공한다.

프런트 클럭은 객실을 등록할 때 고객의 기분이 상하지 않도록 미리 객실요금 이상의 금액을 예치금(deposit)으로 지불하게 하거나 신용카드로 지불할 수 있도록 한다.

이는 워크인(walk-in) 고객에 대한 정보가 없기 때문에, 객실의 미니 바(mini bar)를 사용하거나 호텔 식당 및 부대영업장을 이용할 때 발생되는 비용을 감안한 것이다.

워크인(walk-in) 고객에게는 객실요금에 대한 할인 적용을 거의 하지 않기 때문에 수입을 높이는 중요 요인이 될 수 있다.

따라서 워크인(walk-in) 고객에게 정중하고 신속하게 서비스를 제공하여 재방문 고객으로 유도한다면, 호텔의 수입을 증대시키는 수단이 될 수 있다.

5. Day Use 등록업무

Day Use는 호텔 객실을 낮에 이용하려는 고객에게 판매하는 것을 의미한다. 일반적으로 Day Use는 낮 12시부터 오후 5시까지 이용하게 한다. 오후 6시가 지나면 다른 고객에게 객실을 판매해야 하므로, 재판매할 수 있도록 룸 메이드가 객실을 청소한다. 만약 고객이 객실을 오후 6시 이후까지 사용한다면, 1일 객실요금을 지불하게 한다.

6. House Use 업무

House Use는 호텔 종사원이 야간에 근무할 때 객실을 무료로 사용하는 경우를 말한다. 호텔 객실을 House Use로 이용할 경우, 반드시 사전에 부서장의 승인을 받고 이용해야 한다. 부서장의 승인 없이는 절대로 호텔 객실을 무료로 사용할 수 없다.

7. 객실 변경의 업무

1) 객실 변경(room change)사항 발생

객실 변경은 고객이 등록 절차를 마친 후, 호텔 측의 사정 또는 고객의 요청에 따라 변경될 수 있다. 객실에 여유가 있을 경우는 고객의 요청을 최대한 반영하고, 호텔의 사정으로 변경할 경우는 충분한 설명과 동의를 얻어야 한다.

객실 변경 시, 고객의 모든 정보가 변경된 객실로 온전히 이동해야 한다. 특히 고객의 메시지나 기타 정보 등이 누락되는 일이 없도록 유의하여야 한다.

객실 그 자체의 문제로 인해 변경할 경우, 변경하려는 객실이 더 비싸더라도 현재 사용하고 있는 객실요금과 동일한 조건으로 변경해야 한다. 그러나 객실 이용에 문제가 없는 경우, 즉 고객이 요청하여 변경할 때는 변경된 객실요금으로 적용하여야 한다.

2) 고객의 부재중 시 수화물 이동 주의

고객이 부재중일 때 객실을 변경할 경우가 발생할 수 있다. 이때 주의해야 할 사항은 수화물의 이동에 대해 고객의 승낙을 받는 것이다. 그러나 고객의 승인을 받았더라도, 수화물이 열려 있을 경우는 가능하면 고객이 돌아온 후에 객실을 변경하는 것이 적절하다. 어쩔 수 없이 객실을 변경해야 할 경우, 하우스키핑의 책임자와 함께 수화물을 이동하는 것이 바람직하다.

3) 각종 객실 변경업무

(1) 객실요금 변경사유

객실요금 변경사유는 현재 고객이 객실을 사용 중인 상태에서 요금을 조정해야 할 경우 변경하는 것을 말한다.

① 객실요금 변경사유 발생

첫째, 상사의 결정에 따라 객실요금을 변경한다. 현재 고객이 투숙 중인 경우라도 상사의 결정에 의해 할인해야 할 경우에는 객실요금을 변경할 수 있다.

둘째, 투숙 후 객실요금 적용이 잘못되었을 때 변경한다. 호텔 예약부서나 프런트 클럭(front clerk)의 실수로 객실요금을 잘못 적용하여 입력되었을 때는 즉시 변경하여야 한다.

셋째, 장기 투숙 중인 고객과 계약된 객실요금이 변경될 때는 변경요금으로 바꾸어야 한다. 고객과 장기 투숙 계약이 체결되어 있는 상태에서 객실요금을 변경하여야 할 사유가 발생할 경우는 객실요금을 변경해야 한다. 이때는 기존의 요금에서 변경된 요금으로 적용한다.

넷째, 패키지 요금에서 일반요금으로 바뀔 때 변경한다. 고객이 투숙할 당시에는 패키지 요금을 적용하여 객실을 사용하고 있는 도중, 고객의 요청으로 객실 사용을 연장하고자 할 때는 일반요금으로 변경해야 한다.

다섯째, 단체요금에서 일반요금으로 변경될 때 변경한다. 단체 고객이 객실을 사용하는 도중 고객의 요청으로 투숙이 연장되는 경우, 객실요금은 일반요금으로 변경한다.

② 출발 날짜 변경에 의한 사유

출발 날짜 변경에 의한 사유는 숙박 도중 체크아웃(check-out) 예정일 변경 등이 고객의 요청에 의해 발생하는 경우다. 특히 투숙 기간을 연장하려고 할 때는 연장된 기간 중에 객실을 이용할 수 있는지 확인하여 처리해야 한다.

연장 기간 중 초과예약으로 불가능한 경우 가능한 날까지만 투숙하게 할 수 있다. 만일 투숙이 불가능할 경우는 고객을 대기자 명단에 올린다. 그리고 고객을 변경대장에 기입하여 초과예약 당일에 우선적으로 처리하도록 한다.

[양식 6-1] 객실 변경대장

ITEM	FROM	TO
NAME		
PERSON (S)		
ROOM NO.		
ROOM TYPE		
ROOM RATE		
PAYMENT		
ARR. DATE		
DEP. DATE		
LATE C/O TIME	12:00	
CHARGE (%)		
REMARK :		
C.C: H/K	F/C	B/D

〈표 6-6〉 객실 변경의 업무

객실 변경의 업무	1) 객실 변경(room change)사항 발생
	2) 고객의 부재중 시 수화물 이동 주의
	3) 각종 객실 변경업무
	(1) 객실요금 변경사유
	① 객실요금 변경사유 발생
	② 출발 날짜 변경에 의한 사유

4 퇴실(check-out) 업무

호텔에 투숙 중인 고객이 모든 절차를 거친 뒤 떠나는 과정을 체크아웃(check-out)이라 한다. 고객이 호텔을 떠나기 전에 프런트 데스크(front desk)에 와서 체크아웃할 것을 알려주면 프런트 클럭(front clerk)은 룸 메이드에게 객실 미니 바(mini bar) 이용 등을 확인해야 한다. 이후 프런트 클럭은 빌(bill)을 작성하고 고객으로부터 키를 받는다. 계산이 완료될 때 고객은 체크아웃하면 된다.

1. FIT 고객의 퇴실(check-out) 업무

고객이 객실을 이용하고 떠나고자 할 때 퇴실(check-out) 절차를 진행하게 되는데, 퇴실은 낮 12시 전까지 하여야 한다. 만일 객실을 낮 12시 이후 연장하여 사용할 경우 추가요금을 지불한 뒤 사용할 수 있다. 고객은 퇴실 시 호텔에서 사용한 모든 비용을 정산하고 객실 키를 반납하면 된다.

고객이 퇴실할 때 프런트 클럭(front clerk)이 수행해야 하는 업무는 다음과 같다.

① 퇴실 요청 접수

② 객실 번호 확인

③ 체류 기간 내 서비스에 관한 질의응답
④ 객실 키 반납
⑤ 등록카드 및 각종 빌(bill) 준비
⑥ 기타 서비스 사용 여부 문의
⑦ 청구서 금액 확인
⑧ 지불수단 재확인
⑨ 빌(bill) 인쇄 후 최종 확인 요청 및 서명
⑩ 다음 여행목적지 문의(목적지에 자매 호텔이 있을 시 안내)
⑪ 투숙에 대한 감사와 재방문 요청[11)]

프런트 클럭(front clerk)은 퇴실하는 고객에게 체류하면서 불편한 사항이나 객실에 남겨두고 온 물품이 없는지 등을 여쭈어보아야 한다. 고객이 불편한 사항이 있을 경우 정중히 사과한 뒤, 반드시 개선하겠다고 약속해야 한다. 이후 재방문을 요청하는 것으로 체크아웃의 업무가 완료된다.

고객이 체크아웃할 때는 호텔을 떠나는 시점이다. 프런트 클럭은 밝고 온화한 미소를 짓고, 상냥하고 친절하게 그리고 신속하게 업무를 처리해야 호텔의 긍정적 이미지를 향상시킬 수 있다는 점을 잊지 말아야 한다.

2. 단체 고객의 퇴실(check-out) 업무

단체 고객의 체크아웃(check-out)은 개별고객의 퇴실절차와 비슷하다. 단체 고객(group guest) 체크아웃은 여행사 인솔자가 개별고객의 영수증(bill)을 확인하고 체크아웃이 완료되면 키를 반납한 뒤 호텔을 떠난다.

인솔자는 개별고객이 식음료 및 부대영업장을 이용하여 비용이 발생했을 경우 개별고객이 정산하도록 한다. 그리고 개별고객의 영수증을 별도로 요청하면 제공할 수 있도록 하여야 한다.

단체 고객의 체크아웃은 시간이 많이 소요된다. 따라서 인솔자는 체크아웃 전날 신속하게 퇴실할 수 있도록 미리 영수증을 받아놓는다. 또한 프런트 지배인은 단체 고객이 체크인(check-in)에서 체크아웃할 때까지 가능한 한 여행 일정을 인지하고 서비스에 만전을 기해야 한다. 만일 불편 사항이 있을 경우 현지 가이드 및 인솔자와 상의하여 원만하게 처리하도록 한다.

1) 조식의 확인

프런트 클럭(front clerk)은 지정된 식당의 지배인이나 캡틴에게 식당 예약사항을 재확인시켜 준다. 또한 반드시 단체 고객이 이용할 식당에서 조식 관련 서류에 확인 서명을 받아야 한다. 서명 후에는 주방에 예약상황, 즉 식사 인원, 시간, 메뉴 등을 알린다.

2) 수화물 수량 확인

프런트 클럭(front clerk)은 인솔자의 요구가 있을 때 단체 고객의 수화물을 로비로 내려놓도록 벨 맨(bellman)에게 요청해야 한다. 벨 맨은 수화물 수량을 확인 후 고객에게 알려야 하며, 수화물을 내려놓는 시간(baggage collection time)을 정확하게 지켜야 한다.

3) 기타 서비스 제공

고객의 분실물을 찾은 경우, 체크아웃 이후에 고객의 주소지로 우송 혹은 보관하여 전달한다. 또한 고객이 불만족스러운 서비스를 제공받은 경우 즉시 지배인에게 보고하고 고객의 불만을 해소하도록 한다. 이 외에도 객실에서 환자가 발생하였을 때 객실 혹은 당직 지배인이 상황에 따라 직접 해결하도록 보고하는 업무를 수행한다.

〈표 6-7〉 단체 고객의 퇴실(check-out) 업무

단체 고객의 퇴실(check-out) 업무	1) 조식의 확인
	2) 수화물 수량 확인
	3) 기타 서비스 제공

3. 퇴실이 지연(late check-out)된 고객 처리

대다수의 호텔은 퇴실시간을 낮 12시까지로 하고 있다. 그러나 호텔의 체크아웃(check-out) 시간 내에 퇴실하지 못하고 지연되는 경우가 있다.

프런트 클럭(front clerk)은 퇴실이 지연되는 것을 최소화하기 위해 등록을 마쳤을 때 퇴실시간을 다시 안내해야 한다. 고객이 퇴실할 수 없는 경우 퇴실 지연(late check-out) 대기 명단(expected departure list)에 올려놓는다.

일반적으로 오후 2시까지는 객실을 연장해서 사용하여도 추가요금을 부과하지 않는다. 그러나 고객으로부터 퇴실의 지연(late check-out) 요청이 있을 경우에는 추가요금을 부과하는 것이 원칙이다. 이때 17시까지는 Day Use 요금을 부과하고 18시 이후에는 객실요금의 전액을 부과한다.

4. 캐셔(cashier) 업무

고객이 체크아웃(check-out)할 때는 객실요금뿐만 아니라 식당 및 부대영업장 등에서 이용한 비용을 모두 정산하여야 한다. 고객이 체크인(check-in) 절차를 마치게 되면 Bill이 발생하는데, 퇴실할 때는 호텔 내에서 이용한 모든 Bill을 정산해야 한다.

프런트 캐셔(front cashier)의 수납업무는 호텔 수익에 직접적인 영향을 주므로 신속하고 정확하게 이루어져야 한다. 고객이 지불할 금액과 예상되는 지불 방법, 신용카드번호 등에 따라 프런트 캐셔(cashier)는 정확한 마감을 위해 지불 금액과 미지불 금액 등을 입력해야 한다. 또한 계산의 정확성 여부, 환율 계산, 근무교대 때 마감 등을 고려해야 한다. 프런트 캐셔(cashier)가 Bill을 작성할 때 주요 기능적인 요소를 살펴보면 다음과 같다.

첫째, 폴리오(folio)는 언제라도 프린트할 수 있도록 준비하며 개별 및 단체 고객이 요구하는 대로 다양한 Bill을 제공해야 한다.

둘째, 고객이 신속하게 체크아웃할 수 있도록 한다. 특히 단체의 규모가 클 경우, 신속한 퇴실을 위해 사전에 Bill을 준비한 뒤 인솔자에게 제공하여야 한다.

셋째, 프런트 캐셔(cashier)별 개인 암호관리를 해야 한다. 캐셔(cashier)는 Bill과 관련된 업무를 수행하기 위해 자신만이 사용하는 암호가 있어야 한다.

넷째, 자동이체(special billing)를 관리해야 한다.

다섯째, 국가별 환전 기능을 준비해야 한다. 고객이 환전을 원할 때는 외국환관리법에 따라 환전한다.

여섯째, 고객의 사용 금액 및 고객정보는 계속 갱신하여야 한다. 고객이 호텔 영업장을 사용할 때마다 금액과 고객정보는 변경된다.

일곱째, 일반 고객 및 단체 고객의 폴리오 간 이체가 가능하게 한다.

5. 후불고객의 퇴실(check-out) 업무

호텔과의 계약에 의해 후불거래가 되는 회사는 체크아웃(check-out)할 때 계정을 후불로 처리하여 마감하면 된다. 또한 계약에 의해 후불처리(city ledger)가 되지는 않았지만, 호텔의 단골 고객이나 거래실적이 많은 여행사의 경우는 후불처리가 가능하다. 그러나 이 경우에는 여신부서의 담당자로부터 사전에 승인을 얻은 뒤 처리해야 한다.

후불여행사인 경우 객실 수, 숙박 일수, 식사 매수 등을 확인한 후 후불 바우처(voucher)를 작성한다. 이후 계산서를 첨부해 후불처리하여 재경부로 넘긴다. 또한 바우처 소지자의 체크아웃은 바우처에 명시된 지불계정을 우선 검토하고 개인이 지불해야 할 범위를 파악한 뒤 체크아웃(check-out)을 진행한다.[12)]

6. 스키퍼(skipper) 처리 업무

스키퍼(skipper)란 퇴실절차를 거치지 않고 호텔을 떠난 고객을 의미한다. 즉 제공받은 서비스에 대한 요금을 정상적으로 정산하지 않고 도망가는 고객이다.[13)]

이는 영업의 손실을 가져오고, 호텔경영에 큰 손실을 초래한다. 그러므로 호텔은 스키퍼 예방 방안들을 모색해야 한다.

1) 스키퍼(skipper) 예방

(1) 예약된 고객의 연락처로 재확인

예약된 고객의 연락처로 전화해 투숙에 대한 여부를 재확인한다. 예약된 고객에게 다시 연락하는 것은 두 가지 의미가 있다. 하나는 예약된 고객에게 재확인을 통해 투숙 여부를 최종적으로 점검하는 것이다.

다른 하나는 스키퍼를 방지하기 위해서다. 고객의 연락처가 정확할 경우 스키퍼일 가능성이 낮아진다.

따라서 호텔 프런트 클럭(front clerk)은 스키퍼를 줄이기 위해, 전화 연결이 불가능한 경우나 외국에 거주하는 예상 투숙객을 제외하고, 가능한 모든 예약고객에게 전화하여 예약된 일자의 투숙 여부와 체크인(check-in) 시간을 파악해야 한다.

(2) 신용도가 낮은 경우 선수금 요청

객실 등록과정에서 신용도가 낮은 고객에 한해서는 선수금을 받는 것이 스키퍼(skipper)를 줄일 수 있다. 또한 워크인(walk-in) 고객이 수화물도 없이 체크인(check-in)할 때도 카드 오픈(card open)이나 선수금을 받는다.

특히 워크인 고객의 인적사항은 정확하게 기입해야 한다. 워크인 고객의 인적사항을 파악하는 것은 두 가지의 목적이 있는데, 하나는 스키퍼를 줄이는 것이고, 다른 하나는 고객 개인정보를 수집하여 호텔 홍보에 활용하는 것이다.

(3) 여신 상황을 매일 점검

고객이 호텔 영업장에서 사용한 비용이 과다할 경우 고객에게 연락하여 중간 정산하도록 한다. 이때 고객이 불쾌하지 않도록 친절하게 전달하여야 한다.

(4) 신용카드회사에 조회

신원이 불확실한 고객이 신용카드로 선수금을 지불한 경우 카드회사에 조회한다. 조회를 통해 신용카드가 분실 또는 도난되어 신고된 것인지를 확인하여 본다.

2) 스키퍼(skipper) 처리

스키퍼(skpper)가 발생하면 호텔의 영업 손실을 초래하기 때문에 이를 최대한 줄이도록 노력하여야 한다. 그러나 어쩔 수 없이 스키퍼가 발생한다면 적절한 절차를 거처 처리하도록 한다.

(1) 고객의 신원 확인

호텔 객실 등록카드에 있는 고객의 개인 연락망을 통해 연락하여 고객의 신원을 확보한다. 신원이 확실한 경우는 지불방법 및 기간을 정확하게 알려주고 고객의 신원을 여신부서에 전달해 호텔 비용을 납입하도록 조치해야 한다.

(2) 고객의 신원 확인이 불가능할 때

고객이 의도적으로 등록카드에 허위정보를 기재하여 신원 파악을 할 수 없을 경우, 여신부서와 협의하여 객실 지배인에게 보고하고 총지배인의 결재를 받은 후 결손처리 한다.

〈표 6-8〉 스키퍼(skipper) 처리 업무

스키퍼(skipper) 처리 업무	1) 스키퍼(skipper) 예방
	(1) 예약된 고객의 연락처로 재확인
	(2) 신용도가 낮은 경우 선수금 요청
	(3) 여신 상황을 매일 점검
	(4) 신용카드회사에 조회
	2) 스키퍼(skipper) 처리
	(1) 고객의 신원 확인
	(2) 고객의 신원 확인이 불가능할 때

7. 일일 마감 업무

야간업무는 주간업무의 연장선으로, 주간 근무조로부터 미결된 업무를 인계받아 마감하고 총정리하는 것을 의미한다. 이는 다음 날 업무를 원활히 진행하기 위함이다.

일일 마감 기능은 객실요금과 세금을 자동으로 계정할 수 있도록 한다. 또한 시스템을 사용하면서도 일일 마감, 점유율 산정과 수익 통계 기능을 이용할 수 있다. 일일 마감 업무의 주요 기능은 다음과 같다.

① 객실요금, 서비스요금, 세금을 자동 계정(posting)

② 이상 요금 체크(rate discrepancy check)

③ 계정별 요금 및 세금의 종합결산 처리

④ 일일 수익 마감(cashier audit)

⑤ 업장별 합계 이중 체크(cross check) 및 검색

⑥ 데이터 백업

⑦ 각종 통계 파일에 데이터 업데이트(date update)

⑧ 일상 작업과 계산 작업 동시에 가능

5 객실 키(key) 관리

1. 객실 키(key) 관리의 중요성

호텔은 다른 숙박 장소에 비해 안전함의 가치를 더욱 중요하게 여기는 숙박업이다. 투숙 중인 고객의 신체 및 재산을 안전하게 보호하는 것 등이 호텔의 서비스 품질평가에 중요한 요소이다.

호텔 객실의 키(key) 관리는 고객에게 안전함을 제공하므로 핵심적으로 관리해야 하는 물품이다. 객실 키는 호텔뿐만 아니라 고객도 항상 주의 깊게 관리하지 않으면 많은 손실을 가져올 수 있다.

고객은 등록절차를 마치고 객실 키를 받게 되는데, 이때부터 분실하지 않도록 관리하여야 자신의 신체 및 재산상의 보호를 받을 수 있다. 과거 호텔 프런트 클럭(front clerk)은 고객에게 키를 제공할 때 고객 본인인지를 확인하고 직접 제공하거나

벨 맨이 받아서 객실까지 안내한 뒤 키 박스(key box)에 꽂아 두었다. 또한 고객이 외출할 경우 무거운 키를 프런트 데스크에 맡겨놓았다.

오늘날에는 간편 카드 키(card key) 발급으로 프런트에 보관하지 않고 고객이 소지하고 다닐 수 있는 시스템으로 바뀌었다.

2. 객실 키(key)의 종류

1) 키(key)의 종류와 역할

(1) 고객 키(guest key)

고객 키(guest key)는 고객이 객실 등록 후 프런트 클럭(front clerk)에서 제공받는 객실별 전용 열쇠를 말한다. 고객 키는 객실 출입 시 고객만이 사용할 수 있는 가장 중요한 열쇠로, 사용하지 않을 때는 프런트의 키 박스에 보관한다.

고객 키는 고객이 신체 및 재산상의 보호를 받을 수 있는 중요한 도구이기 때문에 분실되지 않도록 주의하여야 한다. 만일 분실되었을 경우 곧바로 프런트 클럭(front clerk)에게 알려 재발급을 받아야 고객 자신이 보호받을 수 있다.

(2) 플로어 키(floor key)

호텔 각 층의 객실 문을 열 수 있는 열쇠를 플로어 키(floor key) 혹은 패스 키(pass key)라고 한다. 플로어 키는 호텔의 특정 층 혹은 여러 층의 객실 모두를 열 수 있다.

이 열쇠는 일반적으로 룸 메이드가 객실을 청소할 때 사용한다. 또한 객실정비나 청소상태를 점검하기 위해 객실 점검담당자(room inspector)가 사용하기도 한다. 사용 후에는 패스 키(pass key) 사용대장에 기록을 남기고 반드시 하우스키핑(housekeeping) 사무실에 반납하여야 한다.

플로어 키를 사용할 경우에는 하우스키핑 지배인 혹은 부지배인의 허락을 받은 후에 사용해야 한다.

(3) 마스터 키(master key)

호텔의 마스터 키(master key)는 플로어 키(floor key)를 통합한 키(key)로 호텔 전체의 객실을 열 수 있는 열쇠다. 호텔 객실 전체를 열 수 있기 때문에 관리에 유의해야 한다.

마스터 키는 고객이 객실 키를 분실하였거나 객실 내에서 어떤 일이 발생하였을 때 사용하는 열쇠이며, 주로 비상용 열쇠의 개념으로 사용한다.

마스터 키를 사용할 경우 사전 보고와 함께 마스터 키 관리대장에 사용 일자 · 시간 · 사용 목적 · 서명 등을 기록하여야 한다.

[양식 6-2] 마스터 키(master key)의 관리대장

날짜	사용 객실	사용 목적	사용자 성명	클럭	반납 시간	클럭

(4) 그랜드 마스터 키(grand master key)

그랜드 마스터 키(grand master key)는 주로 특별한 목적으로, 또는 중요한 고객에게 사용되는 열쇠이다. 저명한 고객이거나 비밀을 지켜야 할 고객의 주문에 의해 특수 작업한 이중잠금장치(double lock set)의 객실을 제공한다.

이런 객실은 그랜드 마스터 키를 제외한 다른 어떤 열쇠로도 열 수 없다. 또한 그랜드 마스터 키는 객실 안에서 잠긴 것을 제외한 호텔 내부의 객실, 창고, 사무실 등을 열 수 있다. 그러므로 관리에 특별히 주의해야 하며 총지배인, 객실 부장, 당직 지배인이 직접 관리하고 보관한다.

〈표 6-9〉 객실 키(key)의 종류

객실 키(key)의 종류	1) 키(key)의 종류 및 역할
	(1) 고객 키(guest key)
	(2) 플로어 키(floor key)
	(3) 마스터 키(master key)
	(4) 그랜드 마스터 키(grand master key)

3. 객실 키(key) 관리

호텔 객실 키(key)는 고객의 신체 및 재산을 보호하는 중요한 도구이기 때문에 철저한 관리가 이루어져야 한다. 객실 키 관리를 위해 주의해야 할 사항은 다음과 같다.

(1) 객실 키에 특별한 코드를 부여하여 관리

객실 키는 호텔만이 사용하는 특별한 코드를 부여하여 관리해야 한다. 일반인이 객실 키에 부여된 코드를 이해할 수 없도록 그 호텔에서 사용하는 특별한 것으로 제작하여야 한다.

(2) 객실 키 발견 시 프런트 데스크에 반납

호텔 종사원은 객실 키를 호텔 내에서 발견하게 되면 즉시 프런트 데스크에 반납해야 한다. 이는 호텔 종사원에게 직무를 교육할 때 필수 안내 사항이다. 즉 종사원이 객실 키에 대한 중요성을 평소 인식하도록 숙지시켜야 한다.

(3) 특수 키(key) 사용 시 사용자 및 일시 기록

호텔 종사원이 사용한 특수한 키는 사용 시에 사용자 및 일시 등을 기록하도록 한다. 호텔 객실 문을 열어서 업무를 수행해야 하거나 비상시에 사용해야 하는 특수한 목적이 있어서 객실 키를 사용할 경우, 반드시 정확하게 사용자, 일시, 목적 등을 기록하여야 한다. 또한 객실 키 관리자의 허락을 받은 후에 사용해야 할 경우 반드시 절차를 거쳐 사용해야 한다.

(4) 키(key) 재발급 시 기록

객실 키가 분실되었거나 혹은 파손되어 사용할 수 없다면, 고객의 안전과 보호를 위해 신속하게 재발급한다. 키를 재발급할 때는 반드시 재발급대장에 기록한다. 또한 객실 키 관리자는 재발급 대장을 수시로 점검해야 한다.

[양식 6-3] 재발급 키 기록대장

NO	ROOM	GUEST TIME	OUT			IN			REMARKS
			DATE	TIME	SIGNATURE	DATE	TIME	SIGNATURE	

〈표 6-10〉 객실 키(key) 관리

객실 키(key) 관리	(1) 객실 키에 특별한 코드를 부여하여 관리
	(2) 객실 키 발견 시 프런트 데스크에 반납
	(3) 특수 키(key) 사용 시 사용자 및 일시 기록
	(4) 키(key) 재발급 시 기록

6 안내(information) 업무

안내(information) 서비스는 호텔의 내 · 외부, 인근지역, 관광지 안내 서비스 등으로 나눌 수 있다. 직원은 호텔 시설에 대해 언제 누가 질문을 하여도 잘 알려줄 수 있도록 숙지해야 한다.

인근지역에 대한 정보 서비스 제공을 위해 항상 도로, 식당, 쇼핑센터, 박물관, 문화예술센터 등에 대해서도 충분한 내용을 숙지할 수 있도록 한다. 이 밖에도 인근지역의 병원이나 관공서, 관광지 등에 대해 수많은 정보와 지식을 갖추어 충분히 설명할 수 있어야 한다.

1. 안내요원의 마음가짐

안내요원(information clerk)은 고객이 얻고자 하는 정보를 제공하거나 안내할 수 있어야 한다. 즉 안내요원은 고객이 얻고자 하는 정보에 대해 언제든지 제공할 수 있도록 평소에 준비되어야 한다. 고객의 안전과 편익을 제공하는 모든 정보 서비스는 호텔 서비스 품질에 영향을 미칠 수 있다. 따라서 호텔 안내요원의 마음가짐이 고객의 유치에 중요하다고 할 수 있다.

1) 호감을 갖게 하는 마음가짐

안내요원(information clerk)은 고객과 직접 대면 또는 전화로 정보 서비스를 제공하는데, 이 과정에서 고객이 호감을 느낄 수 있는 언어를 사용해야 한다.

요컨대 고객과 대화할 때 호감을 줄 수 있는 화술이 필요하다. 친절하고 상냥한 목소리로 대화한다면 고객이 호감을 가지게 되므로 항상 상대방과 대화할 때 이런 마음가짐을 가지는 것이 중요하다.

한편, 외국인에게 정보 서비스를 제공할 때 의사소통이 이루어지지 않으면 아무리 많은 정보를 알고 있어도 전달할 수 없다. 따라서 안내요원은 영어, 일어, 중국어 등의 외국어를 유창하게 사용할 수 있도록 준비되어야 한다.

2) 공손하고 예의 바른 마음가짐

객실 고객은 정주지를 떠나 있는 경우가 대다수다. 호텔 주변의 정보를 잘 모르는 경우 주로 안내요원으로부터 정보를 얻게 된다. 안내요원은 질문하는 고객에게 항상 공손하고 예의 바른 자세로 대화하는 습관을 가져야 한다.

요원은 단순히 정보를 제공하는 것을 넘어, 공손하고 예의 바른 마음가짐을 고객에게 판매한다는 자세로 안내 서비스를 제공해야 할 것이다. 즉 고객이 부담감 없이 편안한 마음으로 질문하도록 공손한 마음가짐을 갖고 업무를 수행해야 한다. 이것은 호텔의 이미지를 향상시키는 요인이자 고객의 지속적 구매를 유도하는 요인이 될 수 있다.

3) 신뢰하는 마음가짐

고객은 호텔의 제반 시설 및 이용 방법을 잘 모르는 경우가 많다. 일부 고객은 호텔을 처음 이용하거나, 이용에 익숙하지 않을 수 있다. 공손하고 예의 바른 자세로 고객의 질문에 응답하게 되면 호텔에 대한 신뢰감을 줄 수 있다.

또한 이러한 자세는 좋은 인상과 정보에 대한 신뢰감을 주기도 한다. 이런 모든 것들이 정보 서비스의 품질을 결정하는 요소가 된다. 신뢰할 수 있는 정보 서비스는 호텔의 경쟁력을 높이는 데 기여한다.

4) 부서 간의 협력하는 마음가짐

호텔은 부서별로 업무를 신속하고 정확히 할 수 있도록 관련 업무를 지원해 주어야 완전한 호텔 상품을 생산할 수 있다. 즉 부서별로 업무수행을 원활히 할 수 있도록 관련 부서별로 긴밀한 협조 관계를 유지하여야 한다.

호텔은 매우 전문화된 업무를 수행하고 있다. 그리고 각 부서 및 영업장이 다양하기 때문에 다른 부서의 종사원이 타 부서의 업무를 세밀하게 파악하기 어렵다. 호텔은 부서별 상호협력적인 상태에서 업무를 수행할 수 있는 메커니즘으로 되어 있다.

호텔에는 여러 부서가 존재하며, 각 부서에서는 다양한 행사들이 거의 매일 개최된다. 안내요원은 각 부서에서 일어나는 행사나 특성에 대해 신속하고 정확하게 정보를 수집해야 하며, 이는 부서 및 영업장에서 종사하는 종사원들과 협력적인 관계를 형성해야 한다. 그리고 이러한 노력은 고객에게 정확한 정보 서비스를 제공하는 기반이 된다.

따라서 각 부서 및 영업장의 종사원과 상호협력적인 인간관계를 형성하게 되면 정보수집에 유리하고 효율적인 정보전달이 가능하기에, 고객과 안내요원 모두에게 긍정적으로 작용할 수 있다.

5) 성심껏 정보를 제공하려는 마음가짐

자신이 잘 알지 못하는 질문을 받았을 때 "모르겠습니다."라는 말은 호텔에서는 허용되지 않는다. 만일 자신이 잘 모르는 것에 대해 질문을 받았다면, 고객의 문제를 해결하기 위해 성심껏 노력하여 정보를 제공해야 한다. 안내요원 스스로 정보 서비스 제공에 성심껏 노력하는 마음가짐을 갖게 될 때, 고객은 좋은 서비스를 제공받았다고 느낄 것이다. 이는 고객이 자신의 행동과 생각, 그리고 삶 모두 유익하다고 지각할 수 있는 진정한 경험의 가치를 기억하고 만족하게 할 것이다.

〈표 6-11〉 안내요원의 마음가짐

안내요원의 마음가짐	
	1) 호감을 갖게 하는 마음가짐
	2) 공손하고 예의 바른 마음가짐
	3) 신뢰하는 마음가짐
	4) 부서 간의 협력하는 마음가짐
	5) 성심껏 정보를 제공하려는 마음가짐

2. 객실 정보 서비스 업무

안내 서비스를 제공하는 종사원은 직업에 대한 강한 소명감을 가지고 업무를 수행하여야 한다. 이들이 호텔의 각 영업장을 어떻게 설명하느냐에 따라 고객의 객실 및 영업장의 사용 여부가 결정될 수 있기 때문에, 안내 서비스는 매우 중요하다. 안내 서비스의 품질이 좋을수록, 고객이 목적지에 편하게 도달할 수 있다.

1) 객실 안내 서비스

호텔 투숙고객에 대한 안내는 사생활을 침범하지 않는 범위에서 이루어져야 한다.

(1) 투숙고객의 객실 번호 문의에 대한 응답 요령

안내 서비스를 제공하는 과정에서 고객의 개인 정보에 대해 문의할 경우, 고객의 허락을 얻은 후에 서비스를 제공하여야 한다. 특히 고객의 사생활과 관련된 부분에 대해서는 더욱더 주의해 제공하는 것이 바람직하다.

안내요원은 호텔 내외부로부터 투숙고객에 대한 정보를 요청할 때, 정확하고 신속한 객실 정보제공을 위해 당일 투숙고객의 현황을 면밀히 파악해야 한다.

① VIP 고객에 대한 정보제공 요령

안내요원은 투숙 중인 VIP 고객의 이름, 도착시간, 직위 등에 대해 파악하고 있어야 한다. 또한 단골 고객이나 관심을 가지고 서비스를 제공해야 할 고객, 그리고 장기 투숙고객의 객실 번호 등을 잘 기억해야 한다.

고객의 개인 정보, 특히 고객의 직업이나 신상에 관한 것은 다른 사람에게 전달해선 안 된다. 또한 고객이 원하지 않는 개인이나 회사에서 정보를 요청하더라도 절대로 이야기해서는 안 된다.

안내요원은 당일 투숙 예정인 단체명, 인원수, 도착시간, 경유지 등을 숙지해야 하고 객실의 예약상태 및 체크아웃(check-out)할 객실 수 등에 대해 알고 있어야 한다.

[양식 6-4] VIP 고객 접객 기록대장(treatment)

RM. NO NAME	PERIOD	COURTESY					F&B		REMARKS
		FRUIT	FLOWER	CAKE	NAME CARD	OTHERS	LOCATION	RATE	

② 객실 번호 정보제공 요령

외부로부터 투숙고객의 객실 번호에 대한 정보제공 요청이 있을 경우, 객실 정보를 찾는 요령은 다음과 같다.

첫째, 고객의 이름과 투숙 일자를 확인하고 객실 번호를 찾는다. 먼저 객실 번호를 알려는 사람으로부터 투숙고객의 이름과 투숙 일자에 대한 정보를 정확하게 파악하고, 객실 번호를 알려 준다.

특히 외국인의 경우는 국적, 성과 이름을 혼동할 수 있기 때문에 주의하여야 한다. 이는 정확한 정보를 제공하기 위한 것으로 잘못된 객실 번호를 제공했을 때 파생되는 문제를 최소화하기 위한 것이다.

둘째, FIT와 단체 고객으로 구분하여 객실 번호를 찾는다. 투숙 중인 고객의 객실 번호를 신속하게 찾기 위해 FIT와 단체 고객으로 구분하는 것이 정보를 보다 빠르게 제공할 수 있다. 만일 투숙 중인 고객의 일행이 있을 경우는 일행의 이름을 함께 확인하면 객실 번호 및 정보제공이 더욱 용이하다.

셋째, 해외에서 거주하는 교포의 이름은 정확하게 파악한 뒤 찾는다. 재일교포나 재미교포 등은 이름을 두 가지로 사용하는 경우가 많다. 그러므로 고객의 이름을 정확하게 확인하고 객실 번호에 대한 정보를 제공해야 한다.

(2) 정보제공을 원하지 않을 때

고객이 정보를 제공하길 꺼리는 경우, 투숙 정보를 다른 사람에게 제공하는 것은 신중히 판단해야 한다. 이런 경우는 고객의 객실 번호에 대한 정보를 외부의 사람에게 알려서는 안 되지만, 특수한 상황일 때는 고객의 양해를 얻어서 정보를 전달할 수 있다.

만일 투숙고객이 민사 및 형사상의 위법자일 가능성이 있는 경우는 예약부서와 논의 후 객실 정보를 제공할 수 있다. 이때도 역시 고객의 양해를 얻은 다음 객실 번호에 대한 정보를 전달한다.

(3) 선별적인 객실 정보제공의 경우

투숙 중인 고객을 찾기 위해 외부의 사람으로부터 객실 번호에 대한 정보제공 요청이 있을 때, 예를 들면, 남자일 경우는 객실 번호를 알려 주고, 여자가 객실 번호에 대한 정보를 원하면 알려 주지 않는 경우에 해당된다.

또는 국제전화는 연결하고 국내전화는 연결하지 않도록 하는 경우도 있을 수 있다. 그러나 외부의 사람이 고객의 객실 번호와 고객의 이름을 정확히 알고 있을 경우는 전화를 연결할 수도 있다.

(4) 투숙고객 명단에 없을 때 확인하는 방법

① 투숙고객의 이름 확인

먼저 투숙고객의 이름이 명단에 없을 경우 프런트 데스크의 도움을 받아 고객에게 정보를 제공한다. 가끔 고객의 이름이 리스트에서 누락되거나, 외국인의 경우 이름의 알파벳이 잘못되어 검색되지 않을 수 있다.

② 투숙 일자, 체크아웃(check-out) 여부, 투숙 예정 확인

고객의 이름이 확인되지 않을 경우 먼저 고객의 투숙 일자를 확인하고, 이미 체크아웃(check-out)했는지도 검토해야 한다. 그리고 아직 투숙하지 않았는지를 정확하게 확인할 필요가 있다.

호텔 투숙고객 명단에서 고객의 이름이 나타나지 않는 경우는 거의 없다. 그러나 투숙고객이 명단에 없을 경우, 가능한 한 다양한 각도에서 접근하여 고객의 명단을 점검해야 한다.

③ 단체 고객 명단(rooming list)에서 확인

단체 고객은 예약할 당시부터 고객 명단(rooming list)을 호텔에 제공하기 때문에 고객의 이름이 기록되어 있다. 즉 단체 고객의 명단은 누락될 가능성이 거의 없다. 만일 누락될 경우 고객 명단에서 이름을 확인할 수 있을 것이다.

(5) 객실 번호를 알고 있을 때

외부의 사람이 호텔에 투숙 중인 고객을 찾는 문의가 있을 때, 객실 번호는 알고 있으면서 고객의 이름은 모르는 상황이 종종 생긴다. 이 경우 정보를 제공하지 않는 것이 원칙이다. 호텔을 자주 이용한 고객들은 호텔 객실의 일련번호를 알 수 있다. 그 일련번호를 말하고 투숙 중인 고객과 접촉하려는 경우가 발생할 수 있기 때문에 고객의 이름을 모르는 경우는 정보를 제공해선 안 된다.

〈표 6-12〉 객실 정보 서비스 업무

객실 정보 서비스 업무	1) 객실 안내 서비스
	(1) 투숙고객의 객실 번호 문의에 대한 응답 요령
	(2) 정보제공을 원하지 않을 때
	(3) 선별적인 객실 정보제공 경우
	(4) 투숙고객 명단에 없을 때 확인하는 방법
	(5) 객실 번호를 알고 있을 때

3. 메시지(message) 접수업무

전화로 안내 서비스를 제공할 때, 얼굴 표정이나 행동으로 의사전달이 되지 않으므로 먼저 말씨에 주의해야 한다. 또한 투숙고객이 부재중일 경우 외부에서 메시지가 오면 접수한 뒤, 돌아온 고객에게 전달해야 한다.

안내요원의 업무 중에서 메시지 전달은 매우 중요하다. 단순히 접수된 메시지만 전달하는 것이 아니라 고객의 비즈니스나 거래에 직접적인 영향을 미칠 수 있다. 따라서 안내요원은 메시지 전달에 대한 중요성을 인식하여 신속하고 정확하게 전달할 수 있도록 하여야 한다.

1) 외부에서 메시지(message) 전달을 요청할 때

호텔에 투숙 중인 고객이 외출하여 객실에 부재중일 때, 외부에서 전화로 투숙고객에게 메시지 전달을 요청하는 경우가 있다. 이때 프런트 직원은 메시지 내용을 전산상으로 기록한 뒤, 메시지 램프를 통해 고객의 객실로 전달한다.

2) 미도착 고객의 메시지 접수

미도착 고객의 메시지 접수는 고객이 객실은 예약하였지만 아직 체크인(check-in)하지 않고 있는 상태에서 고객에게 미리 메시지가 도착한 경우를 말한다.

고객이 투숙할 날짜를 확인한 다음 투숙하는 당일 고객에게 전산상으로 고객에게 남겨진 메시지가 있음을 알려준다. 그러나 고객의 체류 기간까지 1주일 이상 남았을 때는 메시지를 남기려는 사람에게 양해를 구해 투숙 날짜에 다시 메시지를 남기도록 유도한다.

3) 예약되지 않은 고객의 메시지

객실을 예약하지 않은 고객의 메시지는 원칙적으로 접수하지 않는다. 그러나 외부의 사람이 메시지를 꼭 남기고자 할 경우, 별도로 전산상에 입력 카드를 생성하여 로그 북(log book)에 기록을 남긴다.

4) 체크아웃(check-out) 고객의 메시지

호텔 객실을 이용하는 동안에 메시지가 도착하지 않고 체크아웃 후에 메시지가 도착한 경우, 고객이 메시지를 받을 수 있는 주소를 알려줄 경우 그 주소로 메시지를 우송하거나, 또는 고객에게 전화하거나 문자로 메시지를 전송한다.

5) 보조 업무

(1) 분실물(lost & found) 업무

안내요원(information clerk)의 주된 업무는 아니지만, 분실물 및 습득물에 관한 업무를 부가적으로 수행해야 한다. 호텔 객실을 제외하고 호텔 내에서 습득한 물건은 프런트 데스크에서 접수 및 보관한다.

안내요원에게 습득한 물건이 접수되면 즉시 분실자의 연락처 유무를 확인해야 하며 연락 방법이 없을 경우는 일정 기간 보관 후 해당 부서로 인계한다.

〈표 6-13〉 메시지(message) 접수업무

메시지(message) 접수업무	1) 외부에서 메시지(message) 전달을 요청할 때
	2) 미도착 고객의 메시지 접수
	3) 예약되지 않은 고객의 메시지
	4) 체크아웃(check-out) 고객의 메시지
	5) 보조 업무
	(1) 분실물(lost & found) 업무

4. 일반 안내 서비스

안내요원은 지역사회에 대한 정보제공, 관광 안내, 사적지 소개 등 광범위한 지식과 외국어에 능통해야 하며 고객의 문의에 정확히 안내해야 한다.

1) 시내 안내(city information)

안내 업무는 시내의 행사, 집회, 관광, 교통 관계, 지방 도시, 국가의 물가 수준

등의 다양한 분야에 대해 안내하는 것을 의미한다. 안내요원은 끊임없이 새로운 정보와 자료를 준비하여 올바른 안내를 할 수 있도록 항상 노력해야 한다.

시내 안내는 도시 안에 있는 각 기관, 공공시설물, 극장, 레스토랑, 나이트클럽, 쇼핑센터의 위치, 전시회, 병원, 근교 도시 및 호텔, 학교, 종교 관련 건물 등에 대한 안내와 정보를 제공하는 것을 의미한다. 또한 안내요원은 시내를 방문하려는 고객을 위해 교통편 및 운영시간 등에 대해서도 충분한 정보를 제공할 필요가 있다.

2) 호텔 시설 안내

안내요원은 호텔의 영업장이나 부대시설에 대한 안내를 할 수 있도록 호텔 시설에 대해 숙지하고 있어야 한다. 이는 호텔의 영업장 및 부대시설의 위치뿐만 아니라 호텔 시설을 이용하는 방법 안내, 각종 행사 안내, 전시회, 회의 장소 등을 안내할 수 있도록 숙지하고 있어야 함을 말한다. 이 외에도 호텔 내 식당의 메뉴나 가격, 영업시간, 규모 등에 대해 안내할 수 있도록 충분한 정보를 가지고 있어야 한다.

3) 관광 안내

관광 안내는 시내, 근교, 지방 관광 등이 있다. 안내요원은 관광지에 대해 충분한 지식과 정보를 가지고 고객이 문의하는 장소를 잘 설명할 수 있도록 준비해야 한다. 또한 관광지역의 교통편에 대해서도 안내할 수 있어야 하며, 전화번호나 지도 및 팸플릿 등을 준비하고 있어야 한다. 더불어 기차, 항공기, 고속버스, KTX 등 대중교통의 시간표가 준비되어야 한다.

〈표 6-14〉 일반 안내 서비스

일반 안내 서비스	1) 시내 안내(city information)
	2) 호텔 시설 안내
	3) 관광 안내

문제에 대한 토론

1. 호텔 정보 시스템에 대해 논의하여 보자.

2. 고객등록업무에 대해 논의하여 보자.

3. 퇴실(check-out) 업무에 대해 논의하여 보자.

4. 객실 키(key) 관리에 대해 논의하여 보자.

5. 안내(information) 업무에 대해 논의하여 보자.

참고문헌

Chapter 4 호텔 객실 이해

1) Webster's New World Dictionary of the American Language, Korean Press, 1992, p.1235.
2) 전홍진, 호텔객실 서비스실무론, 학문사, 2003, p.14.
3) 김왕상, 호텔 객실실무관리론, 대왕사, 2004, p.71.
4) Hicks, H. G. and C. R. Gullet, *The Management of Organization,* 3rd ed. New York: McGraw-Hill, 1976, p.22.
5) Terry, R., P*rinciples of Management,* Homewood, Ill.: Richared Irwin, 1960, p.246.
6) 김충호 · 원융희, 호텔조직인사관리, 대왕사, 1995, p.109.

Chapter 5 호텔 객실의 예약 업무

7) 문혜영, "호텔 객실예약유형 및 경로에 관한 연구," 세종대학교 2003, p.8.
8) 주종대, 호텔 객실업무론, 대왕사, 1992, p.71.

Chapter 6 프런트 오피스의 업무

9) 최풍운, 호텔 경영론, 백산출판사, 1996, p.50.
10) 이명, "호텔 객실상품의 질 향상에 관한 연구," 제주대학교 경영대학원 석사학위논문, 1999, p.55.
11) 구정대, 호텔 객실실무서비스, 대왕사, 2004, pp.112-113.
12) 송대근 · 강용관, 호텔 객실서비스실무, 대왕사, 2011, p.94.
13) 이희천 외 2명, 호텔 객실실무, 학문사, 2003, p.167.

호텔객실관리

PART 3

고객 서비스 업무

Flow Chart

Part 3 고객서비스 업무

Chapter 7 비즈니스 센터의 업무

1. 비즈니스 센터 업무의 개요

2. 비즈니스 센터 업무

Chapter 8 귀빈층 업무

1. 귀빈층의 개요

2. 귀빈층의 특성

3. 귀빈층과 마케팅전략

Chapter 9 교환원의 업무

1. 교환원 업무

2. 교환원의 역할과 자세

Hotel Room Management

CHAPTER 7

비즈니스 센터의 업무

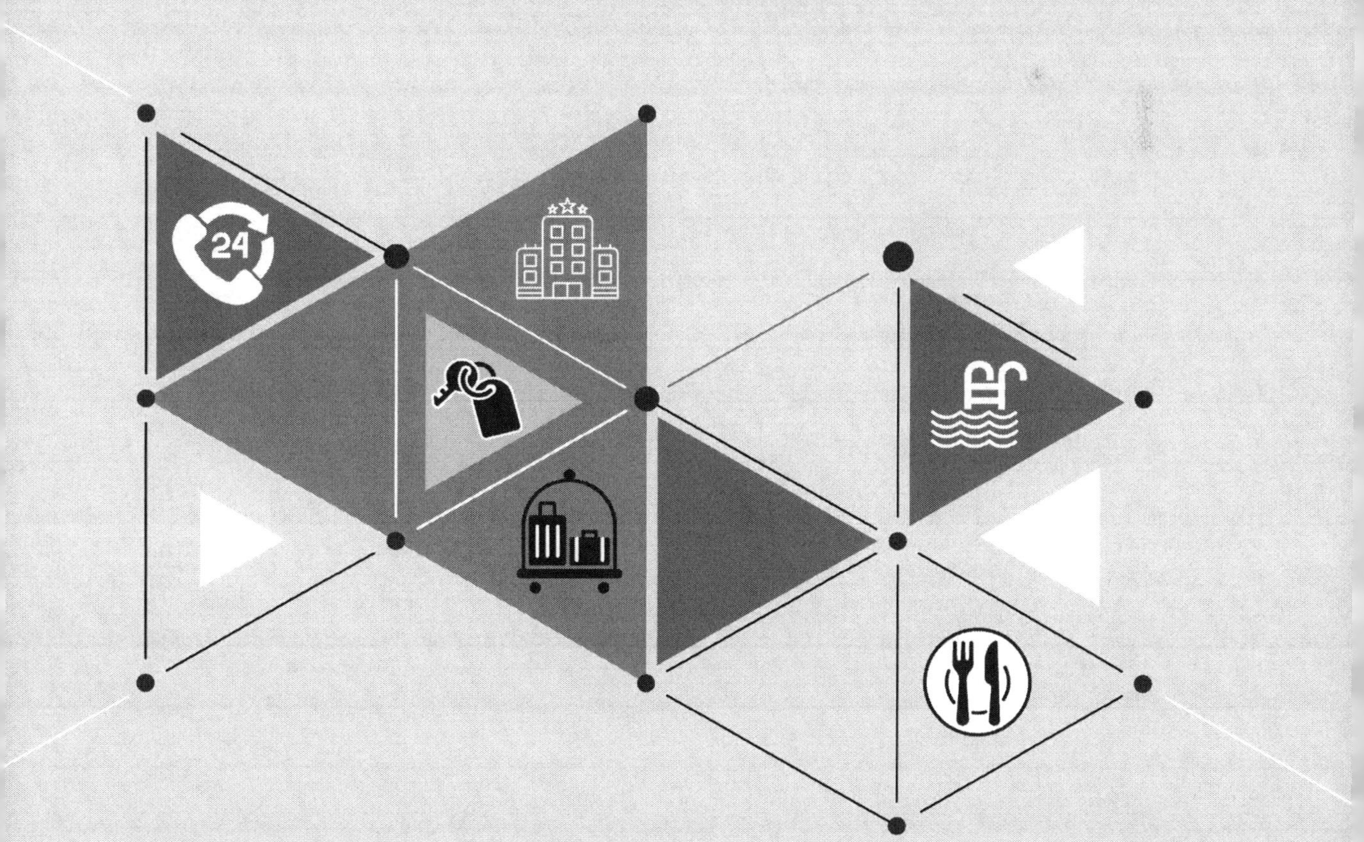

07 비즈니스 센터의 업무

1 비즈니스 센터 업무의 개요

1. 비즈니스 센터의 일반적 개요

지구촌이 하나의 거대한 소비시장으로 변화하면서 기업 간의 경쟁이 치열해졌고, 소비자의 욕구 충족을 위한 비즈니스 활동은 더욱 강화되고 있다. 기업은 고객이 있다면 지구 어디든지 찾아가 제품을 판매하기 위해 끊임없이 노력하고 있다.

이러한 환경에 따라, 비즈니스 목적으로 호텔을 이용하는 상용 고객은 점차 증가하며, 제품을 판매하기 위해 이들의 거래처 방문 횟수 또한 늘어나는 추세이다.

비즈니스 센터(business center)는 상용 고객에게 개별서비스 및 각종 최신 장비를 제공해 비즈니스에 대한 정보 및 고객의 업무를 효율적으로 처리하도록 돕는 부서다. 호텔에서는 고객지향적인 서비스를 제공하기 위해 비즈니스 센터를 운영하며, 이용도가 꾸준히 증가하고 있다. 최근에는 비즈니스 센터의 부가가치를 높이기 위해 비서업무를 운영한다.

비즈니스 센터는 호텔경영에 필요한 각 부서의 통신문을 발송하고 접수하는 업무와 고객의 비즈니스를 지원하는 업무로 구분된다. 다시 말해, 호텔경영을 위한 통신문 처리와 고객의 비즈니스를 돕는 통신문 발송, 접수, 전달 서비스 제공을 모두 수행한다.

이 외에도 비즈니스 센터는 호텔경영 및 고객의 비즈니스를 효과적으로 처리하기 위해 각종 사무기기 및 집기를 갖추고 있다. 즉 비즈니스 센터란 상용 고객이 비즈니스 활동을 하는 데 편리한 서비스 및 도움을 제공하는 부서이다.

2. 비즈니스 센터의 중요성

비즈니스 센터(business center)의 직원들이 수행하는 업무는 크게 두 가지로 구분할 수 있다. 하나는 호텔 경영 차원에서 업무를 수행하는 것이고, 다른 하나는 고객서비스 차원에서 업무를 수행하는 것이다.

호텔 경영 차원에서 하는 업무로는 호텔의 각종 통신문 발송 및 접수가 있다. 호텔기업은 다양한 기업 및 사회조직과 상호 긴밀한 관계 속에서 영리를 추구하는 조직이다. 이들과의 관계 형성이 호텔을 경영하는 데 매우 중요한데, 이러한 관계 형성에 필요한 통신 업무를 수행하는 부서가 비즈니스 센터이다.

고객서비스 차원의 업무는 고객을 위한 통신문의 발송 및 접수 등이 있다. 상용 고객의 비즈니스 활동을 지원하기 위해서는 신속하고 정확한 문서전달이 매우 중요하다.

비즈니스 센터의 직원은 상용 고객이 원만한 비즈니스 활동을 할 수 있도록 편의성 및 도움을 제공하기 때문에 상용 고객 유치에 중요한 역할을 한다. 즉 비즈니스 센터는 호텔의 마케팅 강화를 기대할 수 있는 부서이다.

따라서 비즈니스 센터는 합리적인 호텔 경영, 그리고 상용 고객에게 좋은 이미지를 심어주는 데 기여해 호텔의 경쟁력을 강화하는 중요한 역할을 담당한다. 또한 호텔 내부의 통신 업무를 효과적으로 처리하여 고객에게 고품질 서비스를 제공할 수 있다.

2 비즈니스 센터 업무

비즈니스 센터(business center) 직원은 상용 고객의 비즈니스 활동에 편리성, 신속성, 정보성 및 효율성을 높인다. 즉 상용 고객이 비즈니스를 성공적으로 수행하도록 도우며, 각종 정보전달 및 비서의 역할을 수행한다.

비즈니스 센터는 상용 고객에게 편의를 제공하며, 이를 통해 호텔에 대한 충성도를 높이는 것이 최대 목표다. 이는 경영의 합리화와 경쟁력 있는 호텔 이미지에 기여한다.

특히 상용 고객은 객실 가격보다 비즈니스 활동의 쾌적함을 높이 평가한다. 즉 상용 고객은 객실 가격이 높더라도 비즈니스 활동이 편리하다면 반복 고객이 될 수 있다.

1. 예약 관련 업무

비즈니스 센터에서는 고객의 각종 예약 업무를 대행한다. 예를 들어, 고객의 요청에 따라 교통편이나 숙박에 대한 예약을 대행하여 준다. 또한 고객의 여가 활동을 위해 골프, 여행, 각종 공연 등의 예약을 대신 처리하기도 한다. 이 외에도 기타 식당 및 각종 회의 참가에 대한 접수 업무 등을 수행한다. 또는 국내의 경제 현상이나 소비자의 소비성향 등과 관련된 정보를 제공하는 비서역할을 하는 경우도 있다.

2. 개인비서 업무

비즈니스 센터의 직원은 고객의 비즈니스를 지원하고자 개인비서의 역할을 한다. 즉 고객의 효과적인 비즈니스를 위해 보조 업무를 처리한다. 또는 국내의 경제 현상이나 소비자의 소비성향 등과 관련된 정보를 제공하는 비서역할을 하는 경우도 있다.

1) 사무보조 업무

고객의 효율적인 비즈니스 활동을 위해, 고객의 각종 서류를 작성한다. 공문발송 및 접수, 복사, Type Writer 등의 업무를 수행한다.

2) 통역 및 번역 업무

고객이 비즈니스 도중, 원활한 의사소통 또는 외국어로 된 공문이나 서류 등에 대해 이해도를 높이고자 비즈니스 센터에 통역 및 번역을 의뢰하는 경우가 있다. 이때 비즈니스 센터의 직원은 신속하고 정확하게 처리하여야 한다.

3. 대여 서비스 업무

고객이 비즈니스를 하면서 회의장이나 각종 장비가 필요할 경우, 비즈니스 센터에 의뢰해 이들을 대여할 수 있다. 예를 들어, 노트북, PC, OHP 등을 대여할 수 있다. 최근에는 비즈니스 센터에서 고객을 위해 무료로 서비스하는 경우가 증가하고 있다. 이는 상용 고객을 확보하는 차원에서 이루어지는 것으로 볼 수 있다.

4. 우편물 관련 업무

비즈니스 센터에서는 고객의 서류, 화물, 또는 특급 우편물을 접수 및 우송한다. 각종 우편물을 우송할 때 대행업체에 의뢰하는 경우가 있는데, 이때 계산서를 프런트 데스크로 넘겨 고객이 체크아웃 시 정산할 수 있도록 한다.

5. 이용현황 작성 및 입금

비즈니스 센터의 직원은 비즈니스 센터를 이용한 고객을 투숙객과 외부인으로 구분하여 이용현황을 작성한다. 투숙객의 경우 성명, 객실 번호, 이용 내역, 국적 등을 기록한다. 외부인의 경우는 이용 내역 및 국적 등을 기록한다.

비즈니스 센터는 투숙객 이용이 원칙이나 외부의 고객도 활용하게 한다. 이는 호텔의 수익을 창출하기 위함도 있지만, 이미지 향상을 위한 목적이 더 크다. 당일 수익금이 발생하는 경우 프런트 데스크로 넘긴다.

〈표 7-1〉 비즈니스 센터 업무

비즈니스 센터 업무	1. 예약 관련 업무
	2. 개인비서 업무
	1) 사무보조 업무
	2) 통역 및 번역 업무
	3. 대여 서비스 업무
	4. 우편물 관련 업무
	5. 이용현황 작성 및 입금

문제에 대한 토론

1. 비즈니스 센터의 중요성에 대해 논의하여 보자.

2. 비즈니스 센터의 업무에 대해 논의하여 보자.

호텔객실관리

CHAPTER 8

귀빈층(executive floor service) 업무

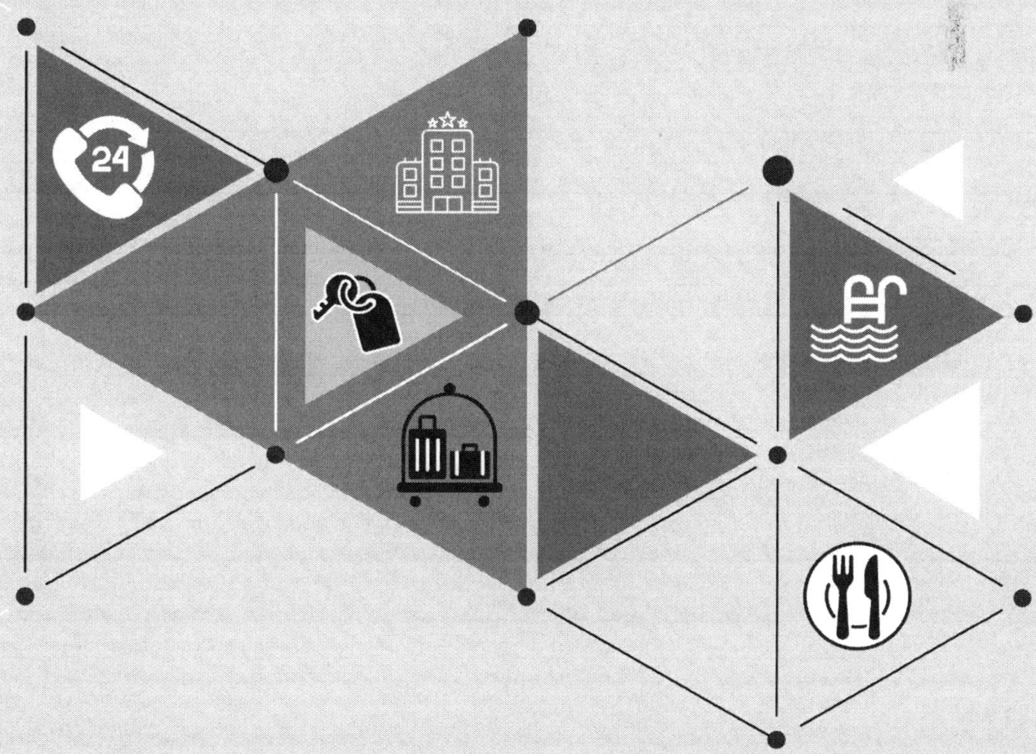

08 귀빈층 업무

1 귀빈층의 개요

1. 귀빈층의 개념

호텔은 고객의 요구나 욕구를 충족시키기 위해 객실의 형태를 다양하게 만든다. 또는 객실의 형태에 따라 차별화된 서비스를 제공하기도 한다.

호텔의 귀빈층(executive floor)은 개별여행자나 사업여행자가 호텔 객실을 이용할 때 차별화된 서비스를 받을 수 있는 특정 객실 층을 의미하며, 호텔 내 호텔(a small hotel within a hotel)로서의 기능을 갖추고 있다.[1)]

귀빈층은 호텔 내의 작은 별도의 호텔로서 지불 능력이 충분한 출장객이나 여행객을 대상으로 최고급의 시설과 분위기, 편의품을 제공한다. 또한 숙련되고 전문화된 종사원들이 고객에게 수준 높은 차별화된 서비스를 제공하여 가정을 떠나 가정과 같은 안락함을 느끼게 하는 호텔 상품[2)]이다.

즉 귀빈층은 특정하게 지정된 호텔 층(floor)으로, 품격 있는 호텔의 축소판이자 비즈니스 고객을 위해 편안하고 안락한 객실, 개별라운지, 비즈니스 센터 등의 차별화된 서비스와 시설이 존재하는 특수한 객실 층을 말한다.

귀빈층의 룸은 스위트 룸(suite room)과 일반적인 객실(standard room) 중간 형태의 객실이라 할 수 있다. 귀빈층의 수준이 호텔의 이미지에도 영향을 미치기 때문에,

호텔 경영자들은 고품격 서비스를 제공할 수 있도록 많은 관심을 가지고 운영한다. 대다수의 호텔은 귀빈층(executive floor) 이용객에게 그 호텔이 가지고 있는 고유한 문화와 독특한 서비스를 제공하려 한다.

귀빈층은 고객의 기대 가치를 충족할 수 있는 시설 및 서비스를 제공해 호텔 충성도 향상에 기여하게 한다. 또한 고객 세분화전략으로 시장점유율을 높이기도 한다.

따라서 귀빈층은 종사원의 정성이 가득 담긴, 고급스럽고 차별화된 서비스가 제공되는 특정 객실 층이라고 할 수 있다. 비즈니스 고객은 비즈니스로 인한 피곤함을 해소할 수 있는 라운지 또는 특별 서비스를 받을 수 있다.

2. 귀빈층의 상품 구성

귀빈층(executive floor)은 주로 비즈니스 고객을 대상으로 한 특별 층 및 객실로, 고품격의 시설이나 가구가 설치되어 있으며 일반 객실에 비해 가격이 높다. 또한 비즈니스 고객에게 특별한 서비스를 제공하기 위해 별도의 직원으로 구성되어 있다.

귀빈층의 주된 상품은 고품격 객실과 라운지의 식음료이며, 상품 구성은 객실 부문, 라운지의 식음료, 편의품 그리고 서비스 부문 등으로 구분된다.

1) 객실 부문

귀빈층(executive floor) 객실은 고객이 기쁨과 감동을 느낄 수 있도록 품격 높은 분위기를 조성한다. 아름다운 객실 공간은 고객에게 행복감을 주고 고급스러운 경험을 갖게 한다. 귀빈층 고객이 투숙하기 전, 호텔은 환영 인사 카드, 차, 과일 바구니, 쿠키, 꽃, 초콜릿 등을 제공한다.

이 외에도 고객에게 1회 무료 다림질 서비스와 신문, 인터넷 무료 이용 혜택을 지원하며, 조기에 체크인하거나 객실을 연장하여 사용할 경우 추가요금을 받지 않는 경우가 대부분이다.

귀빈층 객실은 일반 객실보다 넓고, 대부분 킹사이즈 침대와 고급스러운 가구 및 집기를 갖추고 있다. 또한 엘리베이터는 귀빈층 고객 전용으로 운영하는 것이 일반적이다.

2) 식음료 부문

귀빈층(executive floor)의 고객은 일반 투숙객과 혼잡하게 사용하는 라운지보다는 자신들만을 위한 아늑하고 조용한 라운지를 선호한다. 이는 일반 고객과 다른 계층임을 느끼려 하는 심리 때문이며, 따라서 호텔은 별도의 라운지를 두고 있다. 별도의 라운지에서는 고객들이 휴식을 취하고 즐길 수 있도록 칵테일, 음료나 과일 등을 무료로 제공한다.

3) 서비스 부문

귀빈층(executive floor)에서는 층을 벗어나지 않고 전용 프런트 데스크와 일부 비즈니스 센터의 기능을 이용할 수 있다. 즉 사전등록제도, 특급 입 · 퇴실 절차, 고객영접 서비스, 무료 미팅 룸 제공, 무료 헬스클럽, 리무진 서비스, 번역 · 통역 서비스, 비서업무를 지원받을 수 있다.

〈표 8-1〉 귀빈층의 상품 구성

귀빈층의 상품 구성	1) 객실 부문
	2) 식음료 부문
	3) 서비스 부문

2 귀빈층의 특성

호텔은 고객의 다양한 욕구를 충족하기 위해 객실 상품의 차별화 및 고급화 전략을 통해 경쟁력을 확보하려고 한다.

귀빈층(executive floor)은 일부 객실 층에 고급화된 시설과 전문서비스를 제공하여, 고객의 욕구를 충족시키는 특성을 지닌다. 귀빈층은 주로 비즈니스 고객을 유치하지만, 리조트 지역의 호텔은 장기 투숙고객이 이용하기도 한다. 귀빈층 고객은 대부분 FIT(foreign independent tourist)이며, 이 중 95% 이상이 비즈니스 목적의 여행자이다.[3)]

1. 개별화된 서비스

호텔은 고객이 예약 단계부터 VIP 대우를 받는다는 인상을 주기 위해 다양한 개별서비스를 제공한다. 예를 들어, 체크인(check-in)할 때 사전등록으로 프런트에서 기다리는 번거로움을 배제하고 호텔에 도착하는 즉시 안내 영접을 받는다. 또한 사전에 준비된 객실이나 귀빈층(executive floor) 라운지에 안내되어 등록 절차를 진행하며, 체크아웃(check-out)할 때도 커피나 차를 즐기면서 수속을 마친다.

귀빈층 고객에게는 관광 안내 서비스 및 각종 예약 서비스를 제공한다. 즉 항공권 예약 및 확인, 호텔 예약, 문화 행사 및 쇼핑 안내, 비서업무 등의 개별화된 서비스를 제공한다. 또한 귀빈층 고객에게 특별한 서비스를 제공한다는 측면에서 전용 엘리베이터를 운용한다.

2. 독립된 라운지

귀빈층(executive floor) 라운지는 이용객이 편안함을 느낄 수 있도록 조성된 특별한 공간이다. 이곳에서 고객은 귀빈층의 다양한 서비스를 경험하고, 각종 정보를 습득할 수 있으며, 아늑함과 편안함 속에서 여가 시간을 보낼 수 있다.[4)]

호텔은 귀빈층 고객이 편안하게 휴식을 취할 수 있도록 개별라운지를 운영한다. 독립된 전용 라운지에서는 아침 식사, Happy Hour에 칵테일과 안주 및 음료를 무료로 제공하며, 낮에는 커피나 차, 또는 과일 등을 비치한다.

무료 메뉴는 주로 컨티넨탈 조식으로 구성되며, 호텔에 따라서는 달걀 요리가 제공되기도 한다. Happy Hour에는 주로 Hard Drink 종류의 술, 음료, Dry Snack 등이 준비된다.

3. 비즈니스를 위한 다양한 서비스

귀빈층(executive floor)의 고객은 대다수 비즈니스를 목적으로 하는 여행객이기 때문에 비즈니스 활동을 가능한 편리하게 할 수 있도록 인적 및 물적 서비스를 제공한다. 귀빈층 종사원들은 비즈니스 고객의 요청이 있을 경우 통역이나 번역 서비스, 국내의 시장 및 사회적 환경 등 각종 정보를 제공하며, 개인비서의 역할을 하기도 한다. 또한 귀빈층 고객은 각종 서류의 발송이나 접수, 복사 등의 서비스를 지원받을 수 있다.

비즈니스 고객을 위해 귀빈층에서는 회의 및 세미나를 할 수 있는 회의장, 회의에 필요한 각종 장비를 구비해 놓는다. 즉 노트북, 전자식 화이트보드(white board), OHP, 빔 프로젝트(beam project) 등 회의를 위한 각종 시설들을 갖추고 있다. 호텔에서는 귀빈층(executive floor) 고객을 유치하기 위한 전략으로, 이들 시설이나 장비를 대부분 무료로 제공하고 있다.

4. 고가격 책정

귀빈층(executive floor)의 객실은 일반 객실에 비해 고가격으로 책정되어 있다. 귀빈층을 이용하는 고객은 최고급 서비스를 받기 때문에 일반 객실보다는 높은 요금을 지불해야 한다.

귀빈층 고객에게는 편안하고 안락한 객실 및 고품질의 객실 어메니티(amenity)를 제공하며, 무료 식음료 서비스 및 비즈니스 활동을 위한 여러 가지 편리한 시설이나 장비, 그리고 정보를 지원한다. 또한 리무진 서비스와 피트니스 센터 무료 이용 혜택을 제공한다. 위와 같은 이유로, 귀빈층 객실요금은 일반 객실에 비해 비싼 것이 특징이다.

정리하면, 귀빈층은 일반 객실의 고객과 차별화된 서비스를 제공하며, 호텔은 비즈니스 고객을 적극적으로 유치하고 경영성과를 높이기 위한 전략적 차원에서 이를 운영한다.

〈표 8-2〉 귀빈층의 특성

귀빈층의 특성	
	1. 개별화된 서비스
	2. 독립된 라운지
	3. 비즈니스를 위한 다양한 서비스
	4. 고가격 책정

3 귀빈층과 마케팅전략

1. 호텔 객실 시장세분화

호텔 객실 시장에 대한 무차별적 마케팅이 한계점에 도달했다는 것을 인지하면서, 새로운 시장전략의 필요성이 제기되었다. 이후 차별화를 위한 전략으로, 객실 상품을 세분화하게 되었다.

이러한 연유로 호텔 내에서 한정된 객실 층에 특수한 서비스를 제공하는 상품, 귀빈층 객실이 만들어졌다. 즉 귀빈층 객실은 호텔 객실 상품을 세분화한 것이다.

호텔 객실 시장세분화는 전체 객실 시장을 유사한 필요, 욕구, 선호 그리고 구매 행동을 가진 동질적인 집단으로 구분하는 것을 말한다. 호텔은 객실 상품을 세분화하면서 시장과 고객에 대한 이해력이 향상되었으며, 공통된 소비 욕구를 가진 고객층별로 나눠 시장과 고객에 대한 정보를 보다 정확하게 획득할 수 있게 되었다.

객실 이용객 중, 비즈니스 고객은 일반 고객과 다른 특성들을 지닌다. 비즈니스 고객은 대부분 개별고객이며 가격에 민감한 반응을 보이지 않고 고품질 서비스를 원한다. 즉 객실요금이 높더라도 우수한 시설, 고급스러운 객실 인테리어와 용품, 각종 비즈니스에 편리한 시설 및 개별적인 인적 서비스 등이 제공된다면 기꺼이 구매하는 집단이다.

객실 시장에서 동질적인 비즈니스 고객에게 고품격 · 편리성 · 개별적 서비스의 욕구를 충족시키는 상품이 귀빈층 객실이다. 이는 고급화, 다양화, 차별화를 통해 시장을 세분화한, 획기적이고 새로운 객실 상품 전략이라 할 수 있다.

객실 시장세분화를 통해 귀빈층 고객의 욕구를 충족시키는 독립된 라운지, 다양한 비즈니스 및 개별화된 서비스 제공이 가능해졌으며, 이는 호텔의 차별화로 이어졌다. 즉 객실 시장세분화는 귀빈층 고객에게 최적화된 서비스를 제공하고 만족도를 높이는 계기가 되었다.

2. 호텔 객실 마케팅전략

호텔 객실 마케팅은 수요 및 공급체계와 관련이 있다. 현대에는 객실 공급이 과다해지면서, 호텔 간 고객 유치를 위해 무한경쟁의 마케팅이 이루어지고 있다. 이러한 객실의 과다 공급은 고객의 욕구 충족으로 이어지고 있다.

호텔 객실 시장별로 마케팅 믹스, 즉 상품, 가격, 유통, 판매촉진 전략 등을 수립하면서 불필요한 고객에게 마케팅 비용이 투입되는 것을 막을 수 있다. 이것은 호텔 객실 시장에서 적합한 마케팅 비용을 효율적으로 사용하여 고객에 대한 소구력을 향상시키는 전략이라 할 수 있다.

호텔 객실 시장에서 경쟁호텔과 차별화된 마케팅전략이 귀빈층 객실이다. 귀빈층 고객은 비즈니스의 편의성, 자신들만을 위한 조용하고 아늑한 라운지, 신속한 체크인과 체크아웃, 그리고 개별서비스 제공 등을 선호한다. 이러한 고객의 욕구를 충족하는 서비스 제공이 곧 마케팅전략이다. 귀빈층 고객만족으로 호텔은 객실 상품의 경쟁력을 가지게 되고 호텔경영의 합리화가 이루어진다.

귀빈층 고객중심적인 사고는 귀빈층 고객에게 개별서비스, 고품질 서비스, 독립된 라운지 및 각종 편의 서비스 제공의 품질을 높이는 것이라고 할 수 있다.

문제에 대한 토론

1. 귀빈층의 개념에 대해 논의하여 보자.

2. 귀빈층의 상품 구성에 대해 논의하여 보자.

3. 귀빈층의 특성에 대해 논의하여 보자.

4. 귀빈층과 마케팅전략에 대해 논의하여 보자.

호텔객실관리

Hotel Room Management

CHAPTER

9

교환원의 업무

09 교환원의 업무

1 교환원 업무

1. 교환실 업무의 일반적 개요

교환실은 호텔의 내부 및 외부를 연결하는 부서이다. 외부 사람이 호텔 내에 있는 고객과 연결을 원한다면, 교환원을 통해 연결될 수 있다. 교환원은 호텔 종사원으로서 외부 사람과 유선으로 가장 먼저 접촉하는 사람이다. 또한 교환실은 호텔 내에서 고객과 고객, 고객과 종사원, 종사원과 종사원을 연결하는 매개체 역할을 한다.

교환원은 전화로 음성서비스를 하는 서비스요원이다. 따라서 좋은 음성을 가진 사람이 교환원의 적임자라 할 수 있다. 또한 교환원은 항상 친절, 신속, 정확한 서비스로 고객의 호감을 위해 노력해야 한다. 이는 곧 호텔의 발전으로 이어진다. 교환실은 국가 간의 장거리 통화, 즉 국제전화 서비스를 제공하기 때문에 전화 요금 및 통화 시간이 호텔의 영업이익에 영향을 미친다.

따라서 교환원은 고객의 통화 시간 및 요금, 상대방의 전화번호 등을 정확히 기재하고 전화 전표에 작성하거나 컴퓨터에 입력하여 후에 청구서가 발행되도록 한다.

2. 교환원의 중요성

교환원(telephone operator)은 호텔의 내 · 외부에서 교환실로 걸려오는 전화 통신을 통해 고객에게 전화 서비스 및 정보제공 업무를 수행한다. 교환원은 양질의 전화응대 서비스를 위해 예의 바른 태도로 고객과 대화해야 한다. 호텔의 이미지는 고품질 전화 서비스를 제공하느냐, 못하느냐에 달려 있다고 할 정도로 교환원의 역할이 중요하다.

교환원은 전화 업무에 적극적인 마음을 가져야 하며, 신속하고 정확한 전화응대 기술을 익혀야 한다. 고객과 비대면 상태로 전화 업무를 수행하기 때문에, 성의 없는 태도나 불친절한 음성으로 고객과 대화할 경우 고객이 불쾌한 마음으로 호텔 상품을 불매할 수 있음을 인지해야 한다.

전화 서비스를 제공하는 교환원이 불친절하고 퉁명스러운 목소리로 고객을 접대한다면, 마케팅 투자비용에 비해 그 효과가 떨어진다는 것은 자명하다. 즉 교환원의 업무가 단순해 보일지라도, 그 중요성은 매우 높다. 교환원의 중요성을 살펴보자면 첫째, 호텔의 이미지에 영향을 미친다. 고객과 통화할 때 상냥하고 부드러우며 친절하게 대화하는 것은 호텔의 이미지 향상에 높은 영향을 미친다.

둘째, 판매촉진에 영향을 미친다. 교환원이 전화응대에 능숙하고 예의 바른 태도로 고객에게 기대 이상의 정보나 서비스를 제공할 경우, 고객은 구매의사가 없던 상품까지도 구매할 수 있다. 반면 고객이 전화응대 서비스에 불만을 느끼면, 말없이 그 호텔과의 관계를 끊을 수 있다.

셋째, 호텔의 서비스 품질에 영향을 미친다. 밝은 음색, 품위 있고 간결한 언어 사용, 정중한 태도는 전화응대 서비스의 품질을 높이는 것이다. 교환원은 고객과 전화할 때 항상 좋은 음성과 품위 있는 언어 사용이 중요하다.

넷째, 호텔 안내원의 역할을 한다. 교환원은 호텔 내에서 개최되는 각종 행사에 대해 전화로 안내한다. 또한 고객이 호텔 주변의 관광지, 쇼핑센터 등에 대한 정보를 요청하면 친절하게 설명해야 한다. 교환원의 안내 서비스 수준이 고객을 단골로 만들 수 있음을 명심해야 한다.

3. 교환원의 업무내용

1) 교환업무 수행

교환원은 호텔 내에서 일어나는 일과 진행 중인 행사를 항상 숙지해야 한다. 또한 호텔 내의 각종 시설, 즉 영업장 및 연회장 명칭, 공중시설을 파악하고 있어야 한다.

교환원이 모르는 사항 또는 통화자나 고객에게 충분히 설명하지 못할 경우, 언제든지 연결할 담당자를 확인하여 정확하게 연결해 주어야 한다.

교환원이 문의 사항을 해결할 담당자나 부서를 정확히 모른다면, 즉시 확인 후 고객에게 다시 연락하겠다고 전달해야 한다. 전화 통신 시 항상 친절하고 신속, 정확한 서비스를 제공하는 것이 우수한 교환 서비스 제공이라 할 수 있다.

2) 투숙고객의 Morning Call 접수 처리

교환원의 중요한 업무 중 하나가 모닝콜(morning call) 서비스이다. 고객이 요청한 시간에 전화벨 신호로 깨워 주는 것이기 때문에 이를 소홀히 취급해선 안 된다. 만일 고객의 출발이 늦거나 비행기 시간 혹은 사업상의 약속을 지키지 못할 경우, 고객의 불평불만은 높아질 것이고 재방문을 기대하기 어려울 것이다.

고객이 직접 교환원에게 모닝콜을 요청할 때는 고객의 객실 번호와 모닝콜의 시간을 기록하며, 이 시간은 반복해서 재확인해야 한다.

교환원은 모닝콜 서비스를 정확하게 제공하기 위해 각종 기록 및 입력 사항, 시간 등에 대해 주의 깊게 관리해야 한다.

다른 방법으로는 객실 내 설치된 나이트 테이블이나 TV 모니터 탭의 객실관리 시스템을 통해 고객이 직접 객실 번호, 그룹 번호, 시간 순으로 입력하면 모닝콜 자동 설정이 가능하다.

3) 고객의 전화 문의에 대한 정보제공

교환원은 고객으로부터 다양한 전화 문의를 받게 된다. 이때 정확한 정보제공이 필수적이므로, 교환원은 다양한 정보를 사전에 숙지해 고객의 문의에 즉시 응답할 수 있도록 한다. 특히 항공편, 관광지, 쇼핑 및 식당 등에 대해 잘 인지하고 있을 때 좋은 정보를 제공할 수 있다.

4) 불평 처리 업무

고객이 호텔이나 교환원에 대해 불평하는 경우가 있다. 이를 처리하는 방식에 따라 재방문으로 이어질 수 있기 때문에, 불평 처리는 가능한 신속히 해야 한다. 고객의 불평 처리 요령은 다음과 같다.

첫째, 교환실의 불평은 교환실장이나 책임자에게 처리를 요청한다. 고객이 교환실이나 교환원에 대한 불평이 있을 경우, 즉시 상관에게 보고하여 불평을 처리하는 것이 고객의 만족도를 높이는 결과를 가져올 수 있다.

둘째, 호텔의 영업장에서 일어나는 불평은 해당 부서장에게 연결한다. 영업장 종사원의 실수 혹은 제도적인 문제로 접수된 불평불만은 신속히 해당 부서장에게 연결해 해결하도록 조치해야 한다.

셋째, 야간의 불평은 야간 당직 지배인에게 처리를 요청한다. 야간에 고객의 불평불만이 접수되었을 경우는 야간 당직 지배인에게 처리를 요청하여 해소하도록 한다.

〈표 9-1〉 교환원의 업무내용

교환원의 업무내용	
교환원의 업무내용	1) 교환업무 수행
	2) 투숙고객의 Morning Call 접수 처리
	3) 고객 전화 문의에 대한 정보제공
	4) 불평 처리 업무

2 교환원의 역할과 자세

1. 교환원의 역할

교환원의 태도와 목소리의 억양이 곧 호텔의 상품을 구매하게 한다. 전화는 사람 사이에 정보를 전달하고 접수하는 하나의 통신수단이다.

특히 바쁜 사람이 비즈니스를 위해 개인적으로 극히 중요한 문제 등을 해결하고자 타인과 직접 소통할 때, 전화는 가장 빠른 수단으로 활용된다.

1) 연결자의 역할

교환원은 호텔 내 · 외부로 전화 연결을 원하는 고객에게 비대면 전화응대 서비스를 제공하며, 고객 간의 의사전달을 도와주는 연결자의 역할을 수행한다.

요컨대, 통화자가 정확한 정보를 얻거나 원하는 상대방과 원활하게 통화할 수 있도록 연결해 준다. 연결 상태가 불안정하거나 잡음이 들려올 경우, 고객은 연결자에게 불만을 표출할 수 있다. 따라서 교환원은 고객과 통화자 간 연결이 편리하고 착오 없이 이루어지도록 해야 한다.

2) 감정 전달자의 역할

전화응대는 보이지 않는 고객과 목소리만으로 응대하는 것이므로 보이지 않는 응대 서비스라 할 수 있다. 교환원은 정성을 다하여 부드럽고 명랑한 음성과 교양미 넘치는 말로써 감성을 전달하여야 한다.

전화상으로는 상대방의 웃는 모습을 볼 수 없다. 따라서 명랑한 음성으로 감정을 전달할 때 통화자는 자신의 전화를 흔쾌히 받는다고 느끼며, 이에 화답하듯 기꺼이 응답할 것이다.

3) 이미지 창조자 역할

고객이 호텔에 들어올 때, 물적 서비스의 환경으로 그 호텔에 대한 이미지를 지각하게 된다. 예를 들면, 건축물, 가구, 장식, 분위기, 미소 짓는 종사원 등을 통해 호텔에 대한 이미지를 갖게 된다. 반면 고객이 호텔에 전화를 걸 때, 호텔에 대한 이미지는 오직 교환원의 음성, 친절함, 신속한 연결 등으로 평가된다. 즉 교환원의 음성에 의해 구매가 이루어지고 호텔의 이미지가 결정된다는 것이다.

〈표 9-2〉 교환원의 역할

교환원의 역할	1) 연결자의 역할
	2) 감정 전달자의 역할
	3) 이미지 창조자 역할

2. 교환원의 서비스 자세

교환원은 전화를 통해 업무를 수행하지만, 이는 단지 업무 수단이 전화일 뿐이다. 실제 업무의 정확성, 신속성, 친절성 등은 고객과 대면해서 수행하는 업무와 마찬가지이다.

1) 적극적인 자세

교환원은 직무를 수행하면서 수많은 고객과 통화 및 연결 등으로 업무 피로도가 높은 직종이다. 그리고 항상 사람과 사람을 연결하면서 근무하기 때문에 긴장의 강도가 높으며, 스트레스도 많이 받는 직종이다. 이런 환경에서 근무할 경우 피로로 인해 자신도 모르게 소극적인 자세로 업무를 수행할 수 있다.

교환원은 전화로 많은 일을 신속하게 연결하여 고객을 돕는다는 자긍심을 가지고 근무할 필요가 있다. 비록 교환원의 업무가 스트레스를 많이 받을 수 있지만, 고객 간의 연결을 통해 그들의 일들을 유익하게 창출하는 데 기여한다고 생각하면서 적극적으로 업무를 수행해야 한다.

2) 친절한 자세

친절은 깊고 절실한 사랑의 실천이라고 한다. 어떤 일이든 모든 사람에게 친절을 베푸는 것이야말로 사람들에게 행복감을 느끼게 한다. 교환원이 고객에게 무한한 친절을 제공한다면 고객은 자아실현의 욕구를 충족하고, 영구적으로 호텔을 이용할 수 있다.

교환원은 밝고 부드러운 음성, 공손한 언어 사용과 친절한 서비스 정신을 몸에 익혀 고객을 끊임없이 감동시키는 전화 서비스를 제공해야 한다. 흔히 일본 사람은 상품을 파는 것이 아니라 친절을 판다고 한다. 이처럼 교환원의 전화 서비스는 사람과 사람의 연결, 정보나 안내 서비스에 그치지 않고, 친절과 고객 감동을 판매한다는 정신으로 업무를 수행해야 한다.

3) 책임성 있는 업무 자세

사람은 이성과 양심의 명령대로 행동하고 그 결과에 대해 스스로 책임질 줄 아는 도덕적인 존재이다. 주체적으로 선택한 행동에 대해 원인은 자신에게 있다는 책임감 있는 자세로 업무를 수행하여야 한다.

교환원은 강한 책임감이 요구되는 직종이다. 업무수행에 있어 자율 · 적극적인 자세는 고객 가치를 향상시키는 전화응대를 제공하게 한다.

〈표 9-3〉 교환원의 서비스 자세

교환원의 서비스 자세	1) 적극적인 자세
	2) 친절한 자세
	3) 책임성 있는 업무 자세

3. 교환원의 준수사항

1) 효율적인 전화기 사용 방법 숙지

교환원은 능숙하고 효율적인 전화사용 방법을 익혀야 한다. 짧은 시간에 많은 사람이 전화 서비스를 원할 때, 효율적인 업무를 위해 전화 사용법에 대해 철저히 숙지하여야 신속한 전화응대 서비스가 가능하다.

2) 상냥하고 예의 바른 응대

인간은 자신에게 친절하고 예의 바른 사람에게 칭찬이나 감사하는 마음을 가지게 된다. 이와 같이 교환원도 고객과 통화할 때 항상 상냥하고 공손한 말씨 그리고 예의 바른 자세로 품격 높은 전화응대 서비스를 제공한다면, 고객은 칭찬뿐만 아니라 호텔 상품을 구매하는 데 망설임이 없을 것이다.

3) 간단명료한 응대 서비스

교환원은 고객과의 통화할 때 간단명료하게 설명해야 한다. 또한 고객이 충분히 이해할 수 있도록 음성의 고저 및 속도 등에 주의하여 대화해야 한다.

4) 정보 유출 금지

교환원은 여러 사람이 통화하는 내용을 경청할 수 있어 고객이나 호텔 내부의 정보를 알 수 있다. 이러한 정보를 외부로 유출할 경우 당사자로부터 강한 항의를 받을 수 있으며, 법적 문제로 이어질 가능성이 높아 절대 외부에 알려서는 안 된다.

5) 외국어 능력 관리

호텔은 외국인 고객이 빈번하게 이용하는 장소다. 따라서 교환원은 외국인과 대화할 기회가 상대적으로 많은 편이다. 즉 외국인과 유창하게 대화할 수 있는 외국어 능력을 가져야 업무수행에 어려움이 없다.

다양한 외국어 능력은 고품질 전화응대의 기반이 된다. 교환원은 외국어의 중요성을 인식하고 외국어 능력 향상을 위해 꾸준히 노력하여야 한다.

따라서 호텔은 세계 각국의 사람들이 이용하는 장소이기에 교환원은 외국인과 유창하게 대화할 수 있는 능력이 상시 요구된다. 교환원의 외국어 능력에 따라 업무의 능률과 고객의 만족도가 달라진다.

〈표 9-4〉 교환원의 준수사항

교환원의 준수사항	1) 효율적인 전화기 사용방법 숙지
	2) 상냥하고 예의 바른 응대
	3) 간단명료한 응대 서비스
	4) 정보 유출 금지
	5) 외국어 능력 관리

문제에 대한 토론

1. 교환원의 중요성에 대해 논의하여 보자.

2. 교환원의 업무내용에 대해 논의하여 보자.

3. 교환원의 준수사항에 대해 논의하여 보자.

참고문헌

Chapter 8 귀빈층 업무

1) Ozawa, M, Westine Executive Club Program, Seattle, July, 1991, p.2.
2) 박대환, "호텔마케팅 측면에서 귀빈층에 관한 연구", 세종대학교 경영대학원 석사학위논문, 1992, p.7.
3) 전홍진, 김홍일, 호텔 객실실무론, 현학사, 2004, pp.194-195.
4) 이승연, "호텔 비즈니스 전용라운지 실내디자인 연구: 문화시설 도입을 중심으로," 홍익대학교 건축도시대학원 석사학위논문, 1999, p.8.

PART 4

현관 서비스 업무

Flow Chart

Part 4 현관서비스 업무

Chapter 10 도어 데스크의 업무

1. 도어 데스크의 일반적 업무

2. 도어맨의 서비스 업무

Chapter 11 벨 맨의 업무

1. 벨 맨의 일반적 개요

2. 벨 데스크의 서비스 업무

Chapter 12 컨시어지의 업무

1. 컨시어지의 일반적 개요

2. 컨시어지 업무

Hotel Room Management

CHAPTER 10

도어 데스크 (door desk)의 업무

10 도어 데스크의 업무

1 도어 데스크(door desk)의 일반적 업무

현관서비스란 호텔 현관에서 근무하면서 벨 맨(bellman)과 협력하여 투숙객 및 비투숙객에게 품격 있는 서비스를 제공하는 것을 말한다.

1. 도어 데스크(door desk)의 업무

도어 데스크(door desk)는 호텔 정문에 위치하고 있으며, 도어 데스크에서 근무하는 종사원을 도어맨(doorman)이라고 한다. 도어맨은 고객이 호텔에 도착할 때 최초로 고객을 영접하는 종사원이며, 또한 호텔을 떠나는 순간 마지막으로 호텔을 대표해서 예의 바른 자세로 서비스를 제공하는 종사원이다.

도어맨은 독특한 복장을 하고 근무하는 경우가 많으며, 정문에서 종사해 호텔직원이라는 것을 쉽게 알아볼 수 있다. 즉 고객은 도어맨이 호텔직원이라는 것을 자연스럽게 인지하기 때문에, 도어맨의 서비스 자세가 호텔의 이미지를 결정할 수 있다. 그러므로 도어맨은 항상 품위 있는 행동과 친절한 서비스 제공을 통해 호텔에 대한 긍정적인 이미지를 창출하도록 노력하여야 한다.

도어맨은 호텔 정문에서 근무하므로, 이는 비교적 열악한 환경에서 근무한다. 따라서 투철한 직업의식을 가져야 열악한 근무환경에서도 고품질 서비스를 제공할 수 있다.

도어맨은 업무 특성상 호텔을 방문하는 많은 고객과 대화하므로, 항상 밝고 온화한 미소로 접객해야 함을 잊어서는 안 된다.

도어맨은 고객 영접 및 환송하는 업무 이외에도 현관 부근의 차량 정리, 주차장의 안내, 차량 호출, 택시 수배, 시내 근교나 교외 안내, 현관 근처의 청결 관리 등의 업무를 수행한다.

이 외에도 정문을 관리하는 데 숙달되어야 하며, 벨 맨(bellman)과 긴밀히 협조하여 모든 출입 고객의 수화물 운반 및 처리에 실수가 없도록 한다. 또한 고객이 필요로 하는 차량 편의를 제공해야 한다.

2. 도어맨(doorman)의 근무 자세

1) 정중한 자세

도어맨(doorman)은 고객이 호텔 방문 시 제일 먼저 환영하는 종사원이다. 고객이 가정을 방문하는 것과 같이 호텔을 편안한 마음으로 출입할 수 있도록 밝은 미소와 정중한 태도로 맞이해야 한다. 또한 호텔을 상징하는 중요한 업무를 수행하는 종사원으로서 절도 있는 자세로 예의 바르고 공손하게 종사하여야 한다.

2) 친절한 서비스 자세

도어맨(doorman)은 고객이 호텔을 떠날 때까지 지속적인 관심과 배려심을 가지고 응대해야 한다. 또한 친절하고 인상 깊게 환송해야 한다. 이처럼 고객에게 깊은 인상을 주는 환송은 재방문의 동기가 될 수 있으므로, 친절한 서비스 자세가 중요하다.

3) 협력적인 자세

도어맨(doorman)은 혼자서 업무를 수행하기도 하나, 여러 부서의 협력을 통해 고품질 서비스를 제공하기도 한다. 동료는 물론, 다른 조직의 종사원들과도 상호협력해 업무를 수행해야 한다. 이와 같이 종사원 간 팀워크(team work)를 강화하면 고객에게 긍정적인 이미지를 창출하는 서비스를 제공할 수 있다.

〈표 10-1〉 도어맨(doorman)의 근무 자세

도어맨(doorman)의 근무 자세	1) 정중한 자세
	2) 친절한 서비스 자세
	3) 협력적인 자세

3. 도어맨(doorman)의 중요성

1) 호텔의 이미지

도어맨(doorman)은 고객이 경험한 서비스의 품질을 높일 수 있는 마지막 종사원이다. 고객은 호텔을 떠나는 순간, 더 이상 호텔의 가치를 지각할 수 없게 된다. 도어맨은 고객으로부터 호텔 상품의 가치를 최종적으로 평가받을 수 있는 기회를 갖기 때문에, 업무의 중요도가 매우 높다.

고객이 서비스에 대해 느끼는 정도에 따라 호텔의 이미지가 결정되며, 이러한 이미지는 곧 호텔 마케팅에 영향을 미친다. 고객으로부터 긍정적인 이미지를 얻는 것은 호텔 상품의 판매촉진에 크게 기여하므로, 도어맨의 업무는 매우 중요하다.

도어맨은 고객지향적인 서비스 자세, 즉 고객의 가치를 극대화하는 방법이 무엇인지를 생각하면서 접객하여야 한다. 예를 들어, 고객에게 친절하고 예의 바르며 단정한 자세로 응대할 뿐만 아니라, 현관 주변의 청결한 환경을 만드는 데에 깊은 관심을 가져야 할 것이다.

따라서 도어맨은 고객에게 최종적으로 호텔의 이미지를 각인시키는 '움직이는 이미지 연출자'의 역할을 한다는 것을 항상 의식하고 종사해야 한다.

2) 현관의 질서유지로 재방문 고객 창출

도어맨(doorman)은 현관 주변에 고객의 차량이 진입하는 데 어려움이 없도록 질서를 유지해야 한다. 또한 선행 차량으로 인해 후행 차량의 통행이 방해받지 않도록 신속하게 이동시켜야 한다.

특히 각종 연회행사나 회의의 종료 시점에는 현관이 혼잡하므로, 신속한 이동이 이루어지도록 유의해야 한다. 현관의 혼잡함은 호텔의 품위를 손상할 수 있으며, 이는 고객의 재방문율을 감소시킬 수 있다. 이러한 이유로, 현관의 질서유지는 매우 중요하다.

도어맨은 고객을 처음으로 접대하고 마지막으로 환송하는 종사원이라는 점에서 서비스 품질에 매우 중요한 역할을 한다. 고객에게 불쾌함을 줄 수 있는 현관의 혼잡함이나 주 · 정차의 불편함은 재방문 결정에 부정적인 영향을 줄 수 있다. 그러므로 현관의 질서유지는 호텔경영에 영향을 미친다는 점을 잊어서는 안 된다.

〈표 10-2〉 도어맨(doorman)의 중요성

도어맨(doorman)의 중요성	1) 호텔의 이미지
	2) 현관의 질서유지로 재방문 고객 창출

2 도어맨(doorman)의 서비스 업무

1. 도어맨(doorman)의 업무

1) 호텔 이용객의 영접

(1) 숙박고객의 경우

① 차량의 정차 위치 표시

도어맨(doorman)은 항상 현관으로 들어오는 고객 차량을 주의 깊게 봐야 한다. 고객 차량이 현관 방향으로 들어오면 2~3m 전방에서 절도 있게 거수경례 혹은 머리 숙여 인사하고 차량의 정차 위치를 표시한다.

② 차량의 문을 열고 고객에게 인사

도어맨(doorman)은 고객의 안전을 위해서 차량이 완전히 정지한 후 문을 연다.

차량의 문을 열 때는 항상 두 손으로 잡고 고객이 안전하게 하차하도록 돕는다. 고객이 하차하거나 승차하면 "어서 오십시오." 혹은 "안녕히 가십시오."라고 소리 내어 인사한다.

③ 고객이 '원(won)'화를 소지하지 않을 때는 택시비 대신 지급

호텔 숙박객이 택시로 도착할 때 고객이 '원(won)'화를 가지고 있지 않다면 택시비를 대신 지급하고 프런트 클럭에 신청하여 받을 수도 있다. 이는 고객이 도착하는 순간부터 좋은 첫인상을 심어주는 서비스이다.

④ 현관 앞의 주·정차된 차량 신속하게 이동

고객의 차 문을 닫을 때는 조용히 닫는다. 또한 현관 앞에 주·정차된 차량은 신속히 주차장으로 이동시켜 다음 차가 현관으로 들어오는 것을 방해하지 않도록 한다.

⑤ 차에서 고객의 짐을 꺼내어 고객과 수량 확인

고객이 하차 시 고객의 물건이나 짐이 차 안에 남아 있는지를 확인하고, 수화물 수량을 확인하여 벨 맨에게 정확히 인계한다. 만약 수화물의 양이 많다면 꼬리표를 달아서 벨 맨에게 인계한다. 또한 비가 올 때는 고객과 수화물이 젖지 않도록 우산을 준비한다.

⑥ 프런트 데스크(front desk) 방향 안내

현관 업무가 끝나면 벨 맨(bellman)이 고객의 수화물을 카트(cart)에 실어 안내한다. 이때 짐이 많다면 벨 맨을 도와주고, 고객을 프런트 데스크(front desk)로 안내한다.

(2) 외래고객의 경우

외래고객 또한 숙박고객과 같이 정중하게 인사하며 현관 앞의 질서유지에 항상 유의하여야 한다. 특히 연회행사나 회의가 종료되는 시점에는 현관 앞이 사람과 자동차로 혼잡하기 때문에 승용차의 신속한 호출 및 유도가 필요하다. 현관 주변이 혼잡하지 않도록 관리하는 것이 곧 고품질 서비스를 제공하는 것이다.

2) 호텔 안내 업무

(1) 호텔 내부 시설 안내

과거에는 도어맨(doorman)을 배치할 때 호텔 연회장, 식당, 부대시설의 위치 및 특성 등 호텔 영업장에 대해 충분한 지식이 있는 장기근속자를 배치하였다. 이는 고객의 어떤 문의에도 호텔의 각 영업장을 잘 설명할 수 있도록 하기 위해서다.

도어맨의 설명에 따라 고객이 방문하고자 하는 영업장에 쉽게 접근하고 편리하게 이용할 수 있는지가 결정된다. 또한 도어맨은 당일의 각종 연회 및 행사에 대해서 충분히 숙지하고 있어야 고객의 문의에 신속하게 응답할 수 있다.

따라서 도어맨은 호텔 내 영업장의 위치, 행사 종류, 방문 예정인 고객의 인원 등에 대해 충분히 숙지하여 자신의 역할을 충실히 수행해야 한다.

(2) 호텔 외부 안내

고객이 관광지나 방문하려는 장소에 대해 문의할 때, 도어맨(doorman)은 안내원의 자세로 친절하게 설명해야 한다. 특히 타 지역이나 외국인 고객은 설명을 들어도 잘 모르는 경우가 많이 있다. 이 경우 약도나 안내 책자 등으로 자세히 안내한다.

또한 국내 관광지에 대한 문의가 있을 때는 관광지뿐만 아니라 숙박시설 및 교통수단 등에 대해서 여행사 가이드처럼 설명할 수 있는 능력을 갖춰야 고품질 안내자가 될 수 있다.

3) 현관 주변 관리

(1) 현관 주변 교통정리

① 원만한 차량 이동과 주차 관리

도어맨(doorman)의 중요 업무 중 하나는 호텔 현관 주변의 교통정리이다. 도어맨은 현관 주변의 도로 사정을 잘 숙지하여 원활한 교통질서를 유지해야 하며, 주차장 상황을 잘 파악하여 효율적인 주차관리를 수행해야 한다. 특히 여성 고객은 주차장 출입이 원활할 경우 재방문할 가능성이 높아, 편리한 주차 서비스를 제공할 필요가 있다.

② VIP 차량의 진입과 주차장 관리

도어맨(doorman)은 당일 VIP 고객의 유무를 사전에 파악하고 있어야 차량의 진입 및 주차 관리를 적절하게 할 수 있다. 즉 VIP 고객의 차량이 편리하게 이동하도록 일반 고객의 차량을 통제하는 등에 대한 계획을 수립해야 한다.

③ 연회 및 행사할 때 신속한 주차 서비스

도어맨(doorman)은 당일 연회 및 각종 행사에 대한 사항을 파악하여 차량 관리를 위한 계획서를 사전에 작성해야 한다. 나아가, 행사에 참여하는 고객에게 친절한 안내 서비스가 필요하다.

(2) 현관 주변의 청결관리

현관 주변은 호텔의 얼굴이자 거울이라는 마음가짐으로 항상 청소와 정리 정돈에 유의해야 한다. 고객이 호텔에 도착하는 순간부터 현관 주변이 깨끗하다는 이미지를 느낄 수 있도록 관련 부서와 협조하여 청결한 상태를 유지, 관리해야 한다.

(3) 현관 주변의 경비

현관은 품격 있는 이미지를 위해 항상 정숙한 분위기를 조성해야 한다. 현관 주변에 잡상인이나 호텔의 품위를 손상시킬 수 있는 사람의 진입을 통제할 필요가 있다.

호텔의 정숙함이나 품위유지를 해칠 수 있는 인물이 호텔 내로 진입하려는 경우 도어맨(doorman)이 직접 통제할 수도 있지만, 가능한 경비원에게 연락하여 적절한 조치를 취해야 한다. 도어맨이 직접 대응한다면 오히려 더 큰 소란을 야기할 수 있으므로 경비원이 조치하는 것이 바람직하다.

4) 차량 호출 및 수배 업무

① 고객에게 차량 호출 서비스 제공

호텔에서 고객이 출발할 때 자동차의 호출을 요청하는 경우, 고객으로부터 차량 번호를 듣고 정확하게 2회 이상 호출하여 호텔 현관 앞으로 대기시킨다.

② 차량 페이징(paging) 서비스

도어맨(doorman)은 고객의 차량이 현관 주변에 주차되어 있을 때 차량을 찾기 위해 페이징(paging)서비스를 제공한다. 이 서비스는 벨 맨이 로비에서 진행하는 페이징 서비스와 같은 방식이다.

차량 페이징 서비스는 현관 주변이나 주차장에 주차된 고객의 차량을 찾기 위해, 페이징 보드(paging board)에 고객의 차량번호를 크게 적고 종을 울리면서 주의를 끌어 찾는 방식이다.

③ 차량 수배 업무

고객이 출발 시 자동차 수배를 요청하면 도어맨(doorman)은 신속하게 수배한다. 고객의 시간 관리를 위해 택시를 미리 확보해 두면 고객의 대기시간을 줄일 수 있다.

자동차를 수배할 때 시간이 많이 걸릴 경우, 고객이 로비 안에서 대기하도록 안내하고 차량 도착 시 연락한다. 이는 현관의 복잡함을 해소하고, 고객에게는 현관보다 쾌적한 로비에서 기다릴 수 있는 배려서비스를 제공하는 것이다.

④ 출발하는 고객의 짐을 실어주고 배웅 인사

고객의 짐을 빠짐없이 차에 실어준 뒤 재방문을 요청하고 배웅 인사를 한다.

5) 분실물 관리 업무

도어맨(doorman)은 현관 주변에서 귀중품 · 가방 등에 대한 물품을 습득하였을 때는 지체 없이 호텔 내의 분실물 관리부서에 인계하여야 한다. 습득물을 인계할 때는 습득물 관리대장에 기록하여 정확하게 인계하여야 한다.

〈표 10-3〉 도어맨(doorman)의 업무

도어맨(doorman)의 업무	
	1) 호텔 이용객 영접
	(1) 숙박고객 경우
	(2) 외래고객 경우
	2) 호텔 안내 업무
	(1) 호텔 내부 시설 안내
	(2) 호텔 외부 안내
	3) 현관 주변 관리
	(1) 현관 주변 교통정리
	(2) 현관 주변의 청결관리
	(3) 현관 주변의 경비
	4) 차량 호출 및 수배 업무
	5) 분실물 관리 업무

2. Valet Parking 업무

1) Valet Parker의 업무

Valet Parker의 주된 업무는 다음과 같다.

첫째, 고객의 주차를 대행한다. 둘째, 현관의 질서유지를 위해 교통정리를 한다. 셋째, 차량을 페이징(paging)한다. 차량 페이징은 벨 맨이 로비에서 고객을 찾는 방법과 같다. 다만 벨 맨은 로비에서 고객을 찾기 위해 페이징 서비스를 하는 반면, Valet Parker는 주차장에서 대기하고 있는 차량을 찾기 위해 페이징 서비스를 한다. 넷째, 주차장, 현관, 정원의 청결과 정돈을 위해 타 부서와 협조한다. 다섯째, 도어맨(doorman)과 협조한다.

2) Valet Parking 업무의 절차

(1) 근무 전에 호텔 정보 파악

Valet Parker는 자신이 업무하기 전에 당일 행사, 특별 서비스를 제공할 고객의 정보를 미리 파악해야 원만하게 업무를 수행할 수 있다. 즉 근무 시작 전에 당일 행사, VIP 정보, 기타 여러 사항을 파악하고 있어야 고객의 문의에 효율적으로 응답하거나 고품질 서비스를 제공할 수 있다.

(2) 차량 열쇠 인계

Valet Parker는 고객의 차량 열쇠를 벨 맨(bellman) 야간조로부터 문제없이 인계받아야 한다. 즉 Valet Parker는 밤 12시에서 오전 7시까지 고객에게 인도되지 않은 차량 열쇠를 벨 맨으로부터 인계받고 차량의 이상 유무를 확인해야 한다.

(3) 주차 대행 요금

Valet Parker는 고객이 주차 대행을 원할 시 접수과정을 거쳐 대행 요금에 대해 고지해야 한다. 만일 요금 설명이 생략될 경우, 불만 사항이 생길 수 있으므로 반드시 설명하여 고객이 주차 대행 여부를 판단할 수 있도록 한다.

(4) 꼬리표(tag) 발급

고객의 차량에 태그(tag)를 발급하고 차량의 외부 상태를 확인한 후, 차량 내의 귀중품 유무를 파악해야 한다. 또한 차량에 이상이 발견될 때는 고객에게 확인시킨 후 주차한다. 태그에는 주차 위치, 차량번호 등을 기록하여 키(key)와 함께 도어 데스크(door desk)에 인계한다.

(5) 안전한 차량관리

고객의 차량을 안전하게 관리하는 것은 무엇보다 중요하다. 이는 고객과 호텔 양측 모두에게 더없이 중요한 일이다. 그러므로 고객의 차량을 안전한 장소에 주차하고 잠금장치가 잘 되었는지 확인해야 한다.

(6) 차량 인계

고객의 차량을 인계할 때는 감사 인사와 함께 태그(tag)를 받아 기록된 열쇠와 동일한지 확인한다. 이후 안전하고 신속하게 고객 앞으로 차량을 정차시켜 인계 후 환송한다.

(7) 차도 안내 서비스 제공

떠나는 고객에게 밝은 표정으로 친절히 인사하고, 차의 문을 닫아 주며 안전하게 떠날 수 있도록 차도를 안내한다.

〈표 10-4〉 Valet Parking 업무

Valet Parking 업무	
	1) Valet Parker의 업무
	2) Valet Parking 업무의 절차
	(1) 근무 전에 호텔 정보 파악
	(2) 차량 열쇠 인계
	(3) 주차 대행 요금
	(4) 꼬리표(tag) 발급
	(5) 안전한 차량관리
	(6) 차량 인계
	(7) 차도 안내 서비스 제공

문제에 대한 토론

1. 도어맨(doorman)의 중요성에 대해 논의하여 보자.

2. 도어맨(doorman)의 업무에 대해 논의하여 보자.

3. Valet Parking 업무에 대해 논의하여 보자.

호텔객실관리

CHAPTER 11

벨 맨(bellman)의 업무

11 벨 맨의 업무

1 벨 맨(bellman)의 일반적 개요

1. 벨 맨(bellman)의 업무

벨 맨(bellman)은 과거 여행자가 숙박지에 도착하여 문을 두드리면 안에서 응답의 의미로 종을 흔들면서 나와 문을 열어 주는 것에서 유래되었다.[1)]

벨 맨은 고객이 호텔에 도착하는 순간부터 출발할 때까지, 체류하는 동안 접객 서비스를 제공하는 종사원이다. 로비에서 대기하다가 고객을 맞이하며, 고객이 숙박을 등록할 수 있도록 프런트 데스크로 안내한다.

숙박 등록 방식은 크게 두 가지로 구분할 수 있다. 첫째, 숙박객이 로비로 들어올 때 현관에 대기 중인 벨 맨이 영접 인사를 한 뒤, 수화물을 직접 받아들고 프런트 데스크로 안내하여 등록을 돕는 방식이다. 둘째, 도어맨(doorman)을 통해 수화물을 인계받고 프런트 데스크로 안내하여 등록을 돕는 방식이다.

숙박 등록 업무를 마친 후 벨 맨은 고객을 객실로 안내하며 수화물을 운반하고 객실 내부를 설명한다. 또한 고객이 떠날 때는 정성껏 환송하여 고객이 좋은 이미지를 가지고 돌아가도록 한다. 고객은 친절한 서비스를 받았다고 느낄 때 재방문할 것이다.

따라서 벨 맨은 업무를 수행하면서 항상 고객에게 친절하고 정중한 자세, 용모 단정한 상태로 접객 서비스를 제공해야 한다. 나아가 자신이 호텔의 이미지 향상과 고객을 유치하려는 마케터와 같은 역할임을 인식해야 한다.

2. 로비관리 업무

벨 맨(bellman)은 주로 로비에서 대기하며 대고객 서비스를 제공한다. 즉 고객이 호텔 안으로 들어오면 프런트 데스크로 안내하는 업무를 수행한다.

로비에서의 대고객 서비스 및 로비관리 업무는 벨 맨의 주된 업무 중 하나다. 따라서 로비에서 일어나는 모든 상황에 관심과 주의를 기울여야 한다.

호텔 로비는 호텔의 얼굴이자 상징이다. 따라서 로비관리는 마치 종사원들이 고객을 접대하는 것과 같이 철저해야 한다. 또한 로비는 호텔의 이미지와 직결되므로 항상 깨끗하고 정리 · 정돈이 잘 되어 있는 상태를 유지하여야 한다.

1) 청결 상태 유지

호텔의 로비는 고객에게 좋은 인상을 주기 위해 항상 청결하게 유지하는 것이 중요하다. 매일 정기적인 청소는 로비 메이드가 담당하고 있으나, 벨 맨 역시 로비 주변을 살펴보고 항상 깨끗하게 관리해야 한다.

이 외에도 로비 내 시설물의 이상 유무를 확인하고, 문제가 있을 경우 신속히 관련 부서에 연락하여 조치해야 한다. 즉 로비의 현관 유리, 탁자와 의자, 전구, 팸플릿, 출입문 작동, 우천 시의 취급관리 등을 점검하고 타 부서와 협조하여 호텔의 얼굴인 로비를 완벽하게 유지해야 한다.

특히 로비 바닥에 얼룩 및 오물이 발견되면 로비 메이드나 관련 부서에 연락해 깨끗하고 청결한 상태를 확보한다.

2) 로비 주변의 질서유지

술에 취한 사람이나 불쾌한 옷을 입은 사람 등 고객으로서의 자세가 부적절한 사람들이 입장하려 할 경우는 실례가 되지 않는 선에서 호텔 외부로 안내해야 한다.

즉 로비의 정숙함 및 질서유지를 위해, 다른 고객들에게 불쾌함이나 불안을 조성할 수 있는 인물들의 진입을 막아야 한다.

객실 층뿐만 아니라 로비에서 이상하게 배회하는 사람이 있다면 도난 방지를 위해 접근하여 방문목적을 확인하고, 특별한 목적이 없다면 호텔 밖으로 나가도록 유도한다.

〈표 11-1〉 로비관리 업무

로비관리 업무	1) 청결 상태 유지
	2) 로비 주변의 질서유지

2 벨 데스크(bell desk)의 서비스 업무

1. 체크인(check-in) 서비스

벨 맨(bellman)은 현관에서 대기하다, 고객이 들어오면 친절하게 맞이하며 프런트 데스크로 안내한다.

고객의 숙박등록이 끝나면, 벨 맨은 클럭(clerk)으로부터 객실 키를 받아 고객을 객실로 안내한다. 만일 고객의 수화물이 많다면 개수를 확인한 뒤 웨건(wagon)에 싣고 운반한다. 이후 객실 이용에 대해 설명하여 머무는 데 불편함이 없도록 돕는다.

호텔에 도착하는 고객의 수화물은 개인과 단체로 구분할 수 있도록 꼬리표를 달고, 배정된 고객의 성명과 객실 번호를 기재한다. 특히 고객이 차량에 수화물을 싣고 호텔에 도착할 경우, 수화물의 수량을 반드시 확인해야 한다.

1) 일반 고객의 체크인(check-in)

(1) 현관에서 프런트로 안내

① 고객 영접과 프런트에 안내

벨 맨(bellman)은 호텔에 들어서는 고객을 로비에서 영접하고 프런트 데스크로 안내한다. 고객이 수화물을 가지고 있다면 이를 받아들고 2~3m 옆에서 고객의 걸음에 맞추어 동행한다.

고객이 프런트에 숙박 등록을 하는 동안, 벨 맨은 수화물표(baggage tag)를 부착한 뒤, 가벼운 수화물은 손에 들고 2~3보 뒤에 바른 자세로 선 채 등록절차가 끝날 때까지 기다린다. 웨건(wagon)으로 수화물을 운반했을 경우에는 다른 고객들의 통행에 방해되지 않도록 고객이 볼 수 있는 장소에 놓아둔다.

② 수화물을 운반할 때

벨 맨(bellman)이 고객의 수화물을 운반할 때 수화물이 많을 경우 웨건(wagon)에 조심스럽게 싣고 고객이 개수를 확인하게 한다. 그리고 수화물표(baggage tag)를 부착하는 것이 원칙이나, 카메라, 귀중품, 정밀기기, 술병 등과 같이 파손되기 쉬운 물건은 고객이 직접 휴대하도록 한다.

(2) 객실로 안내할 때

① 객실로 안내

고객의 숙박 등록 절차가 완료되면, 프런트 클럭(front clerk)으로부터 키(key)를 받고 고객의 수화물표에 객실 번호를 기재한다. 이후 고객을 객실로 안내할 때 고객과의 거리를 3보 정도 유지하면서 엘리베이터로 향한다. 이때 고객이 뒤에 잘 따라오는지 확인한다.

② 엘리베이터의 탑승과 벨 맨(bellman)의 위치

엘리베이터는 안전을 요구하는 기계이기 때문에 이용 시 고객에게 매우 세심한 주의를 기울여야 한다. 특히 엘리베이터의 문이 개폐될 때 주의를 기울여야 한다. 문이 열리면 고객에게 먼저 탑승하도록 하고, 그 뒤에 수화물을 가지고 탑승한다. 엘리베이터 내에서 벨 맨(bellman)은 객실 층 버튼 앞에 위치한다.

엘리베이터 안에서는 호텔 영업장의 종류나 위치 등과 같은 내용으로 고객과 가벼운 대화를 나눈다. 특히 엘리베이터의 정원 수를 잘 지켜야 하며 금연, 질서유지 등이 철저히 이행되도록 유의한다. 이후 승·하차하는 고객에게는 층수를 알려주고, 내리는 고객에게는 인사한다.

③ 엘리베이터에서 내려 안내할 때

엘리베이터에서 내린 후에는 객실 방향으로 걸어가는데, 고객보다 3보 정도 앞에서 비상구나 비상계단의 위치를 설명하며 객실까지 안내한다.

④ 객실 앞에 도착하였을 때

고객과 함께 객실 앞에 도착하면 객실 번호를 재확인하고 벨(bell)을 2회 눌러서 확인한 뒤 키로 문을 연다. 주간에는 고객을 먼저 입실하도록 하고, 야간에는 벨맨(bellman)이 먼저 입실하여 키 센서(key sensor)에 키(key)를 꽂고 불을 킨 다음 이상 유무를 확인하고 고객을 안내한다.

(3) 객실에서의 안내 서비스

벨 맨(bellman)은 객실에 들어가서 수화물대(baggage stand)에 짐을 놓은 뒤, 커튼을 열고 전등 스위치 위치를 설명하며 불을 켠다. 이어 고객에게 객실이 마음에 드는지 질문하고 객실 내의 시설, 즉 TV, 에어컨, 온도 조절 장치 등의 사용법을 설명한다. 이 외에도 욕실 사용법, 호텔 식당 위치, 전화 및 키(key) 사용법 등을 설명하고 필요한 것이 있으면 벨 데스크(bell desk)로 연락하도록 안내한다.

객실에서 시설물의 안내가 끝났으면 정중하게 인사하고 뒷걸음으로 문까지 이동해 살며시 닫고 나온다. 이후 신속히 벨 데스크로 돌아와 관리대장에 객실 번호, 고객 성명, 수화물 수량, 시간, 벨 맨의 이름을 적어둔다.

2) 단체 고객의 체크인(check-in)

단체 고객이 도착하게 되면 벨 캡틴(bell captain)은 인솔자를 찾아 프런트 데스크로 안내한다. 단체 인원이 많을 경우, 로비에 별도의 데스크를 설치하여 숙박 등록 절차를 진행한다.

차량에서 수화물을 내린 후 수량을 확인하고 꼬리표(tag)를 부착하며 객실 번호를 기입한다. 이때 귀중품이나 깨어지기 쉬운 물건은 고객이 직접 들고 갈 수 있도록 안내한다.

각 객실 층별로 수화물을 운반할 때는 어느 객실에 몇 개의 수화물이 들어갔는지 단체 숙박 명부에 기록한다. 수화물이 많지 않은 소규모 단체라면 수화물표(baggage tag)를 부착하지 않고 짐수레에 실어 곧바로 객실 층으로 이동, 고객에게 수화물을 확인시킨 후 전달한다.

[양식 11-1] 수화물표(baggage tag)

DATE : ____________________

NAME : ____________________

RM. NO : ____________________

NO. OF ITEM : ____________________

SIGNATURE : ____________________

DATE : ____________________

NAME : ____________________

RM. NO : ____________________

NO. OF ITEM : ____________________

SIGNATURE : ____________________

3) VIP 고객의 체크인(check-in)

벨 맨(bellman)은 VIP 고객이 도착하기 전에 엘리베이터가 정상적으로 작동되는지 확인하고, 지배인에게 준비하도록 연락한다. 또한 현관문 좌우에 벨 맨을 1명씩 배치하고, VIP 고객이 현관으로 들어오면 문을 열며 정중히 인사한다.

벨 맨은 당일 도착하는 VIP 고객의 객실 번호, 도착시간 및 성명 등을 숙지해야 한다. VIP 고객이 도착하면 필요에 따라 객실 지배인, 총지배인, 호텔 대표이사 등이 대기하며 안내는 당직 지배인이, 수화물 운반은 벨 맨이 담당한다.

〈표 11-2〉 체크인(check-in) 서비스

체크인(check-in) 서비스	1) 일반 고객의 체크인(check-in)
	(1) 현관에서 프런트로 안내
	(2) 객실로 안내할 때
	(3) 객실에서의 안내 서비스
	2) 단체 고객의 체크인(check-in)
	3) VIP 고객의 체크인(check-in)

2. 체크아웃(check-out) 고객의 수화물 운반 서비스

1) FIT 고객의 체크아웃

고객이 직접 혹은 프런트 데스크를 통해 로비로 수화물 운반을 요청(baggage down)하면 벨 캡틴(bell captain)은 신속히 관리대장에 시간과 객실 번호 및 담당자 이름을 기입하고 벨 맨(bellman)을 고객의 객실로 보낸다. 벨 맨은 수화물이 현관으로 내려가기(baggage down) 전 고객과 함께 물건의 개수를 확인해야 한다.

벨 맨은 객실에 놓고 온 물건이 없는지 확인하고 수화물표(baggage tags)에 필요사항, 즉 수화물 개수, 객실 번호와 출발시간을 기입한다. 이후 수화물표의 절취선 반쪽을 고객에게 건네고 나머지 반쪽은 벨 데스크에 보관한다. 그리고 객실에 주류 · 과일 · 꽃 등이 있을 경우 고객의 확인을 얻고 처리한다.

이 모든 업무가 완료되면 웨건(wagon)이나 카트(cart)에 수화물을 조심히 싣는다.

2) 단체 고객의 체크아웃(check-out)

단체 고객이 출발일 또는 특정 시간까지 수화물을 로비로 내려놓으라 요청할 경우, 벨 맨(bellman)은 각 층을 돌며 복도에 내놓은 수화물이 어느 객실에서 몇 개인지를 집계(baggage collection)하고 확인한 후에 로비로 운반해야(baggage down) 한다. 수화물을 내려놓을(baggage down) 시간인데도 복도에 내놓지 않았다면, 객실 문을 노크하여 운반하려고 왔음을 알리고 짐을 꺼내 로비로 가져온다. 내려놓은 수화물은 고객의 이동을 방해하지 않는 장소에 모아 망으로 덮거나 끈으로 이어둔다.

벨 맨은 체크아웃(check-out)하는 고객의 수화물을 잘 취급하는 것이 중요하다. 벨 맨은 로비로 옮긴 고객 수화물을 인솔자 및 벨 캡틴(bell captain)과 함께 확인하여야 한다.

고객이 수화물을 돌려받으려고 요청할 때는 먼저 계산 완료 여부를 확인하고, 출발할 차에 실어준 뒤 만일을 위해 차의 번호를 적어둔다.

고객이 체크아웃을 위해 이미 객실에서 나왔음에도 프런트에 객실 키(key)를 반납하지 않는다면, 프런트로부터 객실 번호를 받아 인솔자에게 통보하고 객실 키(key)를 회수한다.

마지막으로 고객에게 인사를 하는 것으로 벨 맨의 단체 고객 체크아웃 관련 업무가 종료된다.

3) VIP 고객의 체크아웃(check-out)

벨 맨(bellman)은 VIP 고객의 출발시간을 미리 알아두어 30분 전에 엘리베이터 앞에서 대기해야 한다. 고객 수화물을 운반할 시간이 되면 당직 지배인은 프런트 캐셔(front cashier)에게 빌(bill)을 준비하도록 지시한다.

이후 객실에 연락해 수화물을 내려놓을(baggage down) 준비가 되었는지 확인한 다음 수화물을 내려놓고, 도어맨(doorman)은 승용차를 미리 준비한다.

〈표 11-3〉 체크아웃(check-out) 고객의 수화물 운반 서비스

체크아웃(check-out) 고객의 수화물 운반 서비스	1) FIT 고객의 체크아웃
	2) 단체 고객의 체크아웃(check-out)
	3) VIP 고객의 체크아웃(check-out)

3. 수화물 보관 서비스

1) 수화물의 보관 및 인도

(1) 수화물 보관

수화물 보관은 호텔 투숙고객이 수화물을 벨 데스크에 단시간 혹은 장기간 보관을 요청할 경우 고객이 호텔로 돌아와 반출을 요청할 때까지 보관하는 서비스다. 보관기간은 짧게는 몇 시간, 길게는 보통 30일이다.

① 수화물 보관(store in) 방법

고객이 수화물 보관을 요청할 때, 귀중품은 원칙적으로 맡지 않으나 부득이하게 맡을 경우 프런트 데스크에서 보관하도록 한다. 일반 수화물은 고객 요청 시 철저히 기록하고 보관 서비스를 제공한다.

호텔은 수화물 보관을 위해 임시전표를 발행하는데, 날짜, 객실 번호, 성명, 수화물의 내역, 수량 등을 정확하게 확인하고 접수자의 이름을 기입한다. 또한 수화물을 인수할 날짜나 시간까지도 기입하며, 재투숙 고객의 경우 투숙할 날짜를 확인한다. 고객이 수화물 전표에 필요 사항을 기록한 다음 절반을 잘라 고객에게 보관증으로 드린다.

② 수화물 관리의 주의

수화물을 관리하는 과정에서 파손될 가능성이 높은 물건은 세심한 주의가 필요하며, 이를 위해 꼬리표(tag)를 달아 둔다. 고가격의 물품, 인화성 물질이 있는 물품, 그리고 부패하기 쉬운 물품은 정중하게 거절하여야 한다.

[양식 11-2] 수화물 관리대장

BAGGAGE IN RECORD				
RM. NO	Guest Baggage	Time	Bell	Remarks

(2) 수화물 인도 방법(store out)

고객이 수화물을 인수하러 오면 수화물 전표(store check)의 원본을 받고 고객이 지정하는 장소로 운반한다. 고객이 재숙박하는 경우에는 프런트에서 객실을 배정받은 후 해당 객실에 운반한다.

운반된 수화물이 고객 본인 것인지, 또는 수량이 정확한지 등 확인 절차를 거쳐야 한다. 수화물 인수가 완료되면 전표의 원본에 기입하고 벨 캡틴(bell captain)에게 제출한다.

(3) 수화물 전표를 분실했을 때의 불출

고객이 수화물 전표를 분실한 상태에서 수화물을 찾으러 온 경우 고객의 성명, 수화물의 특징, 종류 등을 여쭈어 같은 종류의 수화물인 경우에만 인계한다. 이때 고객의 신분을 확인하기 위해 주민등록증으로 신분을 확인하고 서명을 받아두어야 한다.

(4) 제3자가 찾으러 오는 경우

투숙고객의 수화물을 본인이 받을 수 없는 경우, 사전에 제3자가 찾으러 올 것을 알렸다면 제3자가 수령할 수 있도록 편의를 제공한다. 이런 경우는 일반적으로 5일간 보관하는 것을 원칙으로 한다.

제3자가 찾으러 오는 수화물을 취급하는 벨 맨(bellman)은 수화물 기록장의 '비고'란에 수령인의 주소, 성명, 전화번호를 기입해 놓는다. 이렇게 기록된 수화물을 5일이 지나도 찾아가지 않는다면 상대방에게 연락을 취해 받아 가도록 한다.

〈표 11-4〉 수화물 보관 서비스

수화물 보관 서비스	1) 수화물의 보관 · 인도
	(1) 수화물 보관
	(2) 수화물 인도 방법(store out)
	(3) 수화물 전표를 분실했을 때 불출
	(4) 제3자가 찾으러 오는 경우

4. 객실변경 업무

투숙 중인 고객이 객실을 변경하고자 한다면, 변경하려는 객실 형태(room style)가 여유 있는지를 먼저 파악하고 프런트 클럭(front clerk)으로부터 객실 키를 받아서 변경한다.

1) 투숙 중 객실변경(room change)

고객이 투숙 중 객실을 변경(room change)하고자 할 때 프런트 클럭(front clerk)으로부터 요청받아 새로운 객실로 이동시키는 것을 말한다. 프런트 클럭으로부터 요청을 받은 뒤, 수화물이 많다면 카트(cart)를 이용해 새로운 객실로 운반한다.

이때 욕실, 옷장, 책상 서랍 속 등 객실의 구석구석을 잘 살펴 빠지는 물건이 없도록 주의해야 한다. 새로운 객실에 짐을 옮길 때는 이전 객실에 있었던 상태대로 놓는다.

객실 이동 시 가능하다면 고객이 함께 있는 상태에서 옮기는 것이 가장 바람직하다. 고객이 외출했을 때 짐을 옮기면 분실할 가능성이 있으며, 이동과정에서 고객이 물품이 없어졌다는 등의 불안감을 가질 수 있기 때문이다.

고객의 객실변경(room change)을 마친 경우 그 결과를 프런트 클럭에게 보고하고 이전 객실 키를 반환한다.

2) 부재중 객실변경(room change)

고객이 부재중인 경우는 객실변경을 최대한 자제하는 것이 좋다. 그러나 고객이 부재중이라도 프런트 클럭(front clerk)으로부터 허락을 받았다면 객실을 변경할 수 있다.

부재중에 객실을 변경할 경우, 먼저 하우스키핑 담당자가 있어야 한다. 이후 프런트 클럭에게 현재 투숙 중인 객실 키(key)와 변경할 객실 키를 받은 뒤 카트(cart)를 가지고 이동한다.

객실에 물품을 두고 가는 일이 없도록 욕실, 서랍, 옷장 등을 주의 깊게 확인하고 짐을 운반한다. 객실변경이 끝나면 객실변경대장에 기록한다.

[양식 11-3] 룸 변경 슬립(room change slip)

CHANGE SHIP		
Date	Time:	
ITEM	FROM	TO
Name		
Person(s)		
Room No.		
Room Type		
Room Rate		
Payment		
Arr. Date		
Dep. Date?		
Late C/O Time	12:00	
Change(%)		
Remark:		
CLERK:		
CC: H/K, F/C, B/D		

〈표 11-5〉 객실변경 업무

객실변경 업무	1) 투숙 중 객실변경(room change)
	2) 부재중 객실변경(room change)

5. 귀중품 보관업무

1) 귀중품 보관실(cloakroom)

호텔의 귀중품 보관실(cloakroom)은 연회, 회의, 식사, 면회 등으로 방문한 고객의 휴대품을 일시적으로 보관하는 곳을 말한다.

(1) 귀중품 보관실(cloakroom)의 정리와 준비

귀중품 보관실(cloakroom)에서는 고객의 귀중품, 의류 등을 보관하기 때문에 훼손 및 분실하는 일이 없도록 조심해야 한다. 고객의 귀중품을 보관할 경우, 물품 꼬리표(tag)의 내용을 확인해 물품별로 정리해야 한다.

(2) 물품 및 코트 보관

① 물품 및 코트의 보관은 순번대로 진행한다. 코트는 옷걸이에 보관한다.
② 귀중품은 가능한 보관하지 않도록 한다.
③ 물품의 꼬리표(tag) 번호를 확인한다.
④ 식품 · 식물류는 원칙적으로 보관하지 않는다.

(3) 물품 인도

물품은 보관하는 것도 중요하나 보관된 물품을 정확하고 신속하게 인도하는 것 또한 중요하다.

① 물품의 인도는 반드시 물품 전표(tag)와 교환하여 진행한다.
② 많은 사람이 한꺼번에 찾으러 와도 한 사람씩 순번대로 인도한다.
③ 고객이 물품 전표(tag)를 분실하였을 때는 책임자에게 보고 후, 고객에게 신분을 증명할 수 있는 것을 제시받아 확인한 뒤 인도한다.

〈표 11-6〉 귀중품 보관업무

귀중품 보관업무	1) 귀중품 보관실(cloakroom)
	(1) 귀중품 보관실(cloakroom)의 정리와 준비
	(2) 물품 및 코트 보관
	(3) 물품 인도

6. 페이징(paging) 서비스

1) 페이징(paging) 서비스

페이징(paging) 서비스는 투숙고객 혹은 외부고객의 요청에 의해 로비 주변의 고객을 찾아 주거나 메시지를 전달하는 것을 말한다. 벨 맨은 페이징 서비스를 위해 찾고자 하는 고객의 성명, 연령 등의 인상착의를 접수한다. 그리고 페이징 보드(paging board)에 고객의 이름을 크게 적고, 종을 울리면서 고객의 주의를 끌어 찾는다. 이때 종소리가 너무 요란하지 않도록 유의해야 한다.

2) 메시지(message) 서비스

메시지(message) 서비스는 고객과 직접 대면하기 어려운 경우에 메시지를 통해 용건을 전달하는 서비스다. 메시지는 그 내용에 따라 시간적 제약이 있거나 중요할 수 있으므로 정확하게 처리하여야 한다.

이 서비스는 외부인이 고객에게 메시지 전달을 요청할 때 제공된다. 메시지를 전달하기 전, 접수대장에 전달 내용물, 고객 성명, 객실 번호, 발신인 성명과 전화번호, 접수시간 등을 기록하고 객실로 전달한다.

고객이 호텔을 떠난 뒤 우편물이 도착했다면, 재투숙 예약고객인지 확인한다. 예약된 경우에는 보관하며, 재투숙 고객이 아닌 경우 일반적으로 15일 정도 보관한 다음 발신인 주소로 반송한다.

〈표 11-7〉 페이징(paging) 서비스

페이징(paging) 서비스	1) 페이징(paging) 서비스
	2) 메시지(message) 서비스

7. 기타 업무

1) 전달 업무

외부에서 투숙고객 앞으로 배달할 물건이 있어 벨 데스크에 맡길 경우, 벨 데스크에서 직접 받지 말고 프런트 데스크에서 받도록 한다. 이때 객실 번호가 틀리지 않도록 주의해야 하며 함부로 객실에 물건을 넣어서는 안 된다.

(1) 지배인 요청에 의한 배달

객실 지배인과 부지배인이 지정한 고객, VIP 고객 등에게는 매일 아침 신문서비스를 제공한다.

(2) 재실 · 부재중 시 전달 요령

고객이 객실에 있을 경우 물건을 받은 즉시 고객으로부터 직접 서명을 받고 전달한다.

고객이 부재중일 경우 프런트 클럭(front clerk)과 상의해 고객이 돌아오면 즉시 수령할 수 있게 한다.

(3) 배달 후 수화물대장에 기록

벨 맨(bellman)은 많은 수화물을 취급하기 때문에 고객의 수화물이 잘못 전달되거나 분실되는 경우가 일어날 수 있다. 따라서 벨 맨은 기록대장에 전달 물품을 철저히 기록해야 한다.

2) 숙박고객의 면회

숙박고객에게 면회하기 위해 외부인이 벨 데스크에 찾아온 경우, 원칙적으로 로비에서 면회하도록 한다. 그러나 외부인이 숙박객의 이름이나 객실 번호를 알고 있다면 숙박객에게 전화해 면회를 요청하는 사람이 로비에서 대기 중임을 알린다. 만약 숙박객이 객실 면회를 희망한다면 객실로 안내한다.

야간에 외부인이 투숙객을 면회하고자 할 경우, 객실 면회는 가능한 한 철저히 제한한다. 이때는 즉시 프런트 데스크에 연락하여 야간 지배인의 지시를 받아야 한다.

3) 객실 층 안내(floor information)

벨 맨(bellman)은 호텔을 방문하는 모든 고객에게, 호텔 내의 시설에 대한 문의가 있을 때 각 층의 객실이나 영업장을 친절히 안내한다. 즉 객실, 엘리베이터 탑승 장소, 커피숍, 연회장, 행사장, 회의실, 레스토랑, 아케이드 등에 대해 안내할 수 있도록 호텔 내부 시설을 파악하고 있어야 한다.

특히 연회장 고객의 경우, 연회 행사에 대한 질문에 대비하여 행사 시간 및 내용 등을 미리 알아두고 친절히 안내하여야 한다. 또한 식당의 특성이나 영업시간에 대해서도 숙지하고 있다가 고객의 문의에 신속하게 응답해야 한다.

덧붙여, 벨 맨은 호텔 내 시설은 물론 외부에 대한 문의 사항에도 안내(information) 데스크 직원처럼 응답할 수 있도록 다양한 정보를 섭렵해야 한다.

〈표 11-8〉 기타 업무

기타 업무	1) 전달 업무
	(1) 지배인 요청에 의한 배달
	(2) 재실 · 부재중 시 전달 요령
	(3) 배달 후 수화물대장에 기록
	2) 숙박고객 면회
	3) 객실 층 안내(floor information)

문제에 대한 토론

1. 벨 데스크(bell desk)의 업무 중 체크인(check-in) 서비스에 대해 논의하여 보자.

2. 벨 데스크(bell desk)의 업무 중 체크아웃(check-out) 고객의 수화물 서비스에 대해 논의하여 보자.

3. 벨 데스크(bell desk)의 업무 중 수화물 보관 서비스에 대해 논의하여 보자.

Hotel Room Management

CHAPTER 12

컨시어지 (concierge)의 업무

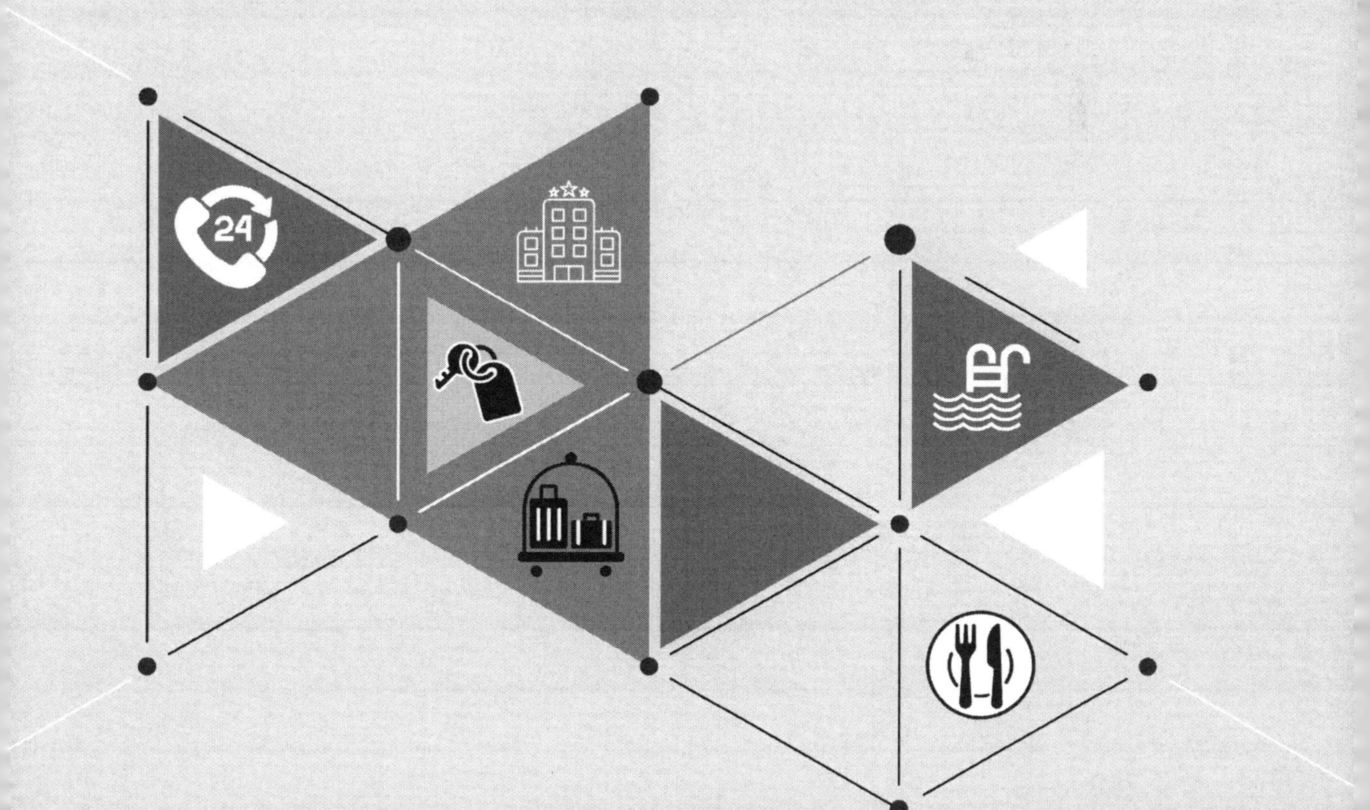

12 컨시어지의 업무

1 컨시어지의 일반적 개요

1. 컨시어지의 개요

품격 있는 호텔에는 프런트 데스크 옆 혹은 로비의 특정 장소에 컨시어지(concierge) 데스크가 있다. 컨시어지의 사전적 의미는 수위, 관리인을 뜻하는 도어키퍼(doorkeeper)다.

컨시어지는 과거 프랑스의 고풍스러운 성을 방문하는 귀족을 가장 가까이에서 영접하던, 신뢰받는 하인을 칭하는 말에서 유래되었다.

컨시어지 서비스는 1930년대 유럽의 고급스러운 호텔에서 처음 도입되어 현재는 보편화된 서비스이다. 컨시어지는 고객이 필요한 정보를 제공한다. 즉, 호텔에서 컨시어지는 모든 고객에게 봉사하는 정신으로 고품질 서비스를 제공할 수 있도록 항상 단정한 모습, 예의 바른 태도, 전문적인 지식을 갖추어 고객에게 총괄적인 서비스를 제공하는 종사원을 의미한다.

호텔 컨시어지의 주된 업무는 고객에게 각종 정보, 안내, VIP 접객, 투숙 및 퇴숙 보조, 시설물 제공, 그리고 안전 등에 관해 총괄적인 서비스를 제공하는 것이다. 또한 컨시어지(concierge)는 업무 효율을 높이기 위해 관련 부서와 상호협력하고, 호텔 내 각종 행사에 대해 숙지하여 고객의 문의에 신속하게 응답할 수 있어야 한다.

2. 컨시어지와 유사한 용어

호텔에서는 컨시어지(concierge)와 유사한 개념으로 GRO(guest relation officer)를 사용한다. 호텔에서 GRO는 VIP 고객 영접·환송, 호텔 내·외부 정보제공, 체크인(check-in)과 체크아웃(check-out)의 보조 서비스를 제공한다.

GRO의 업무는 고객의 서비스 욕구가 충족될 수 있도록 타 부서와 상호 긴밀한 연락을 취해 원활한 업무수행을 도모하는 것이다. 또한 고객에게 고품질 서비스를 지원하기 위해 메시지를 신속, 정확하게 전달하며, 고객이 호텔 외부의 정보 및 안내를 요청할 때를 대비해 각종 팸플릿, 약도 및 시내 지도 등을 항상 준비하고 제공한다.

따라서 GRO는 대고객 서비스의 품질을 높이고 고객의 욕구를 충족시키는 편리성을 제공하기 위해, 호텔 종사원과 원활히 소통하며 이를 바탕으로 고객 접점에서 서비스 역량을 강화하는 업무를 수행한다.

2 컨시어지 업무

호텔에서 컨시어지(concierge)는 사전적인 의미보다 더 넓은 의미로 사용되며, 일반적으로 호텔 이용객에게 제공되는 서비스를 총괄한다.

또한 컨시어지의 원래 의미와 같이, 호텔의 중요 고객을 가장 가까이에서 서비스한다. 특히 VIP 고객에게 고품질 서비스나 편의를 제공하는 데 있어 총괄책임자의 역할을 담당한다.

1. VIP 고객의 접객 서비스

VIP 고객이 호텔에 도착하면, 컨시어지(concierge)는 고객이 호텔을 이용하는 동안 기본 정보를 제공할 뿐만 아니라 고객의 개인 업무를 처리하는 비서의 역할도 수행한다. 이들은 VIP 고객을 위해 호텔 식당, 항공권 및 각종 교통편, 극장 및 운동경기, 관광지를 안내 · 예약하며, 우편물을 접수하고 발송하는 등의 다양한 업무를 수행한다.

요컨대 컨시어지는 VIP 고객에게 호텔 내외의 정보제공부터 개인비서 역할까지 폭넓은 서비스를 제공한다.

2. 서비스 및 시설물 제공

컨시어지(concierge)는 비즈니스 고객의 성공적인 비즈니스를 위해 다양한 서비스나 시설물을 제공하는 등 지원을 아끼지 말아야 한다. 컨시어지가 고객에게 지원할 수 있는 내역들은 다음과 같다.

첫째, 건강관리 서비스를 제공한다. 비즈니스 고객은 성공적인 비즈니스를 위해 긴장감을, 긴 여정으로 인해 높은 피로도를 가질 수 있다. 따라서 컨시어지는 고객의 건강관리를 위해 헬스클럽, 스포츠 시설 및 조깅 코스 등을 제공하거나 안내하는 업무를 수행한다.

둘째, 예약 서비스를 제공한다. 컨시어지는 비즈니스 고객이 효율적으로 업무를 수행할 수 있도록 예약 관련 서비스를 지원한다. 바쁜 일정의 비즈니스 고객이 직접 예약을 처리하면 시간 소모가 커져 비즈니스에 집중하지 못할 수 있다. 컨시어지가 이러한 예약 업무를 담당함으로써 고객은 시간을 보다 효과적으로 관리할 수 있다.

셋째, 식당 및 병원에 대한 정보를 제공한다. 호텔 비즈니스 고객은 대다수가 다른 도시나 해외에서 거주하다 비즈니스 목적으로 호텔을 방문하므로, 식당이나 병원 정보에 대해 모를 수 있다. 이러한 정보는 고객의 비즈니스에 활력소가 될 만큼 중요하기에, 컨시어지는 이를 정확하고 신속하게 안내해야 한다.

넷째, 회의실 및 비즈니스 센터 등의 편의시설을 제공한다. 컨시어지는 고객의 효과적인 비즈니스 활동을 위해 회의실이나 비즈니스 센터를 사용할 수 있도록 한다.

3. 정보수집 서비스

컨시어지(concierge)는 고객 요청 시 호텔 시설 정보 외에도 경제, 사회문화, 교육 등 다양한 분야의 정보를 취합해 안내한다. 또한 호텔 주변의 관광지, 다양한 레스토랑, 사우나 · 마사지 시설 등에 대한 정보를 수집하여 안내 서비스를 제공한다.

이 외에도 고객이 방문하고자 하는 쇼핑몰, 문화예술 행사, 오페라, 스포츠 행사 등에 대한 정보를 파악 후 전달하며 고객이 이들의 이용 및 참여를 원하면 타 부서의 협조를 받아 고객의 욕구를 충족시킬 수 있는 서비스를 지원한다.

4. 차량 수배 · 배치 업무

고객이 타 지역 방문이나 관광을 위해 차량 수배 및 배치를 원할 경우, 컨시어지(concierge)는 이를 적극적으로 수용하여 고객의 만족도를 높여야 한다. 예를 들어 렌터카 이용을 원한다면, 신속하게 수배한 뒤 교통의 혼잡지역이나 도로에 대해 정확히 설명해 고객이 편안하고 안전하게 목적지에 도달하게끔 지원한다.

즉 컨시어지는 고객이 요청하는 차량의 수배 및 배치를 위해 적극적으로 협력하고, 편리하게 이용할 수 있도록 서비스를 제공해야 한다.

5. 불평불만 처리 업무

호텔은 철저한 서비스 교육을 통해 고품질의 서비스를 제공하려 노력하지만, 종사원도 사람이기에 다양한 고객의 욕구를 모두 충족시키기는 어렵다. 고객의 불평불만을 제로로 만드는 것이 가장 이상적인 고품질 서비스이나, 현실적으로 고객의 불만은 언제 어디서나 발생할 수 있으므로 호텔은 이를 최소화하기 위해 노력하여야 한다.

고객은 불평불만을 말하지 않고 호텔을 떠나는 경향이 있으며, 이 경우 재이용할 가능성이 낮다. 따라서 호텔은 고객이 불만을 쉽게 표출할 수 있는 시스템을 갖추는 것이 중요하다. 고객의 불만을 어떻게, 그리고 얼마나 능숙하게 처리할 수 있느냐가 호텔의 경영에 큰 영향을 미친다.

고객의 불평불만을 호텔을 재이용하겠다는 의사로 판단해, 고객의 불쾌한 감정이 최대한 완화되도록 신속하고 성의 있는 사과나 보상을 제공해야 한다.

6. 컨시어지의 직무 자세

1) 봉사자의 직무 자세

컨시어지(concierge)는 고객에게 항상 봉사하는 마음가짐으로 직무를 수행하여야 한다. 고객의 행복감이나 즐거움을 주기 위해 자발적이고 적극적으로 업무에 임할 때 고객의 만족도가 높아질 것이다. 또한 자신의 희생을 통해 고객에게 만족감과 편의를 제공한다는 마음가짐이 필요하다.

2) 신뢰를 얻는 자세

고객에게 신뢰를 얻는다는 것은 쉬운 일이 아니나, 근면 성실하게 본인의 업무를 수행한다면 곧 고객으로부터 신뢰를 얻을 수 있다. 자신의 친구나 가족처럼 친근한 자세로 접객한다면 고객은 종사원에게 친근함을 느끼고 서로를 신뢰하게 될 것이다. 컨시어지(concierge)는 고객과 친근한 관계를 형성하여 상호신뢰를 구축하는 것이 가장 바람직한 업무수행이다.

고객과 신뢰를 쌓기 위해서는 첫째, 고객의 입장에서 약속하고 이행하여야 한다. 약속을 잘 이행하는 것은 고객과 상호신뢰를 쌓는 가장 좋은 방법이다. '신뢰는 약속에서 출발하여 약속으로 끝을 맺는다.'는 말이 있다. 이는 약속의 이행이 신뢰 획득에 얼마나 중요한지를 표현한다.

둘째, 호텔 내 · 외부에 대해 충분한 정보와 상품 지식을 가져야 한다. 이는 고객 질문 시 신속하게 응답하기 위함이다.

셋째, 정직한 마음을 생활화해야 한다. 일상에서도 정직함은 신뢰를 얻는 데 매우 중요하다. 컨시어지가 정직한 마음가짐으로 접객할 때 고객을 감동시킬 수 있으며, 이는 고객으로부터 신뢰를 얻는 계기가 될 것이다.

고객으로부터 신뢰를 얻는 방법은 컨시어지의 마음에 좌우된다. 즉 고객지향적인 마음에서 서비스를 제공한다면 신뢰받는 훌륭한 컨시어지가 될 것이다.

3) 친절한 자세

호텔에서 친절은 아무리 강조해도 지나치지 않을 만큼 생명과 같은 존재이며, 컨시어지에게도 마찬가지로 매우 중요한 부분이다.

컨시어지의 친절은 고객을 자석과 같이 끌어당기며, 고객에게 행복감을 한없이 주는 원천이다.

사소한 서비스일지라도 친절히 대한다면 고객의 기억 속에는 영구적으로 남는다. 따라서 컨시어지는 친절이 호텔을 지속적으로 이용하게 하는, 보이지 않는 힘이라는 사실을 명심하고 서비스에 임해야 한다.

4) 감사하는 마음가짐

컨시어지(concierge)는 고객이 호텔 상품을 구매하기 위해 방문했다는 점, 그리고 자신이 직접 서비스할 기회를 가졌다는 점에 감사하는 마음가짐으로 접객해야 한다. 서비스를 제공할 기회가 없다면, 자신의 존재가치를 나타낼 수 없기에 진정으로 불행한 종사원이라고 할 수 있다.

따라서 컨시어지(concierge)는 고객이 있어야 호텔이 지속되고 자신도 소속감을 느끼며 사회에 기여할 수 있다는 사실을 인지하고, 이에 대해 고객에게 감사하는 마음으로 종사하여야 할 것이다.

〈표 12-1〉 컨시어지 업무

컨시어지 업무	1. VIP 고객의 접객 서비스
	2. 서비스 · 시설물 제공
	3. 정보수집 서비스
	4. 차량 수배 · 배치 업무
	5. 불평불만 처리 업무
	6. 컨시어지의 직무 자세
	1) 봉사자의 직무 자세
	2) 신뢰를 얻는 자세
	3) 친절한 자세
	4) 감사하는 마음가짐

문제에 대한 토론

1. 컨시어지(concierge)의 일반적인 의미에 대해 논의하여 보자.

2. 컨시어지(concierge) 업무에 대해 논의하여 보자.

참고문헌

Chapter 11 벨 맨의 업무

1) 호텔경영연구회, 호텔경영의 이해, 대왕사, 2005, p.173.

Hotel Room Management

PART 5

호텔 객실관리 업무와 접객 실무

Flow Chart

Hotel Room Management

CHAPTER 13

하우스키핑 (housekeeping)의 업무

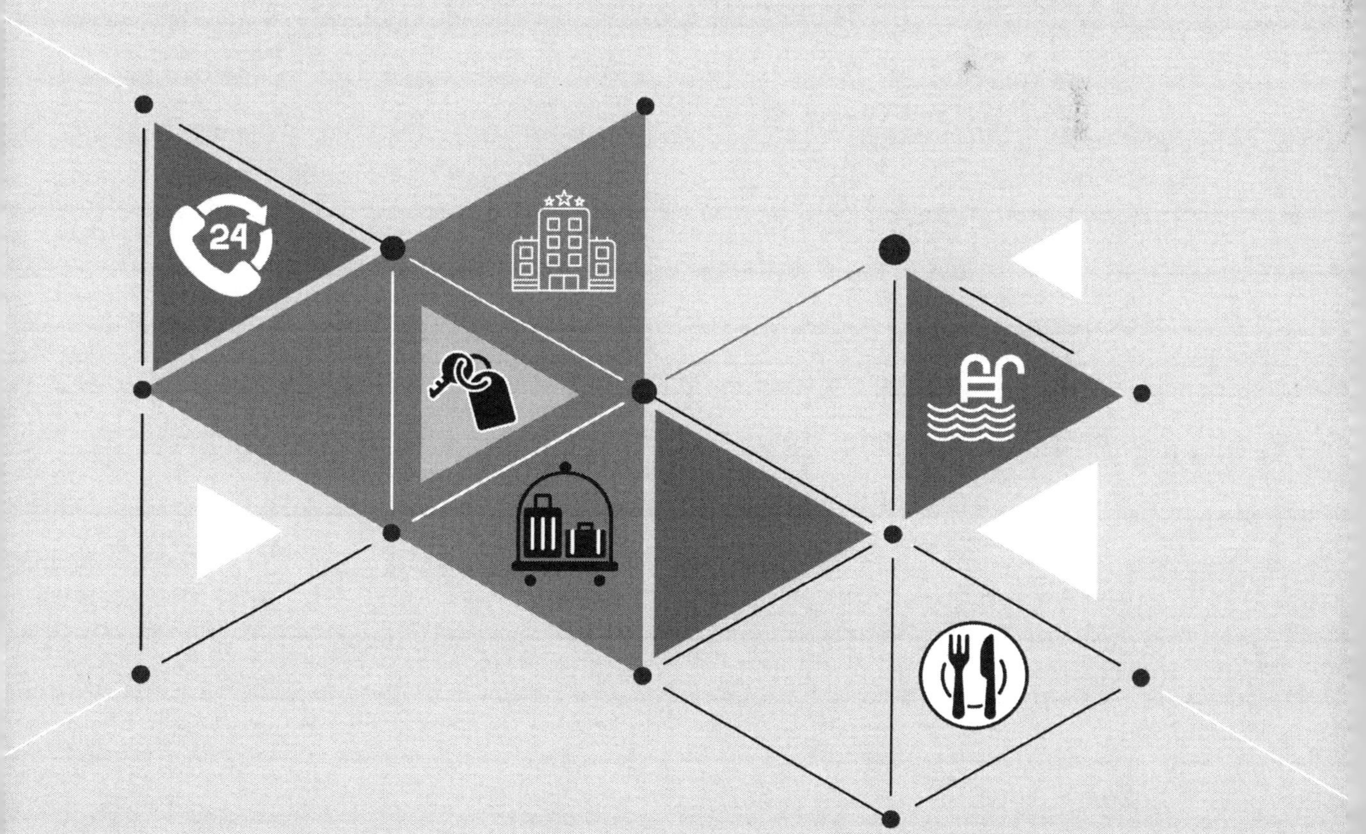

13 하우스키핑의 업무

1 하우스키핑의 일반적 개요

1. 하우스키핑의 개념

호텔 하우스키핑(housekeeping)은 객실 상품을 생산하는 중요 부서다. 하우스키핑의 사전적 의미는 "The housekeeping of the house"로 '가사,' '가정'의 의미를 내포하고 있다. 오늘날에는 호텔이나 대규모 건물 등의 재산과 시설물을 유지하고 안전과 청결을 관리하는 부서의 의미로 쓰인다.[1)]

품격 높은 객실관리 서비스는 호텔의 명성을 높인다. 또한 고객이 체류하는 동안 만족스러운 서비스를 받았다면, 이는 재방문으로 이어질 수 있다. 안락, 청결 그리고 훌륭한 서비스는 현대 호텔의 품격과 가치를 평가하는 척도가 된다.

집을 떠나 숙소를 찾는 여행자에게 가장 중요한 요건은 깨끗하고 잘 정돈되어 쾌적하고 안락한 서비스를 받는 것이다. 낯설고 외로운 타 지역을 방문한 고객이 편리하고 청결한 서비스를 경험한다면, 그 호텔에 대한 긍정적인 이미지가 형성된다. 또한 만족도가 높아져 재방문으로 이어질 수 있다.

깨끗한 카펫(carpet), 상쾌한 시트(sheet), 광택이 나는 욕실 타일 등 고객을 맞이할 모든 준비가 갖추어졌을 때, 객실은 비로소 안락하고 포근히 쉴 수 있는 장소가 된다. 이는 집을 멀리 떠난 집(a home away from home)과 같은 분위기에서 편안함을 느끼게 한다.

하우스키퍼(housekeeper)는 언제 어떤 일이라도 즐겁게 서비스할 수 있는 자세, 세심하고 배려 깊은 마음, 그리고 믿음직스러운 태도를 가진 사람이 적임자라고 할 수 있다. 하우스키핑의 업무는 객실관리, 객실정비, 객실부문 서비스 및 공공구역 정비 · 유지 관리를 포함한다.

하우스키핑 부서에서는 객실 상품을 생산하는 과정에서 고객에게 청결과 안락함을 제공하는 것이 무엇보다 중요하다. 청결하고 품격 있는 객실을 유지하기 위해서는 철저한 객실관리가 필요하다. 따라서 고도로 숙련된 하우스키퍼에 의해 객실이 관리되고 운영되어야 한다.

2. 하우스키핑의 기능

호텔 하우스키핑 부서의 업무 기능은 특정 부서에 한정되기보다는 호텔 전체의 영역에서 관리되는 것이 더 적절하다.

하우스키핑 부서는 호텔의 각 영업장 및 공공장소의 관리업무까지 수행하므로, 고도의 효율성, 신속성, 안전성이 요구된다. 즉 하우스키핑 부서의 업무를 효과적으로 관리하지 못하면 호텔 상품의 품질, 마케팅, 이미지 및 수익성에 부정적인 영향을 미치게 된다. 하우스키핑 부서의 모든 기능을 효과적으로 수행하려면 다른 부서와의 협력이 필수적이며, 이는 비용 절감과 업무능률 향상으로 이어진다.

1) 객실 생산자의 기능

호텔 하우스키핑(housekeeping) 부서는 객실 이용객이 편안하고 아늑한 분위기에서 휴식하여 심신의 건강을 회복하게 하는 생산자의 기능을 지닌다. 즉 하우스키핑 부서에서 수행하는 업무 몰입도에 따라 호텔 및 객실 상품의 품질이 결정된다.

고품격의 호텔 공공장소, 객실의 청결한 상태, 정돈된 소모품 및 린넨류 서비스, 욕실설비 서비스 등은 호텔의 얼굴이자 주된 상품이다. 공공장소 및 객실 상품을 매력적으로 유지하고 고품질 서비스를 생산하는 데 직접적으로 관여하는 부서가 하우스키핑이므로, 객실 생산자의 기능을 가진다고 할 수 있다.

2) 호텔 시설관리의 기능

호텔은 건립 이후에도 건물 및 시설 유지를 위해 많은 비용이 투자되어야 상품의 가치를 높일 수 있다. 호텔의 건물이나 시설은 다수의 고객이 이용하기 때문에 조기에 노후화된다.

호텔 하우스키핑 부서는 호텔의 건물, 시설, 각종 가구 등의 관리를 책임지는 부서다. 즉, 호텔의 고정자산을 시설관리 부서와 함께 관리하며, 영업부서의 원활한 업무수행을 지원하는 것이 주된 업무이다.

따라서 하우스키핑 부서는 호텔 운영에 필요한 각종 기계, 설비 및 시설, 영업장 및 공공장소의 인테리어나 가구, 기구 및 소모품의 관리를 담당한다.

3) 호텔의 린넨 및 세탁물 관리의 기능

호텔 하우스키핑 부서는 호텔 상품 생산에 필요한 린넨, 세탁물 및 유니폼 등의 관리를 총괄한다. 이들의 구입, 저장, 분출, 취급, 재고관리 등을 통해 호텔의 운영경비를 절감하고 수익성을 창출한다.

이외에도 호텔에서 사용하는 린넨, 직원 유니폼, 세탁물을 수선하고 보관 및 공급하여 상품 생산이나 서비스 제공이 원활하도록 한다. 최근에는 비용 절감을 위해 외부의 전문 용역업체에 위탁 운영하는 호텔이 증가하고 있다.

〈표 13-1〉 하우스키핑의 기능

하우스키핑의 기능	1) 객실 생산자의 기능
	2) 호텔 시설관리의 기능
	3) 호텔의 린넨 · 세탁물 관리의 기능

3. 하우스키핑의 중요성

호텔 객실은 건립 시 상품으로 생성되나, 건립된 객실만으로는 완전한 상품으로 판매되지 못한다. 하우스키핑(housekeeping) 부서에서 성실하게 업무를 수행해야 고품질의 매력적인 객실 상품으로 판매될 수 있다.

나아가 하우스키핑(housekeeping) 부서의 서비스를 통해 고객이 쾌적하고 편안하며 안락한 휴식을 취할 수 있도록 객실을 생산하고 관리해야 고품질의 상품이 만들어진다.

하우스키핑(housekeeping) 부서는 객실 투숙객 및 호텔 이용객에게 고품질 서비스를 제공하기 위해 호텔 전체 영업장, 주방 및 공공장소의 청결 상태와 안전을 관리한다. 호텔 품질은 하우스키핑 부서의 업무 능력에 따라 결정된다고 할 정도로, 이들은 중요한 업무를 수행한다.

하우스키핑의 중요한 핵심 업무는 첫째, 호텔 객실 상품의 생산을 관리한다. 호텔 객실의 청결 상태, 정리 정돈, 린넨류 및 소모품의 품질 등이 완벽하게 관리되어야 고객이 만족하는 객실 상품이 될 수 있다.

고객은 객실의 청결 상태에 따라 구매를 결정하는 경향이 높다. 쾌적하고 아늑한 분위기에서 편안하고 안락하게 피로를 풀 수 있는 상품을 생산할 때 객실 상품의 가치는 높아진다.

둘째, 호텔 시설을 유지 및 관리한다. 하우스키핑 부서는 호텔 내외의 시설을 관리한다. 시설의 개·보수를 통해 호텔은 상품의 가치를 지속적으로 높일 수 있다. 호텔 시설은 고객에게 편리함과 품격 있는 시설을 제공하는 면에서 중요하며, 경영자에게는 재산관리 측면에서 매우 중요하다. 시설을 장기간 고품질로 유지 및 관리하는 것은 시설자원의 가치를 영속적으로 보존하며, 비용 절감 효과도 동시에 가져온다.

셋째, 호텔의 청결을 관리한다. 하우스키핑 부서는 객실뿐만 아니라 호텔의 공공장소, 영업장 및 부대시설 등의 환경을 청결하게 조성하는 데 핵심적인 역할을 한다. 공공장소가 깨끗하고 잘 정돈되어 있을 경우 고객은 호텔 상품 전체에 대한 신뢰를 가지며, 재방문율을 높이고 고객의 불평불만을 감소시키는 역할을 한다. 또한 청결한 영업장은 위생적으로 안전한 상품을 생산하고, 깨끗한 부대시설은 고품질의 서비스를 제공하게 한다.

넷째, 호텔 시설의 유지·관리 비용을 절감할 수 있다. 호텔은 시설관리 비용이 매우 높다. 하우스키핑 부서는 객실의 각종 가구 및 비품, 욕실 설비관리, 부대시설,

공공장소 등을 관리해 비용을 절감시킨다.

하우스키핑 부서에는 세심하고 주의 깊은 관찰력과 성실한 성격을 가진, 잘 훈련된 인력이 필요하다. 이러한 인력은 비품이나 시설물 관리에 몰입도가 높아 고품질 비품 및 시설물 유지 · 관리에 소홀함이 없으며, 이는 비용 절감 효과를 기대할 수 있다.

다섯째, 분실물을 관리한다. 하우스키핑은 호텔 내에서 고객이 분실한 물품을 습득하였을 때 보관하고 처리하는 업무를 수행한다. 이러한 물품들은 호텔의 습득물 관련 규정에 따라 시행된다. 일반적으로 습득 후 3~6개월까지 보관하며, 기간 내에 주인이 나타나지 않으면 습득자가 소유권을 주장할 수 있다. 귀중품의 경우 보관기간이 더 늘어날 수 있다.

습득한 분실물을 고객에게 되돌려 주었을 경우 고객은 호텔에 대한 긍정적인 이미지를 가질 수 있을 것이다. 이는 재방문율을 높일 수 있으며, 충성도 높은 고객을 확보할 수 있다.

고객은 호텔 공공장소의 비품이나 시설, 객실 내 집기나 시설 등의 품질을 평가하게 된다. 이때, 고객은 이러한 평가 결과를 호텔 전체의 품질기준으로 삼는 경향이 있다. 따라서 호텔의 시설과 객실 상품을 관리하는 것은 매우 중요하다.

4. 타 부서와의 협력 관계

호텔은 독립된 부서에서 하나의 완전한 상품을 생산하는 것이 아닌, 여러 부서가 협력하여 고품격의 상품을 생산하는 기업이다. 즉 호텔 상품을 생산할 때, 타 부서와 상호협력적인 관계가 형성되어야 고객이 만족할 수 있는 상품을 생산할 수 있다. 하우스키핑 부서 또한 타 부서와 협력적일 때 제 기능을 발휘하여 고품질 또는 고객만족도가 높은 상품을 생산할 수 있다.

특히 호텔 영업이익에 높은 영향을 미치는 객실의 경우, 하우스키핑 부서가 상품생산에 핵심적인 역할을 하지만, 타 부서와 상호협력적인 관계가 우선되어야 고품질상품을 생산할 수 있다.

객실 판매부서인 프런트 오피스(front office), 시설관리 부서, 식음료 부서, 구매부서, 인력자원 관리부서 등과 상호협력 관계의 정도에 따라 업무의 효율성과 신속한 서비스 제공 여부가 결정된다.

1) 프런트 오피스(front office)와의 협력 관계

하우스키핑 부서와 프런트 오피스 부서 간에 협력이 긴밀하게 이루어져야 업무를 효율적으로 수행할 수 있다. 프런트 오피스 부서의 주요 업무는 객실판매와 관련되어 있으며, 하우스키핑 부서는 객실 상품 생산이 핵심 업무다. 객실 상품의 생산과 판매가 신속하고 효율적으로 진행되도록 두 부서가 긴밀히 협력해야 고객이 만족할 수 있는 상품을 생산할 수 있다.

예를 들어, 투숙객이 체크아웃하기 위해 프런트 데스크에서 절차를 거칠 때, 룸메이드가 미니 바 사용 여부를 프런트 직원에게 신속히 알려주지 않으면 체크아웃이 지체되고 고객은 불평하게 된다. 이런 일은 상호협력이 부족하여 일어나는 현상이다.

또 다른 예로, 객실이 고장 나 판매할 수 없어 하우스키퍼에게 수리를 요청할 때, 각 부서가 협력적인 관계라면 빠르게 수리되어 프런트 데스크에서 객실을 판매할 수 있다.

이 외에도 하우스키퍼는 벨 맨(bellman)으로부터 VIP 고객의 도착 및 투숙 예정 시간, 그리고 어린이용 침대, 엑스트라 침대(extra bed) 혹은 어린이용 의자(baby sitter) 등의 특별 주문사항을 전달받아 민첩하고 효율적으로 업무를 수행할 수 있다.

즉, 객실관리 부서의 직원들은 호텔 전체 임직원들과 상호협력해야 원만하게 업무를 처리하고 고품질 서비스를 생산할 수 있다.

2) 시설관리 부서와의 협력 관계

호텔 객실은 정비가 완벽하게 되어 있을 때 고객에게 판매할 수 있으며, 온전한 기능을 발휘하고 가치를 높일 수 있다. 객실정비 업무를 담당하고 있는 하우스키퍼(housekeeper)는 객실의 침대, 책상, 각종 가구, 화장실 상태, 세면대의 물 빠짐, 전구 등이 정상적으로 작동되는지 점검하고 이상이 있을 경우는 교체나 수리하여 판매할 수 있도록 해야 한다. 또한 갑작스럽게 객실 TV가 고장 나거나 온도 조절장치의 작동이 안 될 경우, 객실관리 부서와 시설관리 부서 간에 상호협력해 신속히 보수 및 수리 서비스를 제공할 수 있다.

3) 안전관리 부서와의 협력 관계

호텔에서의 안전관리는 아무리 강조해도 지나치지 않다. 호텔은 객실 외부 침입자에 의한 정신적, 신체적 안전, 그리고 귀중품의 안전한 보관과 같은 물질적 안전 등을 보장한다.

호텔 외부 안전관리 담당자와 상호 긴밀한 협력 관계로 고객의 안전을 보장해야 한다. 즉 호텔 외부의 침입자로부터 안전을 관리해야 하며, 외부에서 발생할 수 있는 사고 등 안전에 관련된 모든 사항을 만족스럽게 관리하기 위해 안전관리 요원들과 원만한 협력 관계가 이루어져야 한다.

특히 야간에 일어날 수 있는 사고를 관리하기 위해 안전관리 부서, 또는 야간 당직 담당자와 밀접하게 협력해야 고객의 안전성을 담보할 수 있다.

요컨대, 호텔 내·외부의 안전과 관련된 수많은 요인이 발생할 수 있으므로, 안전관리 부서와 상호협력적인 관계를 가져야 고객은 안전을 보장받을 수 있다.

하우스키퍼(housekeeper)는 고객의 안전을 관리하는 최전방에서 업무를 수행한다는 신념을 가지고, 안전과 관련된 모든 부서의 임직원들과 긴밀한 협력 관계를 유지하는 것을 최우선하여 직무를 수행해야 한다.

안전사고는 언제 어디서든 발생할 수 있으므로, 더욱더 타 부서의 도움이 필요함을 인식해야 한다. 전 직원들과 원만한 인간관계의 형성이 무엇보다 중요하다고 할 수 있다.

4) 구매부서와의 협력 관계

구매부서는 호텔에서 사용되는 모든 물품을 구입하는 부서이다. 하우스키핑 부서에 필요한 물품의 종류는 호텔의 다른 어떤 부서보다 많다.

이러한 연유로, 하우스키핑 부서는 구매부서와 밀접한 협력 관계가 이루어질 때 고유 업무를 정상적으로 수행할 수 있다.

구매부서가 하우스키핑 부서에 필요한 각종 비품, 소모품, 청소용품, 장비 등의 제품을 고품질로, 신속하게 확보해 주었을 때 하우스키핑 업무의 효율성을 높일 수 있다.

하우스키핑 부서에서 요청한 물품들을 구매부서가 적절한 시기에 조달한다면, 하우스키핑 부서는 고품질의 상품을 생산할 수 있다. 따라서 하우스키핑 부서는 고유 업무를 원만하게 수행할 수 있도록 구매부서와의 협조적인 관계를 형성해야 한다.

5) 인적자원 관리부서와 협력 관계

하우스키핑 부서에서 수행하는 업무영역은 타 부서에 비해 광범위하다. 이러한 업무를 수행하기 위해, 필요인력 또한 타 부서에 비해 상대적으로 많이 요구되는 편이다. 더불어 인적자원의 능력도 우수해야 고품질 상품을 생산할 수 있으며, 고객 만족도를 높일 수 있을 것이다.

최근에는 룸 메이드 및 호텔 안전 관련 업무는 외부 업체와 계약해 관리되는 형태가 대다수지만, 여전히 많은 인력자원이 필요한 부분들이 있다. 즉 내부 직원 및 외부 업체의 인력을 효율적으로 관리하고 고품질 서비스를 제공하기 위해 인적자원이 필요하다.

하우스키핑 부서가 인적자원 관리부서와 항상 밀접한 관계를 유지하는 것이 업무의 고효율성과 호텔의 품질관리에 매우 중요하다.

하우스키핑 부서는 부서 자체적으로 해결되는 직무도 있지만, 타 부서의 지원으로 처리되어야 할 직무도 많은 편이다. 따라서 하우스키핑 부서의 직원들은 타 부서의 종사자들과 긴밀한 협력적 관계가 이루어질 수 있도록 노력해야 한다.

〈표 13-2〉 하우스키핑 부서와 타 부서 간 협력 관계

관계부서	협조 내용
프런트 오피스	• 객실 청소 완결된 것, 호텔 객실영업부서에 정보제공 • 체류 중인 고객행동 파악, 타 부서와 정보 교류로 양질 서비스 제공
식음료 부서 및 부대시설관리 부서	• 시설에 대한 청결유지 • 식음료업장 · 부대시설에서 사용하는 린넨 세탁하고 보급 • 각 업장 유니폼 구입관리 • 업장에서 발생한 시설정비를 해당부서로 연결하여 문제 해결
시설관리 부서	• 수리 · 보수 작업요청서(maintenance order) 전달 • 수리 · 보수가 신속히 이루어질 수 있도록 협조 • 호텔 내의 시설을 수시 점검, 시설관리 부서에서 예방 · 준비할 수 있도록 협조
안전관리 부서	• 로비 안전관리 • 객실에 외부인의 출입에 대해 감시 · 통제 • 호텔에 머무는 동안 고객에게 신체적인 측면과 정신적인 측면, 물질적인 측면에서 안전유지
구매부서	• 객실 내의 다양한 소모품 · 청소용품 · 주요장비 등 구입 협조
인사부서	• 종사원의 효율적인 관리 • 인건비 절약과 효율적인 업무 스케줄의 작성 · 이행

자료: 문정희 · 이원봉, 객실관리론, 대왕사, 2013, p.197.

〈표 13-3〉 타 부서와의 협력 관계

타 부서와의 협력 관계	1) 프런트 오피스(front office)와의 협력 관계
	2) 시설관리 부서와의 협력 관계
	3) 안전관리 부서와의 협력 관계
	4) 구매부서와의 협력 관계
	5) 인적자원 관리부서와의 협력 관계

2 하우스키핑의 조직과 업무

1. 하우스키핑의 조직

호텔의 규모에 따라 객실 영업부서와 하우스키핑 부서를 분리하거나, 객실 부서에서 하우스키핑 업무를 담당한다. 또는 외부 업체와 계약해 하우스키핑 업무를 수행하는 등의 다양한 형태가 존재한다. 조직의 형태는 다양할 수 있지만, 하우스키핑 부서의 고유 업무는 형태와 관계없이 동일한 업무를 수행한다.

하우스키핑 부서는 하우스키퍼(객실정비 지배인)를 장으로 하며, 부지배인, 인스펙터(inspector), 하우스 맨(house man), 오더 테이커(order taker), 룸 메이드(room maid), 린넨계(linen clerk), 세탁계(laundry)로 구성되어 있다. 이들의 업무는 객실의 청소, 정비 및 객실 이용객에 대한 전반적인 서비스를 제공하는 것이다.

하우스키핑 조직은 호텔의 규모에 따라 차이가 있다. 이를테면, 객실이 500실 이상인 경우와 300실 미만인 경우가 다른 편이다.

최근에는 호텔의 고정비 지출이 증가하거나 객실관리에 대한 다양한 프로그램이 개발되면서 하우스키핑(housekeeping) 부서가 축소되는 경향이다.

그럼에도 불구하고, 하우스키핑(housekeeping) 부서는 객실 상품의 고품질 생산과 비생산적인 공공지역에 대한 고객의 가치 증대, 그리고 업무 능력의 극대화를 위한 노력을 지속해야 한다.

나아가 하우스키핑(housekeeping) 종사원들이 수행하는 업무에 대한 명확성, 그리고 책임성에 대한 한계를 제시할 수 있도록 조직구조가 형성되어야 바람직한 운영이 가능하다.

[그림 13-1] 하우스키핑의 조직

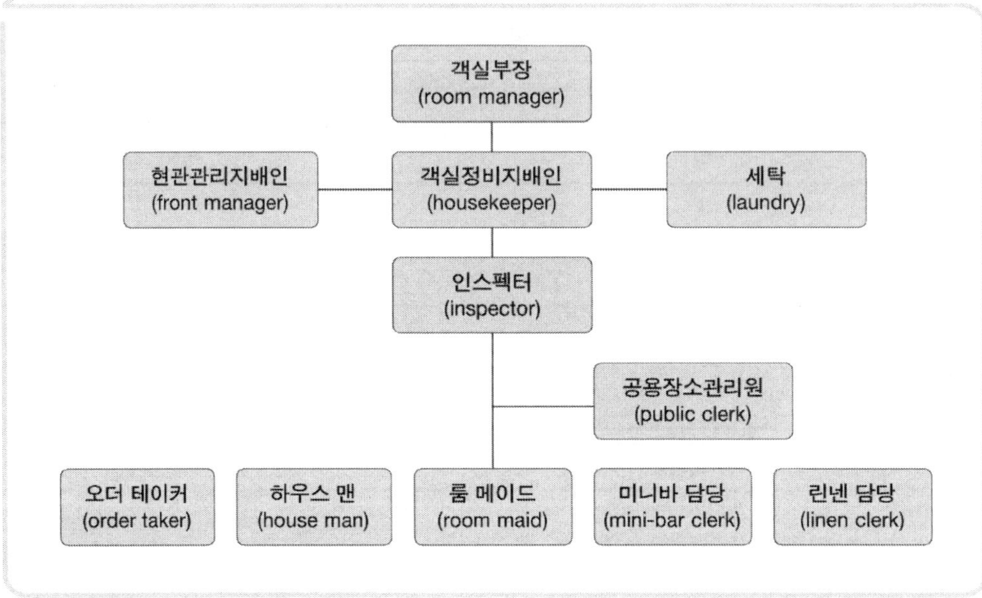

자료: 최수복, 호텔현관과 객실업무, 대왕사, 2006, p.201.

2. 하우스키핑의 업무

하우스키핑의 업무는 호텔 상품을 생산하는 직접적인 생산업무와 간접적인 생산업무로 구분할 수 있다. 호텔 객실과 관련된 업무는 직접적인 생산업무이며, 공공부문의 업무는 간접적인 생산업무라고 할 수 있다.

비록 공공부문의 업무가 간접적인 생산업무라 해도, 이는 호텔 상품에 매우 중요한 역할을 한다.

직접적인 생산업무의 경우 객실 그 자체가 호텔의 상품이기에 호텔 상품품질 관리적인 차원에서 접근해야 한다.

객실관리의 일반적인 업무를 보면 첫째, 객실의 청소를 하는 것이다. 둘째, 객실의 설비, 가구 및 비품류의 정비를 하는 것이다. 셋째, 객실의 린넨류 및 소모품 관리를 하는 것이다. 넷째, 세탁물 서비스를 제공하는 것이다. 다섯째, 분실물 서비스를 제공하는 것이다. 여섯째, 공공구역의 청결 서비스를 제공하는 것이다. 이들의 업무를 구체적으로 살펴보면 다음과 같다.

1) 하우스키퍼(housekeeper)의 업무

하우스키퍼(housekeeper)는 하우스키핑(housekeeping) 부서 내에서 고객 요청에 대해 접수 및 처리하는 종사원이다. 고객은 하우스키퍼에게 필요한 것을 전화로 요청하는데, 이때 항상 공손하게 전화를 받아야 한다. 객실 고객의 요청사항들을 보면 고객의 세탁물, 소모품, 전구의 교체 등이 있다.

2) 룸 인스펙터(room inspector)의 업무

룸 인스펙터(room inspector)는 룸 메이드가 청소한 객실의 청결 상태를 점검하는 종사원이다. 객실을 판매할 수 있을 정도로 완벽하게 청소되었는지, 혹은 소모품이 부족한지 등을 확인하고 점검하는 업무를 진행한다. 객실 및 기물의 수리가 필요할 경우에는 확인 후 즉시 보고하고 기타 특기사항을 기록한다.

과거에는 객실정비 현황판을 하우스키핑에서만 볼 수 있어, 전화상으로 객실정비 상태 확인이 불편했다. 현재는 객실 층마다 디지털 인디케이터(digital indicator)나 모니터(monitor)를 설치하여 룸 메이드와 인스펙터는 각 층의 모바일 시스템을 통해 객실 현황과 정비 상태를 쉽게 파악을 할 수 있다.

룸 인스펙터의 점검에서 이상이 없으면 프런트 데스크에 통보하여 판매가 이루어지도록 한다. 객실 판매에는 룸 메이드의 역할도 중요하지만, 최종 판매 결정을 하는 룸 인스펙터의 역할이 객실의 품질 결정에 높은 영향을 미치므로 철저한 점검이 요구된다.

룸 인스펙터가 객실을 점검할 때, 고객의 관점에서 청결 상태나 정리 정돈이 되었는지를 판단한다면 고객의 만족도를 높이는 점검이 될 수 있다.

3) 하우스 맨(houseman)의 업무

하우스 맨(houseman)은 객실 가구의 교체, 수리 및 재배치 등 주로 무거운 물건을 운반하는 종사원이다. 특히 룸 메이드나 여성 종사원이 옮기기 힘든 일들을 도와줌으로써 객실을 상품화하는 과정에서 지원업무를 수행하게 된다. 또한 각 객실 층의 관리자가 주문한 내용을 절차에 따라 신속히 처리한다.

하우스 맨은 호텔의 성격이나 규모에 따라 수행하는 업무가 다르며 객실 이외의 호텔 청소, 집기 및 시설물의 관리에 대한 업무를 담당하기도 한다.

이 외에도 층별 소요되는 린넨류 및 소모품을 체크하여 룸 메이드 보관실(station)에 일정 수량을 운반하며, 야간에는 하우스키핑 관리자 및 오더 테이커(order taker)의 업무를 대행해 객실관리 보고서를 작성하고 다음날 보고하여야 한다.

[양식 13-1] 객실 상황보고서(room status report)

객실 상황표 (Housekeeping Room Status)							
객실 번호	상태	객실 번호	상태	객실 번호	상태	객실 번호	상태
501		601		701		801	
502		602		702		802	
503		603		703		803	
•		•		•		•	
•		•		•		•	
•		•		•		•	
530		630		730		830	
531		631		731		831	
532		632		732		832	

날짜(Date) : ____________	객실점검자(Supervisor) 서명 : ____________
〈약어표〉	
OD : Occupied Dirty	VD : Vacant Dirty
OC : Occupied Cleaned	OS : Out of Service
VC : Vacant Cleaned	SO : Sleep Out
OO : Out of Order	DND : Do Not Disturb

하우스 맨의 업무를 요약하면 첫째, 청소 부문이다. 호텔의 입구, 현관, 사무실, 로비, 복도, 계단, 주차장 등 업무의 영역이 비교적 광범위하다.

둘째, 정비 부문이다. 객실 수리 의뢰, 호텔 내외의 경관관리 및 정비 등의 업무를 수행한다.

셋째, 보조 부문이다. 호텔의 린넨류 공급, 세탁물 수거, 룸 메이드 보조, 연회준비 보조 등 호텔의 다양한 조직에서 도움을 요청할 때, 주로 지원 및 보조업무를 수행한다.

넷째, 장비나 시설물관리 부문이다. 객실 청소장비 및 대리석 등을 관리하여 장기간 사용할 수 있도록 한다.

다섯째, 기타 부문이다. 호텔의 각종 폐지 및 폐품을 정리하고 쓰레기 등을 운반하는 업무를 수행한다.

〈표 13-4〉 하우스 맨(houseman)의 업무

구분	업무 내용
청소 부문	호텔의 입구, 현관, 사무실, 로비, 복도, 계단, 주차장 청소
정비 부문	객실 수리 의뢰, 호텔 내 · 외부의 경관 정비
보조 부문	린넨의 공급, 세탁물 수거, 룸 메이드 보조, 연회준비 보조
관리 부문	객실 청소장비 관리, 대리석 관리
기타 부문	폐지 및 폐품의 정리, 쓰레기 운반

4) 오더 테이커(order taker)의 업무

오더 테이커(order taker)는 고객이 요청한 내용물을 주문받아서 접수하고 처리하는 종사원이다. 고객이 요구하는 품목들은 매우 다양하기 때문에, 오더 테이커는 하우스키핑과 관련된 업무 지식이 풍부해야 신속하게 처리할 수 있다. 또한 고객의 요구사항이 타 부서의 도움이나 협조가 필요한 경우도 있으므로, 항상 상호협력적인 관계를 유지하는 것이 중요하다.

(1) 주문된 내용 접수 및 처리

① 세탁물 주문 업무

장기 투숙고객이나 비즈니스 고객은 세탁물 관련 서비스를 받기 위해 오더 테이커(order taker)에게 빈번히 주문한다. 오더 테이커(order taker)는 고객으로부터 세탁물 관련 주문을 받아 접수하고, 세탁실에 연락하여 수거 및 배달하도록 처리한다.

② 수리 및 의뢰 업무

오더 테이커(order taker)는 객실의 가구 · 집기가 파손될 경우, TV 및 온도조절장치 등에 문제가 발생한 경우, 또는 객실 화장실의 욕조나 하수구 등의 문제가 생길 경우, 접수해 수리하거나 해결하도록 관련 부서에 의뢰한다.

③ 객실 소모용품 추가

오더 테이커(order taker)는 고객이 객실의 편의용품이 부족하여 추가로 요청할 경우 신속하게 제공한다. 또한 객실에 비치된 다양한 용품들을 추가로 요청할 경우 접수 후 제공하는 업무를 한다.

(2) 오더 테이커(order taker)의 일반 업무

오더 테이커(order taker)는 고객의 주문을 접수하고 처리하는 업무 외에도 하우스키핑의 일반 업무를 수행하고 있다. 이를 구체적으로 살펴보면 첫째, 배부 통보 업무를 수행한다. 체크아웃 고객 명단(check-out list) 및 단체 고객 명단을 접수하여 검수 요원에게 배부하고, 또한 프런트 데스크에 판매 준비가 완료된 객실을 통보한다.

둘째, 보고 업무를 수행한다. 검수 요원이나 룸 메이드(maid)로부터 받은 전화 사항을 기록 및 처리하고, 긴급조치 사항은 상사에게 보고한다. 또한 객실에서 휴식 중인 고객(do not disturb room)을 객실 주임에게 보고해 사무처리 관계를 결정한다.

셋째, 보관 업무를 수행한다. 고객이 분실한 물건, 또는 습득물을 대장(lost & found record)에 기록하여 보관하고, 객실정비 과장에게 유실물(lost property)에 대한 보관인 확인을 받아 인계하며, 그 사본 1부를 보관한다.

〈표 13-5〉 오더 테이커(order taker)의 일반 업무

구분	내용
배부 · 통보 업무	• 체크아웃 고객 명단(check-out list) · 단체 고객 명단 접수하여 검수 요원에게 배부 • 프런트 데스크에 판매 준비가 된 객실 통보
보고 업무	• 검수 요원, 메이드(maid)로부터 받은 전화 사항 기록처리, 긴급하게 해야 할 사항 상사에게 보고 • 객실에서 휴식 중인 고객(do not disturb room)을 객실 주임에게 보고하여 사무처리 관계 결정
보관 업무	• 분실물 · 습득물 대장(lost & found record)에 기록 보관, 객실정비 과장의 유실물(lost property)에 대한 보관인 확인을 받아 인계, 사본은 1부 보관

[양식 13-2] 오더 리스트(order list)

<table>
<tr><th colspan="6">오더 리스트(Order List)</th></tr>
<tr><td colspan="4"></td><td colspan="2">M MASSAGE</td></tr>
<tr><td colspan="4"></td><td colspan="2">L LAUNDRY</td></tr>
<tr><td colspan="4"></td><td colspan="2">S SHOESHINE</td></tr>
<tr><td>DATE</td><td colspan="2">FROM</td><td>TO</td><td colspan="2">W WATER</td></tr>
<tr><td colspan="4"></td><td colspan="2">E ETE</td></tr>
<tr><th>ROOM NO</th><th>TIME</th><th>ITEM</th><th>TO</th><th>TAKER</th><th>REMARKS</th></tr>
<tr><td></td><td>:</td><td></td><td></td><td></td><td></td></tr>
<tr><td></td><td>:</td><td></td><td></td><td></td><td></td></tr>
<tr><td></td><td>:</td><td></td><td></td><td></td><td></td></tr>
<tr><td></td><td>:</td><td></td><td></td><td></td><td></td></tr>
</table>

5) 룸 메이드(room maid)의 업무

룸 메이드(room maid)는 객실 청소 업무를 수행할 때 하우스 맨(houseman)의 도움과 객실 인스펙터(inspector)의 지시를 받는다. 객실이 깨끗하고 깔끔하게 정돈될수록 가치가 높아져 고객의 만족도를 향상시킬 것이다.

룸 메이드(room maid)의 업무는 단순히 객실 청소, 객실용품 준비, 소모품 점검에 그치지 않는다. 이들은 객실 상품의 품질을 결정하고 호텔의 이미지에 영향을 미치며, 또한 객실 점유율을 높여 호텔 수익을 극대화하는 역할을 한다.

(1) 객실 상품의 생산 업무

룸 메이드(room maid)는 호텔 객실을 깨끗하게 정돈하여 판매를 위한 생산적 · 창조적 서비스를 제공하는 직무수행자다.

룸 메이드는 고객지향적인 상품을 생산하고 판매 활동을 적극적으로 지원하기 위해 객실을 청소하고 정리 정돈한다. 이에 필요한 수량이나 시간은 한 명의 룸 메이드가 1일 내로 청소할 수 있는 객실, 즉 13~15실 정도이면 적절하다. 그러나 객실의 크기나 구조에 따라 차이는 있을 수 있다.

특별한 경우를 제외하고, 룸 메이드가 30분 이내에 객실 1개 정도를 청소한다면 적절한 소요 시간이라 할 수 있다.

객실 청소는 고객이 체크아웃(check-out)한 룸을 먼저 청소하고, 이후 투숙 중인 객실을 청소하는 순으로 진행해야 한다. 호텔 객실 청소는 두 가지로 구분할 수 있다. 첫째는 투숙객이 완전히 체크아웃한 룸을 청소하는 경우다. 퇴실한 객실은 청소한 후 필요한 소모품을 새 것으로 교체해야 한다.

둘째는 투숙객이 연속해 사용하는 객실을 청소하는 경우다. 이 경우 객실을 재청소하는 개념으로 청소하며, 투숙객이 사용한 소모품을 보충하는 정도로 마무리한다.

룸 메이드는 객실 상품 생산자의 입장에서 청소하기보다, 객실 판매촉진을 담당하는 판촉사원의 입장에서 청소하는 것이 호텔영업을 활성화하는 데 더 기여한다고 할 수 있다.

린넨 및 세탁물을 수거할 때는 자신의 가족이 여행의 피로를 풀고 깨끗한 세탁물을 받는다는 자세로 근무하는 것이 고객지향적인 태도이다. 호텔이나 객실의 이미지를 판매하는 세일즈맨의 자세로 침대를 정리하고 복도를 청소하는 마음가짐이 필요하다.

또한 직무 만족도를 높이기 위해, 룸 메이드는 객실 청소상태를 판매한다는 자세가 아니라 호텔이나 객실의 이미지를 판매하고 나아가 룸 메이드 자신을 판매한다는 자세로 업무를 수행해야 한다. 추가로 룸 메이드는 스스로 호텔 객실 상품을 창조하는 데 이바지한다는 자긍심을 가지고 서비스해야 한다.

[양식 13-3] 룸 메이드 보고서(room maid report)

ROOM MAID REPORT

층 20 년 월 일 보고자:

객실현황				TOWEL류 사용현황					VIP
Room	상태	청소시간	기타	Bath Towel	Face Towel	Wash Towel	Bath Mat	Room Gown	
									습득물
									범 례
									OC: 재실 (청소완료) OD: 재실 (청소 안 됨) VC: 빈방(청소완료) VD: 빈방 (청소 안 됨) D/D: D · D 카드 H/U: 하우스 유스 NSR: 청소거부 S/O: 슬립아웃 O O O: 고장객실 D/L: 더블 락
청소 거부		확인 (INSP)							합계

(2) 세심한 판매자 자세

호텔 종사원은 어떤 부서에서 일하든 간에 업무에 세밀함이 부족하면 상품의 품질이 떨어질 수 있다. 이는 누구나 잘 인지하고 있는 일반상식이다.

룸 메이드(room maid)는 객실의 정리 정돈, 옷장 · 서랍 정리, 각종 인쇄물 및 홍보용 책자 정리, 객실 내의 고장 파악, 미니 바 확인, 물품 보충 확인, 화장실 청결관리 등 모든 부분에서 세심한 요소까지 확인하는 고객지향적인 업무수행 태도가 요구된다.

(3) 직무 규정 준수

호텔의 모든 종사원은 각 부서의 직무 규정이나 근무 수칙들을 준수하면서 근무해야 한다. 특히 룸 메이드(room maid)는 객실을 이용하는 고객의 신체적 · 경제적인 안전과 상당히 밀접한 업무를 수행하고 있어 더욱더 준수해야 한다. 예를 들면, 객실 키 관리, 분실 · 습득물 관리, 화재 예방관리 등에 대한 규정을 지키고 체계적인 보고 시스템으로 관리해야 한다.

또한 고객이 투숙 중일 때 업무를 수행할 경우, 룸 메이드는 고객의 휴식 · 업무에 방해되지 않도록 직무 규정을 준수해야 한다. 이는 고객이 퇴숙한 상태에서도 마찬가지다.

따라서 룸 메이드는 자신의 직업과 직무에 대한 강한 소명 의식, 그리고 서비스 정신을 배양하여 직무 규정을 철저히 지켜야 한다.

6) 미니 바(mini bar) 서비스 업무

호텔 상품 중에서는 객실 부문보다 식음료 부문의 탄력성이 훨씬 강하다. 객실 상품은 수요가 많아도 공급이 한정적이나, 식음료 부문은 그에 비해 공급이 탄력적이다.

이러한 상황 속, 객실 부서에서 식음료 상품을 판매할 수 있는 곳이 미니 바(mini bar)이다. 즉 호텔 객실 부문에서도 탄력적으로 매출액을 높일 수 있는 부문이 있다는 것이다.

미니 바는 객실 내에 비치한 작은 냉장고에 간단한 주류와 음료, 또는 안주류를 진열하여 항상 고객 스스로 이용할 수 있는 작은 바(bar)의 역할을 한다.

'뉴욕 타임즈'에 따르면, 미국과 캐나다 호텔들의 미니 바 매출액은 '전체 호텔 매출액의 2%에 불과하다. 그러나 수익률은 20%를 차지한다.'[2]라고 한다. 미니 바는 호텔의 영업적 차원에서 봤을 때 고부가가치를 창출하므로 관리가 중요하다.

미니 바는 후불로 지불하며, 체크아웃 시 고객이 스스로 프런트 데스크에 사용 여부를 알려주어야 계산된다. 고객의 미니 바 사용 여부를 확인하여 프런트 클락에게 전달하는 시스템이 갖춰져 있으므로, 룸 메이드는 고객이 부정확하게 전달해도 확인할 수 있다. 다만 미니 바를 이용한 후에도 체크아웃 시점에 프런트 데스크에 알리지 않는, 즉 요금을 지불하지 않고 퇴숙(check-out)하는 스키퍼(skipper) 고객의 비중이 보통 미니 바 전체 매출액의 3~5% 정도를 차지한다.

미니 바는 룸 메이드 혹은 담당 직원에 의해 주로 관리되는데, 물품 조달, 영수증(bill) 처리, 업무 마감, 재고관리 등의 업무를 충실히 수행하여 객실 매출액의 향상과 스키퍼로 인한 손실을 최소화할 수 있도록 관리해야 한다.

7) 분실물과 습득물(lost & found) 관리 업무

분실물을 어떻게 효율적으로 관리하느냐는 호텔 판매촉진을 위해 많은 비용을 투자하여 광고 선전을 하는 것보다 더 큰 효과를 줄 수 있다. 즉 고객 재방문의 계기가 될 수 있다. 분실물 관리는 단순히 고객의 잃어버린 물건을 찾아 주는 개념을 넘어 호텔 마케팅 차원에서 관리해야 한다.

고객에게 귀중품을 찾아 준다면, 호텔에 감사하는 마음과 종사원을 신뢰하는 마음으로 이어질 수 있다. 이러한 마음은 고객 스스로 호텔을 재방문하게 하거나 충성도를 높일 수 있는 계기가 된다.

호텔에서 고객의 분실물을 찾아 줄 수 있도록, 신고에 따른 포상을 하는 것도 분실물 발견에 효과적일 것이다. 또한 종사원 교육을 통해 분실물을 고객에게 돌려주는 것이 얼마나 중요한지를 인식시켜 줄 필요도 있다.

분실물과 습득물(lost & found) 관리 업무란, 호텔 내에서 고객이 분실한 물품을 호텔 종사원이나 타인이 습득했을 때, 신고를 받고 소유주에게 반환 서비스를 제공하기 위한 조치를 말한다. 원활한 업무를 위해, 고객의 분실물을 안전하게 관리하고, 습득물을 잃어버린 고객에게 효과적으로 돌려주는 시스템 구축이 필요하다.

또한 분실물 접수부터 반환 과정까지를 철저하게 문서화하는 것도 중요하다. 분실물과 습득물 관련 문의는 여러 부서로부터 올 수 있다. 또한 고객이 전화나 방문으로 분실물 및 습득물에 관련된 질의를 할 경우 어느 누구도 섣불리 대답하여서는 안 된다.

주인이 확인된 분실물은 분실한 고객에게 반환 및 발송되며 습득물의 보관은 호텔 방침에 따라 차이는 있으나 귀중품인 경우는 1년, 일반품목일 경우는 3~6개월 정도 보관한다.[3] 호텔에서는 이 기간까지도 주인이 나타나지 않으면 습득물을 법적 절차에 따라 처리한다.

모든 직원은 분실물과 습득물에 관한 절차를 정확히 숙지하여야 한다.

(1) 분실물과 습득물(lost & found) 업무절차

〈표 13-6〉 분실물과 습득물(lost & found) 업무절차

구분	내용
분실·습득물을 담당자에게 인계	• 물품을 분실·습득한 직원 및 고객은 분실물과 습득물(lost & found) 담당자에게 인계 • 만일 분실물과 습득물(lost & found) 담당자의 업무시간 외에 물품을 습득했을 경우 당직 지배인에게 신고
분실물과 습득물 기록	• 분실물과 습득물(lost & found) 담당자는 소정 양식에 기록, 품목 설명, 잃어버린 시간과 장소, 고객 성명·주소 남김
법정기간 보관	• 분실물과 습득물(lost & found) 담당자는 소정 양식에 그 물품의 발견 장소, 날짜, 발견자 이름을 적고 법정기간 동안 창고 보관 • 변질된 물품이나 마개가 열린 술과 같은 종류는 며칠 정도 지나서 습득자에게 반환할 수 있음
물품 우송 불가	• 어떤 경우에도 고객의 허락 없이는 그 물품을 고객등록카드 상의 주소로 발송 불가
우편 발송	• 고객에게 호텔로 연락해 줄 것을 요청하는 편지 띄움
물품 우송 및 기록	• 편지를 받은 고객의 잃어버린 물건에 대한 설명이 보관 중인 물품과 일치하는 경우, 고객의 허락을 받은 후 물품을 우송하고 분실물과 습득물(lost & found) 대장에 기록
법적 처리	• 법정기간이 지나도록 고객으로부터 연락이 없을 경우 호텔은 물건을 매각 처리

[양식 13-4] 분실물과 습득물(lost & found) 기록대장

SERIAL NO.	DATE	ARTICLES	WHERE FOUND	FOUNDER	OWNER	CLERK	REMARKS

〈표 13-7〉 하우스키핑의 업무

하우스키핑의 업무	
	1) 하우스키퍼(housekeeper) 업무
	2) 룸 인스펙터(room inspector) 업무
	3) 하우스 맨(houseman) 업무
	4) 오더 테이커(order taker) 업무
	(1) 주문된 내용 접수 및 처리
	(2) 오더 테이커(order taker) 일반 업무
	5) 룸 메이드(room maid) 업무
	(1) 객실 상품의 생산업무
	(2) 세심한 판매자 자세
	(3) 직무 규정 준수
	6) 미니 바(mini bar) 서비스 업무
	7) 분실물과 습득물(lost & found) 관리 업무
	(1) 분실물과 습득물(lost & found) 업무절차

3 세탁(laundry) 및 린넨 관리 업무

호텔 세탁실에서는 고객에게 세탁물 서비스를 제공한다. 세탁 서비스는 크게 세탁(laundry), 린넨(linen), 유니폼 서비스(uniform service) 등으로 분류할 수 있다. 세탁은 객실 고객의 요청에 의한 세탁물을 말하고, 린넨(linen)은 호텔 객실 및 영업장에서 사용되는 모든 종류의 직물을 말한다. 그리고 유니폼 서비스(uniform service)는 호텔 직원들에게 지급된 유니폼의 관리를 말한다.

호텔 경영방침의 변화로 외부의 용역회사에 의뢰하여 고객에게 세탁물 서비스를 제공하는 경우가 점점 증가하고 있다. 그러나 여전히 호텔 내에 자체 세탁실을 운영하며 세탁 서비스를 제공하는 곳도 많다.

1. 세탁 부문의 업무

세탁(laundry) 업무는 호텔의 규모에 따라 자체 운영하는 세탁실과 세탁업체에 용역을 주어서 운영하는 형태로 구분할 수 있다. 호텔의 세탁 업무는 오랜 경험과 숙련된 판단력을 바탕으로 세탁물을 깨끗하고 위생적으로 신속히 처리하며 고객의 멋을 창조한다는 자세로 수행해야 한다.

세탁물은 주로 야간이나 아침에 주문받아 당일 오후에 전달하는 경우가 많은 편이다. 고객이 긴급하게 세탁물을 사용해야 할 경우, 짧게는 30분에서 4시간 정도 이내에 제공하는 경우도 있다.

호텔 세탁물 업무는 세탁물 수거, 세탁물 발주, 계산서 작성, 배달 업무로 구분할 수 있다.

1) 세탁물 수거

세탁물 수거는 고객이나 종사원의 요청에 의해 주문된 세탁물을 수거하는 것을 말한다. 세탁물의 수거 시에는 물세탁(laundry), 기름 세탁(dry cleaning), 다림질(pressing),

긴급 세탁(express) 등으로 구분하여 접수하고 분리수거한다.[4]

고객이 재실 중일 때는 정중히 인사 후 세탁물 접수 및 배달 기록장에 기록한다. 먼저 객실 번호를, 이후 세탁 방법이나 배달 시간을 정확하게 기록한 뒤 세탁물의 품명을 기록하여야 한다. 또한 배달자 및 배달 완료 시간 등을 작성해야 한다.

고객이 외출 중에 수거해야 할 경우, 고객이 작성한 오더 빌(order bill)이 있는지를 확인한다. 이후 세탁물 백(bag)에 오더 빌이 있는지, 그 빌에 객실 번호가 기록되어 있는지를 확인해야 한다. 또한 객실을 출입하였을 경우 반드시 객실 출입 대장에 기입해야 한다.

2) 배달 서비스

배달 서비스는 작업이 완료된 세탁물을 고객에게 제공하는 것을 말한다. 배달 서비스에 있어서 유의해야 할 사항은 세탁물을 수거할 때 배달 시간을 철저히 지키는 것이다. 고객이 세탁물을 사용하려는 시간이 있을 수 있어, 정해진 배달 시간을 준수하는 것이 무엇보다 중요하다.

세탁물을 제공하기 위해 객실에 도착하게 되면 먼저 객실 벨을 누르면서 '세탁물 배달 서비스'라고 고객에게 알려야 한다. 고객이 문을 열고 나오면 정중하고 품격 있는 자세로 세탁물 빌(bill)에 있는 품목과 수량을 설명하고 고객에게 인계한다.

인계할 때는 배달자 및 고객의 서명을 받아야 한다. 만약 고객이 객실에 부재중인 경우, 룸 메이드(room maid)에게 도움을 요청하여 객실 문을 열고 세탁물을 객실에 넣어 둔다.

세탁물이 완료되어 고객과 인카운터(encounter)할 때, 어떻게 상호작용하는가에 따라 배달 서비스의 품질이 달라진다. 배달 담당자가 밝은 표정과 친절하고 온화한 말씨로 고객과 접촉하게 되면 비록 짧은 순간이라도 고객은 오랫동안 기억할 수 있을 것이다.

또한 배달하는 세탁물에 이상이 있을 경우, 담당자에게 다시 연락 바란다는 메시지를 남기거나 말을 하고 돌아가게 되면 고객은 완벽하게 세탁되었다고 여길 것이며, 이는 호텔과 세탁실에 대한 신뢰로 이어질 수 있다.

3) 세탁물 분류

고객의 세탁물은 크게 물세탁, 기름 세탁, 다림질 등으로 분류할 수 있다. 세탁물의 재질에 따라 물세탁과 기름 세탁으로 분류하고, 또한 더러운 정도에 따라 분류하여 세정공정이 진행된다.

4) 배달 시 주의사항

먼저 세탁 분류를 정확하게 하며 경험과 지식을 바탕으로 그동안 터득한 기술을 활용해 세탁물의 탈색, 변형, 훼손 등에 세심한 주의를 기울인다. 또한 물의 온도, 세탁물에 대한 시간을 준수하여 청결하고 위생적인 세탁이 되도록 한다.

[양식 13-5] 세탁물 슬립(laundry slip)

<table>
<tr><th colspan="2">객실 번호</th><th colspan="3">고객 성명</th><th colspan="2">가 격</th><th>일 시</th></tr>
<tr><td colspan="2"></td><td colspan="3"></td><td colspan="2"></td><td>오전( ), 오후( )</td></tr>
<tr><th>품명</th><th>수량</th><th>색상</th><th>상표</th><th>특징</th><th>구분</th><th>단가</th><th>금액</th></tr>
<tr><td></td><td></td><td></td><td></td><td></td><td></td><td></td><td></td></tr>
<tr><td></td><td></td><td></td><td></td><td></td><td></td><td></td><td></td></tr>
<tr><td></td><td></td><td></td><td></td><td></td><td></td><td></td><td></td></tr>
<tr><td></td><td></td><td></td><td></td><td></td><td></td><td></td><td></td></tr>
<tr><td colspan="2">수거 담당자:
시간:</td><td colspan="3">인도 담당자:
시간:</td><td colspan="3">합계:</td></tr>
<tr><td colspan="2">서명:</td><td colspan="3">서명:</td><td colspan="3">확인:</td></tr>
</table>

〈표 13-8〉 세탁 부문의 업무

<table>
<tr><th rowspan="4">세탁 부문의 업무</th><td>1) 세탁물 수거</td></tr>
<tr><td>2) 배달 서비스</td></tr>
<tr><td>3) 세탁물 분류</td></tr>
<tr><td>4) 배달 시 주의사항</td></tr>
</table>

2. 린넨(linen) 부문의 업무

린넨(linen)의 사전적인 의미는 '아마포'이다. 린넨 담당자는 객실 및 각 영업장에서 필요한 일체의 린넨류를 공급하는 것이 주요 업무이다. 즉 린넨 담당자는 더러운 린넨류를 깨끗한 것으로 교체해 주고, 린넨류의 분실 및 오염 방지를 위해 철저히 규제, 관리해 호텔 특성에 알맞은 유니폼을 종사원들이 착용할 수 있도록 관리하는 것이 주된 업무이다.

린넨 담당자는 전날의 객실 판매상황을 보고 그에 따른 소요 수량을 불출한다. 그리고 린넨의 수요량을 예측하여 주별, 월별로 수급량을 결정해야 한다. 이런 과정에서 객실 부서와 긴밀한 연락을 통해 객실의 예약현황을 파악하고 예상되는 수요량을 결정하게 된다.

린넨 관리는 침대 수, 객실 이용률, 린넨류 교환 횟수, 세탁 소요 시간, 긴급사태를 예측하여 적정 재고(보유) 수량을 설정하는 것이 중요하다. 일반적으로 침대당 4~5회전의 수량이 이상적이다. 호텔 성수기에는 5회전 이상의 린넨류가 필요할 수 있다.

3. 유니폼 서비스(uniform service) 업무

호텔 종사원의 유니폼은 고객이 호텔을 평가하는 데 있어서 유형적인 요소로 작용한다. 다시 말하면, 고객은 종사원과 접점 과정에서 유니폼을 보는 순간 평가하고 즉석에서 호텔의 품격을 판단하기도 한다.

이는 종사원의 유니폼이 호텔 품격을 평가하는 데 중요한 요소가 될 수 있다는 것을 의미한다. 따라서 호텔은 고객의 감성적인 가치를 높일 수 있도록, 그리고 세련되고 품격 있는 맵시 등을 지각할 수 있도록 유니폼을 마케팅전략으로 활용할 필요가 있다.

유니폼의 매력에 따라 호텔의 이미지에 영향을 미칠 수 있으므로, 호텔의 분위기와 종사원의 유니폼이 서로 잘 어우러질 수 있도록 해야 한다. 종사원의 유니폼이 아름다워서 호텔을 방문하는 고객도 있음을 의식해야 할 것이다. 또한 고객의 욕구를 충족시켜 주는 유니폼이 호텔의 경쟁력을 향상시키는 수단임을 간과해서는 안 된다.

유니폼이 자신의 가치나 품격을 높이는 중요한 요소라고 믿게 될 경우, 종사원은 유니폼에 대한 자긍심이 강하게 솟아날 수 있다. 이러한 자긍심은 고객과의 상호작용 과정에서 자신감을 가지고 접객 서비스를 제공한다. 자신감은 업무수행 과정에서 표출되어 밝은 표정이나 친절함으로 이어지게 되며, 고객의 만족도를 높이는 계기가 될 수 있다. 이는 비용이 발생되지 않는 마케팅이다.

호텔 종사원은 활동적으로 업무를 수행하는 일들이 많다. 따라서 활동하기 편리한 유니폼은 업무의 효율성을 높여준다. 고객에게 서비스를 제공하는 과정에서 종사원의 유니폼이 불편하거나 부자연스러울 경우 원만하게 업무를 수행할 수 없다. 즉, 능률적으로 업무를 수행할 수 있는 유니폼이 고객의 만족도를 높일 수 있다.

종사원은 항상 깨끗하고 단정한 유니폼을 착용하여 접객 서비스를 제공해야 한다. 그러므로 유니폼은 보통 1인당 4벌 정도 마련된다. 특히 조리사와 같이 특수한 업무를 수행하는 경우는 4벌 이상이 요구된다.

4 객실정비 업무

1. 객실 청소

호텔 객실은 집과 같은 분위기를 조성해야 고객이 편안하게 휴식을 취할 수 있다. 객실은 청결하고 아늑한 분위기 속에서 고객이 온화하고 안락함을 느낄 수 있도록 하는 것이 중요한 부분이다.

객실 청소는 매일 해야 할 장소와 일정한 간격을 두고 해야 할 장소로 구분할 수 있다. 예를 들면, 고객이 전날 투숙하여 사용된 객실은 체크아웃 후 바로 청소해야 하지만, 전날 고객이 사용하지 않았던 객실은 일정한 간격을 두고 청소해도 된다. 또한 고객이 체류 중인 객실은 청소하는 경우도 있지만, 고객이 사용한 소모품의 교체나 부족한 물품을 채워 주는 정도로 끝내는 경우도 있다.

객실의 청소 시간은 객실의 규모나 청소 담당자의 숙련도에 따라 차이가 있을 수 있다. 일반적인 객실 규모나 룸 메이드의 숙련 정도가 보통일 경우 객실 청소의 소요 시간은 30분 정도가 적절하다. 객실의 형태에 따라 청소를 조기에 끝내거나 조금 늦게 끝내는 객실도 있다. 예를 들어, VIP 객실은 오전 12시 이전에 끝내는 것이 바람직하다.

청소 업무로 객실에 들어갈 때는 절차를 주의해야 한다. 도어 벨(door bell)을 한 번 누른 뒤 "Housekeeping"이라 말하고, 약 10초 정도 기다린 후에 다시 벨을 눌러 "Housekeeping"이라고 말한 다음에 문을 열고 "May I come in?"하면서 들어간다.

고객이 객실에 체류 중일 경우, 먼저 인사를 하고 청소 여부를 여쭈어본다. 이후 고객의 요청에 따라 청소를 결정하면 된다. 고객이 부재 시 객실 문 바깥 손잡이에 "Cleaning Room" 안내표시를 걸고 청소해야 한다. 이것은 객실 문이 열려 있기 때문에 외부의 침입이나 도난을 방지하기 위함이다.

1) 객실 청소의 영역별 분류

호텔 객실 청소는 한정된 시간 내에 무결한 청결성과 정리 정돈이 요구된다. 청소 과정에서 사소한 오류나 문제가 발생한다면 객실의 가치는 떨어지고 호텔 이미지에도 부정적인 영향을 미칠 수 있다. 이러한 이유로 객실 청소는 항상 주의 깊고 세심한 배려가 필요하다.

객실 청소의 효율 향상을 위한 노력도 중요하지만, 단순히 호텔을 이용하는 고객이나 투숙객에 대한 깊은 이해가 요구되므로 고객중심적인 사고에서 청소가 이루어져야 한다.

(1) 입실 과정

청소 요원이 객실 청소를 위해 입실할 때 첫째, 고객의 재실 여부를 확인해야 한다. 즉, 반드시 노크를 세 번 하고 객실 내에 투숙객이 없을 때 입실한다. 둘째, 고객이 재실 중일 경우 고객의 의견에 따라 입실 여부를 결정한다.

(2) 객실 청소의 일반적인 영역

신속하고 효율적인 객실 청소는 요원의 숙련도, 객실 형태, 그리고 객실 규모에 따라 달라질 수 있다. 어떤 청소 방식이 가장 합리적인지 단정할 수는 없다. 그러나 일반적인 객실 청소의 순서는 다음과 같다. 첫째, 전등을 확인한다. 둘째, 객실을 환기한다. 셋째, 침대 시트를 걷는다. 넷째, 욕실을 청소한다. 다섯째, 진공청소기로 바닥을 청소한다.

(3) 옷장 및 서랍 영역

옷장은 호텔 객실을 운영하는 형태에 따라 다양하다. 다만 공통적으로 옷걸이나 실내복 등은 잘 준비되어 있어야 한다. 세부적으로는 첫째, 비치된 물품이 세련되고 깔끔하게 정돈되어야 한다. 둘째, 비치된 물품이 편리하게 이용할 수 있도록 정돈되어야 한다. 즉 서랍에 있는 물품들은 고객이 이용하기 편리해야 하며, 정리 정돈이 잘 되어 있어야 한다.

(4) 침대의 영역

침대는 고객의 신체와 많이, 오랜 시간 접촉되는 가구다. 고객이 객실 품질을 평가할 때 중요한 요소이며, 또한 평가하는 데 있어 어려움이 없는 부분이다. 침대의 정리 정돈 상태가 깔끔하고 위생적이며 청결한지는 눈으로 쉽게 확인할 수 있다. 또한 시트의 부드러움과 안락함은 촉감으로 간단히 느낄 수 있다.

따라서 침대와 관련된 부분은 청소 요원들이 가장 중요하게 관리해야 한다.

(5) 마무리 부문

객실 청소 요원이 청소를 마치고 주의해야 할 업무들을 보면 다음과 같다.

첫째, 청소상태를 점검해야 한다. 청소상태를 확인하고 객실 내에 비치된 모든 물품이 본래의 자리에 있는지 점검해야 한다.

둘째, 문의 잠금을 확인해야 한다. 청소 후 객실 판매 전에 입실할 수 없도록 잠금을 확인해야 한다.

셋째, 완료 시 청소 확인서 혹은 확인 시스템에 기입하고 다음 객실로 이동한다. 청소가 완료되면 확인서나 확인 가능한 시스템을 통해 청소 완료 여부를 표시해야 한다.

〈표 13-9〉 객실 청소의 영역별 분류

영역별 분류	영역별 청소 내용
입실 과정	① 객실 입실 · 객실 실내 확인
실내 청소의 일반적인 영역	② 전등 확인
	③ 객실 환기
	④ 침대보 걷기
	⑤ 욕실 청소
	⑥ 진공청소기로 바닥 청소
옷장 · 서랍 영역	⑦ 옷장 정리
	⑧ 서랍 정리
침대 영역	⑨ 침대를 새로 정리
	⑩ 먼지 털기
	⑪ 정리 정돈
마무리 부문	⑫ 마지막 점검
	⑬ 문을 잠근 후 확인
	⑭ 확인서에 객실 상태를 적고 다음 객실 이동

2) 침대 정리

(1) 침대 정리의 중요성

사람은 평균적으로 일생의 3분의 1 정도를 잠으로 보내기에, 좋은 잠자리는 대단히 중요하다. 편안한 수면은 침대의 영향이 크다고 할 수 있다.

특히 여행자나 비즈니스맨들은 하루 종일 여행이나 업무로 피로가 쌓이기 때문에, 좋은 침대에서 수면을 취해야 이를 풀 수 있다. 우리의 속담에 잠이 보약이라는 말이 있듯, 편안한 수면은 보약과 같이 건강을 지켜준다.

현대인은 보통 과로와 격무, 심한 스트레스 속에서 일상을 보낸다. 호텔은 침대를 단순히 잠자기 위한 가구가 아니라, 고객의 몸을 새롭게 회복시키고 건강하게 활동할 수 있도록 돕는 의료적 가치로 다루어 고품질 침대 서비스를 고객에게 제공할 필요가 있다.

호텔의 침대 품질이나 정리 정돈 상태는 호텔의 얼굴이며, 이미지적인 차원에서 관리되어야 한다. 침대를 정돈하는 요원은 고객의 건강을 관리한다는 의식과 자세로 긍지와 자부심을 가지고 업무를 수행해야 한다. 또한 침대 정돈의 상태나 안락성에 따라 고객의 재방문에 영향을 미치므로, 이들이 곧 호텔의 마케터라고 하겠다.

투숙객은 객실에서 보내는 시간 중 대부분을 침대에서 보내므로, 고객의 신체접촉이 장시간 이루어진다. 즉, 침대는 시각과 촉각의 만족도를 향상시키는 좋은 요소이다. 이러한 감각을 극대화할 때, 재방문 가능성이 한층 더 높아진다고 할 수 있다. 이는 곧 호텔의 수익과 이미지에도 영향을 미쳐 합리적인 호텔경영에 큰 도움을 준다.

(2) 침대 정돈

침대의 정리 정돈은 객실 상품의 가치향상과 호텔의 품격에 중요한 요인이 된다. 깔끔하고 완벽하게 정돈된 침대는 고객의 만족도에 높은 영향을 미칠 수 있다는 것이다.

침대의 정리 정돈 관리는 숙련된 요원들이나 장기근무자가 담당하는 것이 요구되지만, 신입 요원 또한 충분한 실무교육 및 서비스 정신교육을 거친 뒤 침대 관리 요원으로 투입할 필요가 있다. 베드 메이킹의 실무 과정은 〈표 13-10〉에 제시되어 있다.

〈표 13-10〉 베드 메이킹

	업무 내용 및 순서
베드 메이킹	① 베드 메이킹(bed making)을 하기 편리하도록 50cm 정도 당김
	② 사용된 시트 · 담요 · 베갯잇의 순으로 벗겨 웨건(wagon)에 넣음
	③ 베드 메이킹(bed making)을 위해 교체할 린넨류(linens) 준비
	④ 시트를 침대 모서리 위로 자연스럽게 늘어놓음. 침대 받침 오른쪽의 한 자락을 끼워 넣음
	⑤ 침대 끝 모서리에서 대략 30cm 떨어진 지점의 시트 자락을 잡아 날개 모양으로 똑바로 잡아당김
	⑥ 편편하고 주름이 지지 않도록 날개 모양을 잡아당김
	⑦ 날개 모양 맞은편 자락을 끼워 넣음. 이때 깔끔하게 처리하여야 함을 명심할 것
	⑧ 날개 모양 자락을 청소 담당자 쪽으로 힘껏 잡아당긴 후 침대 밑으로 내림
	⑨ 모서리가 모나지 않고 깔끔하도록 끼워 넣음
	⑩ 침대를 제 위치에 밀어 넣음

3) 청소상태 검사(inspection)

청소된 객실은 검사 요원에 의해 검사를 받게 된다. 무작위로 객실을 선정하여 검사하는 호텔도 있고, 또는 객실 전체를 모두 검사하는 호텔도 있다. 검사는 감독의 단계별로 구성하여 검사하거나, 또는 객실 층의 상급자, 객실 관리과장, 객실 관리부장, 또는 타 부서장 등에 의해 행해질 수 있다.

청소상태 검사는 완벽한 청소로 고객에게 객실을 제공하려는 것이 주된 목적이다. 비록 청소 요원이 철저하게 청소하였더라도, 검사 요원이 청소상태를 재확인하여 무결점, 또는 완벽한 상태로 고객에게 제공하기 위해 실시한다.

2. 공공지역의 청소

호텔은 지역사회의 문화 · 예술 발전에 기여도가 높은 산업이다. 즉 지역주민들이 호텔에서 개최되는 각종 전시회, 문화 · 예술 · 행사 및 이벤트, 세미나 등에 참석하는 빈도가 높다. 다수가 호텔의 공공장소를 이용하기 때문에 공공장소의 청결성은 호텔의 얼굴이자 지역의 얼굴이 될 수 있다.

호텔 공공장소의 청결성은 호텔의 이미지를 판매하는 장소가 될 수도 있고, 또는 고객이 호텔의 품격을 판단하고 선택하는 데 영향을 미치는 요인이 될 수 있다. 공공장소의 청결성은 깨끗하고 정리 정돈이 잘 되어 있다는 것을 넘어, 고객에게 위생적으로 안전하다는 인식을 준다.

호텔의 공공장소는 대부분 비영업장소로 호텔의 매출이나 수익에 직접적인 영향을 주지 않는다. 그러나 공공장소의 청소상태가 호텔의 이미지를 판매하고 품격을 보여주는 장소의 역할을 한다는 측면에서 보면, 공공장소의 청소상태는 호텔의 마케팅을 극대화할 수 있는 부분이 있다. 요컨대, 공공장소의 청소상태가 마케터 역할을 할 수 있다.

호텔 공공장소는 고객영역과 직원영역으로 나뉜다. 고객영역은 객실 층, 식음료 영업장, 화장실, 로비, 복도, 계단, 헬스클럽, 승강장, 대 · 중 · 소 연회장 등이 있다. 직원영역은 호텔 사무실, 락카 룸, 비상계단, 직원 숙소 등이 있다.[5)]

공공장소 청소관리에 고비용이 발생하더라도, 마케팅이나 직원의 복지를 위해 투자하는 것이 바람직하다. 즉, 비용이 발생한다고 소비나 낭비의 개념으로 접근하지 말아야 한다.

1) 호텔 입구 청소

호텔의 입구는 고객이 호텔과 가장 먼저 접촉하는 공간이며, 호텔에 대한 긍정적인 첫인상을 심어줄 수 있는 곳이다.

다시 말해, 호텔 입구는 고객과의 첫 만남이 이루어지는 장소이며, 긍정적인 결정적 순간관리를 할 수 있는 장소의 역할을 하는 곳으로 항상 깨끗하고 완벽한 정리정돈 상태를 유지해야 한다.

호텔 입구 청소 부문은 바닥 부문과 출입문 부문으로 구분할 수 있다. 바닥 부문은 입구 주변 바닥의 물기를 닦고 깨끗하게 유지하는 것이 주된 업무이다. 출입문 부문은 출입문 유리 관리, 손잡이 관리, 출입문이 빛나게 광을 내는 일, 출입문 통로 청소, 매트 관리 등을 수행한다.

〈표 13-11〉 호텔 입구 청소

구분	청소 업무
바닥 부문	• 입구 주변의 바닥에 물기가 있을 때는 바로 닦음
	•입구 주변의 바닥은 항상 깨끗이 청소
	• 입구 주변의 바닥 대걸레질
출입문 부문	• 출입문의 유리에 자국이 없도록 항상 깨끗이 닦음
	• 출입문의 손잡이나 문틀을 깨끗이 닦음
	• 출입문을 빛이 나게 광을 냄
	• 출입문 통로를 깨끗하게 청소
	• 모든 매트가 반듯하고 편편하게 깔렸는지 확인

2) 로비 청소

호텔 로비는 호텔에서 공공성을 띤 가장 핵심적인 장소라고 할 수 있다. 로비는 호텔의 얼굴이며 품격을 정하는 데 높은 영향을 미친다. 로비는 수익성을 창출하지 않지만, 호텔의 품격에 중요한 요인이 될 수 있으므로 항상 우아하고 고급스러운 분위기를 조성할 필요가 있다.

로비 청소 부문의 업무는 다음과 같다. 첫째, 비워야 할 업무. 둘째, 청소 업무. 셋째, 닦아야 할 업무. 넷째, 광낼 업무. 다섯째, 제거할 업무. 마지막으로 정리할 업무로 구분할 수 있다.

〈표 13-12〉 로비 청소

구분	청소 업무
비워야 할 업무	• 재떨이는 항상 깨끗하게 비워야 한다.
	• 쓰레기통이 채워져 있지 않도록 비운다.
청소 업무	• 카펫은 진공청소기를 사용하여 청소한다.
	• 출입문 주변은 청결하게 청소한다.
닦아야 할 업무	• 유리문에 자국이 없도록 깨끗이 닦는다.
	• 전화기에 먼지가 없도록 자주 닦는다.
	• 타일이나 목재 바닥은 걸레질하여 닦는다.
광낼 업무	• 식수 분수대가 빛이 나게 광을 낸다.
	• 출입문의 난간이 빛이 나게 광을 낸다.
	• 출입문의 손잡이가 빛이 나게 광을 낸다.
제거할 업무	• 벽의 손자국이나 얼룩을 제거한다.
	• 가구와 테이블의 먼지를 제거한다.
	• 통로의 먼지를 제거한다.
정리 업무	• 가구를 정리 · 정돈한다.

3) 승강기 청소

호텔 승강기는 안전을 최우선으로 관리한다. 다만 많은 고객이 이용해 더러워지거나 부착된 안내물이 호텔의 품격을 떨어지게 할 수 있어 청결 상태 또한 세심하게 관리할 필요가 있다. 특히 승강기 바닥이나 벽에 오물 혹은 흠이 있는 경우는 호텔의 이미지를 저하하는 요인이 될 수 있다.

고객은 승강기 탑승 전, 승강기 입구 주변의 청결함 정도를 평가하게 된다. 고객이 깨끗하다고 여길 수 있도록 항상 철저한 관리가 이루어져야 한다.

승강기를 항상 청결하게 유지하기 위해서는 첫째, 승강기 주변을 깨끗하게 유지하여야 한다. 예를 들어 승강기 주변에 재떨이가 있을 경우, 자주 비워주어야 한다.

둘째, 승강기의 문은 항상 밝고 아름다운 광채가 나도록 관리되어야 한다. 승강기 문에 손자국이 있다면 밝은 빛이 나지 않으며, 호텔에 대한 부정적인 인상이나 이미지를 갖게 할 수 있다. 즉 승강기 문이나 바닥, 벽이 항상 아름다운 광채가 나도록 관리되었을 때, 고객은 해당 호텔을 선택한 것이 매우 탁월했다는 느낌을 받는다. 이는 고객의 감정을 극대화하는 요인으로 호텔에 대한 신뢰도 혹은 체류 기간 내의 만족도를 높일 수 있는 요소가 된다.

셋째, 승강기 내에 부착된 거울은 자주 닦아 주어야 한다. 고객은 승강기 안의 거울을 보면서 본인의 모습을 바라본다. 이때, 거울이 더럽거나 자국이 있다면 고객에게 불쾌감을 줄 수 있다.

4) 공중화장실 청소

호텔 공중화장실의 청결도는 품격을 평가하는 데 중요한 요소가 되기도 한다. 화장실이 깨끗하며 휴지나 비누 등의 용품이 깔끔하게 정돈돼 있고, 바닥이 광채가 날 정도로 관리되어 있다면 화장실이라도 오히려 상쾌한 느낌을 준다.

호텔의 공중화장실은 위생적인 측면에서 세면기, 사기의 매끄러운 표면이 원상 그대로 보전되어야 한다. 흠집, 금이 나거나 긁혀 있으면 표면을 닦기에 어려우며 얼룩을 제거하기도 힘들다. 또한 수도꼭지가 작동되지 않을 경우 신속하게 수리하며, 휴지, 종이 타월, 비누는 부족함이 없도록 잘 비치해야 한다.

호텔 화장실은 화장실의 역할을 초월하여 호텔의 상징적인 시설물로 삼아지기도 한다. 즉 호텔의 청결한 화장실을 마케팅 수단으로 활용하기도 한다. 따라서 아름답고 고급스러운 화장실로 고객의 방문 욕구를 자극할 필요가 있다.

5) 카펫(carpet) 관리

일반적으로 실내에 깔린 카펫(carpet)은 아늑한 분위기를 제공한다. 따라서 호텔 공공장소에 카펫이 깔려 있으면 고급스럽고 우아한 분위기를 창출해 품격을 높일 수 있다. 그러나 카펫의 관리를 소홀히 하면 오히려 지저분해 보일 수 있다.

공공장소에서 카펫을 사용하는 것은 장단점이 있다. 즉 카펫을 어떻게 관리하느냐에 따라 우아하고 안락한 온기를 주는 긍정적인 효과를, 혹은 그 반대의 결과를 가져올 수도 있다. 그러므로 카펫은 항상 청결하게 유지하고 관리해야 한다.

카펫으로 인해 일어날 수 있는 여러 가지 요소들을 보면 첫째, 색이 바랠 수 있다. 카펫을 오래 사용하게 되면 탈색되어 오히려 품격이 떨어질 수 있다.

둘째, 곰팡이가 생길 수 있다. 물이나 세제를 사용하여 얼룩을 제거할 경우, 그곳에 곰팡이가 생겨 인체에 악영향을 준다. 이는 고객은 물론, 장시간 카펫 위에서 근무하는 종사원의 건강에도 해롭다.

셋째, 카펫이 엉길 수 있다. 오래된 카펫은 마모와 손상으로 인해 엉킬 수 있는데, 이는 시각적인 불쾌감과 호텔이나 객실이 낡았다는 이미지를 줄 수 있다.

넷째, 바닥이 보일 수 있다. 카펫을 오래 사용하면 수축하는 경우가 있다. 이때 카펫 밑에 있는 바닥이 보일 시 고객에게 관리가 미흡하거나 낡았다는 느낌을 준다. 이러한 요인은 부정적인 요인으로 작용할 가능성이 높다.

(1) 카펫(carpet)의 정기적 관리

카펫(carpet)을 효과적으로 유지 및 관리하기 위해 정기적인 검사가 필요하다. 즉 카펫에 얼룩이 묻었는지, 파손되었는지 등에 대해 정기적으로 검사와 청소를 진행해 집과 같은 온화하고 아늑한 분위기를 고객이 느낄 수 있도록 하여야 한다.

카펫에 얼룩이 있을 경우 조심스럽게 제거해야 한다. 제거 시 문지르게 되면 카펫의 파일이 엉키거나 울퉁불퉁해질 수 있다. 세제와 같은 화공약품을 사용할 경우,

안전 절차를 준수한 뒤 걸레에 묻혀서 얼룩을 제거해야 한다.

〈표 13-13〉 카펫의 정기적 관리

구분	내용
카펫의 정기적 관리	① 얼룩의 원인을 알아냄
	② 얼룩 원인을 알아내지 못한 경우 조심스럽게 긁어내고 진공 청소
	③ 얼룩의 진공 청소가 곤란한 경우 얼룩의 바깥쪽에서 안쪽으로 조심스럽게 찍어 냄. 이때 얼룩 제거를 위해 문질러서는 안 됨. 카펫(carpet)의 파일이 엉키거나 울퉁불퉁해지기 때문임
	④ 항상 수돗물만으로 얼룩을 씻어내기 위해 노력
	⑤ 물로 얼룩 제거가 불가능할 경우 세제 이용. 세제는 항상 걸레에 묻혀야만 함
	⑥ 소량의 세제로 지워질 경우 세제 추가하지 않음. 이는 세제를 헹구어 내는 작업을 더디게 할 뿐임. 만약 솔벤트를 사용할 경우 물로 헹구어 낼 필요가 없으므로 솔벤트 사용 전에 세제 찌꺼기를 깨끗이 헹구어야 함
	⑦ 얼룩이 제거된 후에 최소한 세 번 이상을 헹구어야 함
	⑧ 만약 솔벤트로 지운 얼룩이 남아 있는 경우 솔벤트를 걸레에 묻혀 계속 닦음. 절대로 솔벤트를 얼룩에 직접 붓지 말아야 하며 물을 사용하여서도 안 됨. 솔벤트는 찌꺼기 없이 날아가기 때문임
	⑨ 모든 경우에서 얼룩 제거로 오랜 시간을 허비하지 말아야 함

(2) 카펫(carpet) 청소 방법

카펫 청소 방법은 다음과 같다. 첫째, 진공 청소한다. 둘째, 드라이 폼 청소(dry foam cleaning)한다. 셋째, 보닛 스핀 패드로 세척(bonnet spin pad cleaning)한다. 넷째, 회전식 샴푸(rotary shampoos)를 사용한다. 다섯째, 물청소한다.

〈표 13-14〉 카펫 청소 방법

구분	내용
카펫 청소 방법	(1) vacuuming
	(2) dry foam cleaning
	(3) bonnet spin pad cleaning
	(4) rotary shampoos
	(5) water extraction

3. 객실 수리 업무

하우스키핑(housekeeping) 부서의 오더 테이커(order taker)로부터 고장, 파손 및 작동에 문제가 발생해 수리 요청을 받게 되면 기록대장에 기록한 뒤 관련 부서의 협조를 얻어 신속하게 처리한다.

호텔 하우스키핑 부서에서 시설의 유지 · 관리를 위해 수리하는 것은 호텔의 자산을 관리하는 것이며, 매우 중요한 업무이다. 고객은 객실을 사용하면서 사소한 불편에도 크게 불평불만을 표출할 수 있다. 즉 객실의 가구, 실내온도 조절 장치기, 샤워기 등이 정상적으로 작동되지 않으면 불만족스러워한다.

호텔 객실에는 여러 종류의 가구, 침대, 비품, 소모품, 시설 등 다양한 물품이나 시설물을 구비해 놓는다. 이들 중에 어느 한 가지가 부족하거나 정상적으로 작동되지 않으면 고객은 불평하게 된다. 만일 물품이나 시설이 파손 및 손상되었을 때는 수리 서비스, 즉 수리를 의뢰해 신속하게 처리하여 고객의 사용에 불편함이 없도록 한다.

만일 하우스키핑 부서에서 객실을 점검하여 판매할 수 없다고 판단한다면, 프런트에 즉시 전달해 판매 불가능한 객실, 즉 고장 난 방으로 투숙객을 받지 않도록 한다. 이후 시설부나 영선부의 협조를 받아서 신속하게 수리한 뒤, 판매가 가능해지면 즉시 프런트 데스크에 통보하여 객실을 판매할 수 있도록 한다.

객실에서는 주로 가구, 집기, 의자, 소파, 전기 및 스위치, 벽지 상태, 욕실의 변기, 타일 상태 등에 대한 개 · 보수가 많이 발생한다. 객실 외에도 로비, 홀, 계단, 회의실과 같은 공공장소의 수리 작업을 진행한다.

객실의 각종 비품이나 하우스키핑 부서에서 관리하는 공공장소 부문인 현관, 로비, 복도, 계단, 페인트칠 등에 대해서 주기적인 점검이 필요하며, 수리가 요구되는 부분은 신속히 해결해 재판매할 수 있도록 한다. 수리 서비스의 신속한 처리는 호텔의 수익 발생과 직결되며, 동시에 비용감소를 가져온다. 완전히 파손된 경우는 교체하는 것이 고객의 불평불만을 해소하는 방법이다.

호텔은 서비스와 이미지를 판매하는 기업이다. 고장이나 파손으로 오더 테이크(order taker)에게 접수될 경우 문제를 재빠르게 처리해 고객이 원상태로 이용할 수 있도록 한다면, 고객의 만족도를 높이고 호텔의 영업이익 창출이나 비용감소를 기대할 수 있다.

[양식 13-6] 유지보수 요청 양식

S&H FORMS · SEOUL KOREA	
S&H HOTEL MAINTENANCE REQUEST	
Time	15102113
By:	Date:
Location:	
Problem:	
Assigned to	
Date Compl.:	
Time Spent:	
Completed by:	
Remarks:	

S&H HOTEL MAINTENANCE CHECK LIST		
Check (V) Indicates Unsatisfactory Condition Explain Check in Remarks Section BEDROOM – FOYER – CLOSET		
☐ wallls	☐ woodwork	☐ doors
☐ ceiling	☐ television	☐ lights
☐ floors	☐ A.C. unit	☐ blinds
☐ windows	☐ drapes	
Remarks:		
BATHROOM		
☐ trim	☐ shower	☐ drains
☐ lights	☐ wall paper	☐ paint
☐ door	☐ window	☐ tile or glass
Remarks:		

문제에 대한 토론

1. 하우스키핑(housekeeping)의 중요성에 대해 논의하여 보자.

2. 오더 테이커(order taker)의 업무에 대해 논의하여 보자.

3. 룸 메이드(room maid)의 업무에 대해 논의하여 보자.

4. 분실물과 습득물(lost & found) 관리 업무에 대해 논의하여 보자.

호텔객실관리

Hotel Room Management

CHAPTER 14

호텔 안전 관리의 업무

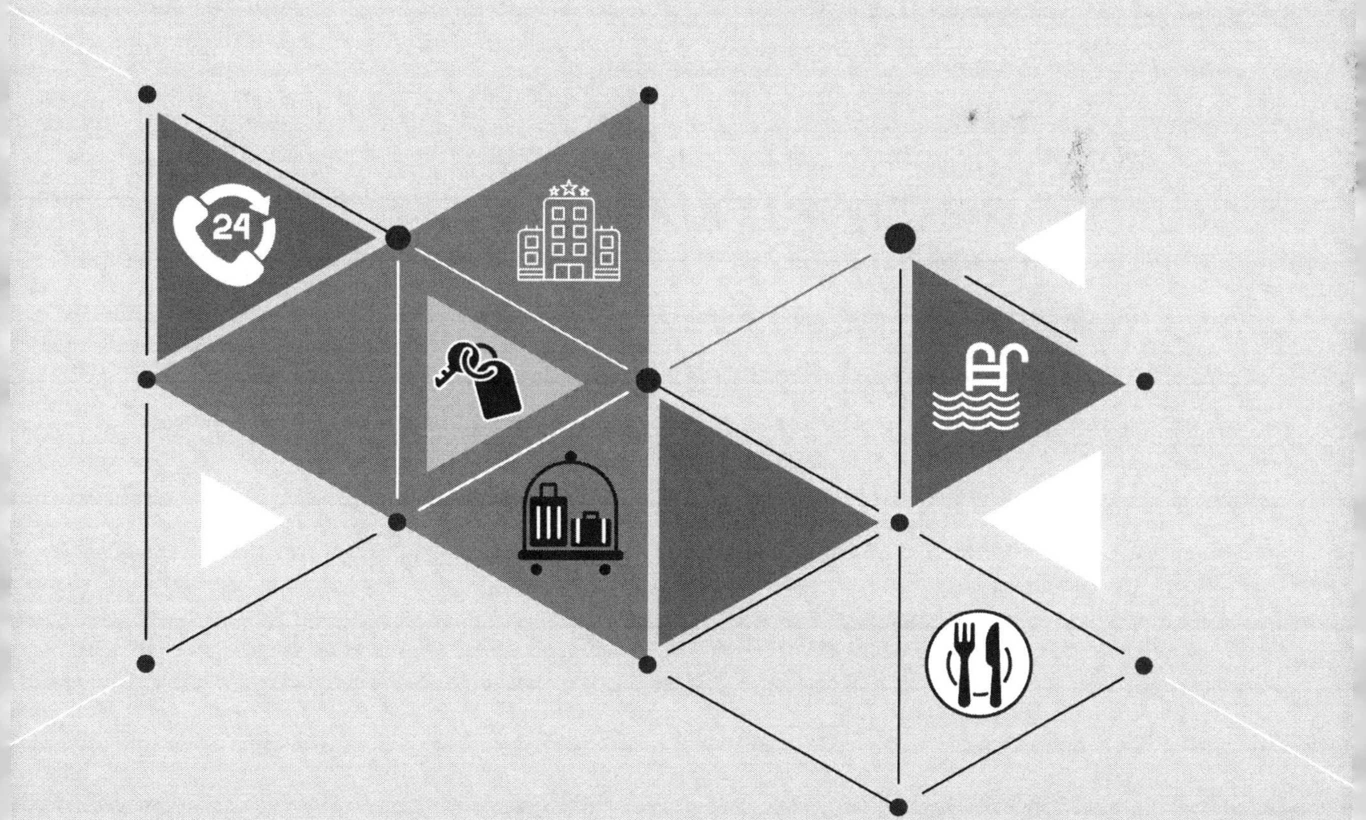

14 호텔 안전관리의 업무

1 호텔의 안전관리

1. 호텔 안전관리의 의의

인간은 기본적으로 안전에 대한 욕구를 충족하고자 한다. 더 나아가, 인간은 누구나 행복한 삶을 영위하고 싶어 하는 욕망을 지닌다. 호텔을 이용하는 고객, 종사원, 경영자 그 어떤 사람에게도 안전의 욕구는 충족되어야 한다.

호텔의 안전관리는 고객, 종사원, 그리고 경영자 모두의 행복을 추구하는 데 있어서 무엇보다 중요하다. 고객의 행복과 안전한 삶을 위해 호텔 경영자나 종사원은 안전관리에 대해 체계적이고 지속적인 점검을 수행해야 한다.

이를테면, 호텔 종사원에게 제공하는 복지정책 중 가장 기본적이자 우선적으로 다루어야 할 것이 안전한 직무수행이다.

안전이란 재해, 질병, 위험으로부터의 자유[6]라고 할 수 있다. 안전은 사전적으로 평안하고 온전함, 위험이 없음 등을 의미한다. 안전관리는 인적 · 물적 · 환경적인 재해와 질병, 그리고 위험으로부터 인적자원과 고정자산의 안전과 건강을 확보하며, 이들을 효율적으로 활용하여 호텔의 경영 목표를 달성하도록 돕는 모든 활동을 말한다.[7]

호텔의 안전관리는 호텔 내 · 외부의 시설 및 건물에 대한 관리를 넘어, 사람의 생명이나 재산에 대한 안전관리까지 책임진다. 이는 호텔 경영 및 호텔 시설에 관련된 모든 것의 안전을 보장하고 생명과 재산을 보호하며, 인위적·자연적인 재해나 범죄의 위험성에 대해 최소화하는 것을 의미한다.[8)]

호텔에서 발생할 수 있는 안전 및 사고 요인들은 매우 다양하다. 예를 들어, 고객이 호텔을 이용하는 과정에서 발생할 수 있는 안전사고, 종사원들이 업무를 수행하는 과정에서 발생할 수 있는 안전사고, 시설물에 의한 안전사고, 공공장소에서 발생할 수 있는 안전사고 등이 있다. 이 외에도 화재나 테러 등에 의한 안전사고에 항상 노출되어 있다.

호텔 경영자는 이러한 안전사고를 예방하고자 체계적이고 철저한 관리로 이용객 모두가 신체적, 경제적, 정신적 안전을 보장받을 수 있도록 해야 한다.

호텔의 안전관리는 첫째, 고객의 신변·재산의 안전관리다. 모든 이용객은 자신의 신체와 재산을 안전하게 보호받을 수 있길 기대한다.

특히 객실 이용객의 신변이나 물품을 보호하려는 노력을 지속적으로, 또한 철저하게 행해야 한다. 이를테면, 고객의 안전사고를 예방하는 차원에서 호텔 객실 문에 이중 잠금장치(double lock door)를 설치한다.

둘째, 호텔 자산의 안전관리다. 호텔은 다수가 이용하는 시설물이므로 노후화가 조기에 이루어진다. 시설의 노후화는 호텔 이용객 및 종사원 모두의 안전을 위협하는 요소이다. 불안전한 요인이 되는 가구나 시설 등은 조기에 교체하거나 개·보수를 통해 안전하게 이용할 수 있도록 체계적인 관리나 점검이 필요하다.

셋째, 호텔 종사원의 안전관리다. 호텔 종사원들이 업무를 수행하는 과정에서 안전사고는 언제나 발생할 수 있다. 예를 들어, 영업장에서 무거운 것을 옮기거나, 주방 내 화재 및 요리과정, 미끄럼 등에서 발생하는 안전사고들이 있다.

이들의 안전 강화를 위해 안전의식 향상, 안전시설 설치, 안전장비 착용, 안전점검 등이 체계적이고 지속적으로 이루어져야 한다. 종사원들의 안전 강화는 직무의 집중력이나 생산성을 향상할 수 있을 것이다.

호텔은 안전사고를 예방하기 위해 첫째, 안전에 대한 지속적인 교육이 필요하다. 즉, 안전관리 부서의 직원뿐만 아니라 모든 종사원들이 의무적으로 안전 교육에 참여할 수 있는 시스템을 구축해야 한다.

안전 교육을 1년에 몇 시간 이상 수료한 종사원은 인사고과에 반영하는 것도 하나의 방법이 될 수 있다. 또는 보상이나 포상을 주는 방법도 좋은 방안이다. 호텔은 종사원들의 안전관리를 위한 노력을 끊임없이 실시하여 안전에 대한 의식을 고취하고 사고를 예방해야 한다.

둘째, 호텔 시설물의 관찰 · 점검 관리가 필요하다. 호텔 시설물을 지속적으로 관찰 · 점검하여 안전사고의 발생 가능성이 있을 때는 사전 교체나 개보수, 또는 폐기 처리나 접근 금지 등 다양한 방법으로 관리해야 한다. 즉 시설물에 의한 안전사고가 발생하지 않도록 사전 조치가 우선되는 경영정책을 수립해야 한다.

셋째, 안전 위협요인의 관리가 필요하다. 화재, 추락, 미끄러짐 등 안전에 위협적인 요인들을 사전에 방지할 수 있도록 장비나 시설을 갖추어야 한다. 예를 들면, 객실이나 영업장에서의 화재방지를 위한 시설, 화재 발생 시 필요한 장비 등을 구비해 놓는다. 또한 고객이나 종사원들이 추락할 가능성이 있는 곳에 사전에 안전 구조물을 설치한다. 이 외에도 화장실, 로비, 주방, 주차장 등에 미끄럼 사고가 발생할 수 있는 지역은 미끄럼방지 타일 혹은 매트를 마련하는 등 다양한 방법으로 사전에 예방 장비나 시설을 갖추어야 한다.

〈표 14-1〉 호텔 안전관리

호텔 안전관리	첫째, 고객의 신변 · 재산 안전관리
	둘째, 호텔 자산 안전관리
	셋째, 호텔 종사원 안전관리

〈표 14-2〉 호텔 안전 예방관리

호텔 안전 예방관리	첫째, 안전 교육 실시
	둘째, 호텔 시설물의 관찰 · 점검 관리
	셋째, 안전 위협요인 관리

2. 종사원의 안전관리 교육

고객이 호텔을 이용하는 기본적인 목적은 최고의 서비스를 받기 위함이다. 호텔의 고품질 서비스에는 안전 서비스도 당연히 포함되어 있으며, 호텔은 이에 대한 철저한 준비와 관리가 되어 있어야 한다.

고객에게 고품질 서비스를 제공하기 위해 각종 장비나 시설을 갖추는 것은 무엇보다 중요하다. 또한 종사원에게 철저한 안전관리에 대한 매뉴얼 및 정신교육도 강화해야 한다. 종사원의 안전의식 고취를 위해 교육시스템을 마련하고, 주기적으로 실시해 안전에 대한 정신적 준비 태세를 갖출 때 호텔 이용자 모두의 안전을 지킬 수 있다.

안전사고는 언제 어디서 발생할지 예측하기 어렵다. 종사원들이 업무를 수행할 때, 안전에 대한 사소한 부주의 및 무관심이 고객이나 종사원들에게 충격적인 사고들로 이어질 수 있다. 이는 아무리 강조해도 지나치지 않으므로 안전 교육에 모든 구성원이 참여할 수 있는 구조를 갖춰야 한다.

호텔 종사원들의 안전의식 고취를 위해, 첫째 지속적인 안전 교육을 실시한다. 교육을 통해 안전 수칙과 대처요령을 준수시키고, 안전의식을 고취시켜 안전을 생활화해야 사고를 예방할 수 있다. 안전에 대한 작은 빈틈이라도 방치되면, 안전 불감증이 쉽게 나타날 수 있다.

둘째, 안전 교육 참여에 보상을 주는 시스템을 마련한다. 안전 교육 참여 정도에 따라 보상이나 포상을 할 수 있는 시스템을 준비해 적극적인 참여를 유도할 필요가 있다. 호텔은 인사에 반영한다든지, 인센티브 여행제도를 마련한다든지 등의 다양한 형태를 구축해야 한다.

셋째, 주기적으로 안전장비를 사용한다. 안전장비는 마련되어 있지만, 장비 사용법을 모르거나, 갑자기 일어나는 안전사고에 신속하게 대처하지 못하는 경우가 있다. 이러한 상황을 방지하기 위해, 사용 방법을 점검하는 차원에서 주기적으로 훈련할 필요가 있다.

정리하자면, 호텔 고객이나 종사원들의 안전은 최우선으로 관리해야 한다. 이를 위해 안전 시스템을 잘 관리하고 호텔의 자원을 투입하는 등 완벽한 준비가 필요하다. 즉 호텔 경영자는 안전관리에 투입되는 자원을 단순한 비용이 아닌, 고품질 상품생산의 요인으로 여겨 지원해야 한다.

〈표 14-3〉 호텔 종사원들의 안전의식 고취

호텔 종사원들의 안전의식 고취	첫째 지속적인 안전 교육 실시
	둘째, 안전 교육 참여에 보상시스템 마련
	셋째, 주기적으로 안전장비 사용

3. 호텔 안전관리 요원의 자세

고객은 잘 교육된 종사원에게 품격 있고 안전이 보장된 서비스를 기대하면서 호텔을 이용한다. 고객이 기대하는 안전한 서비스의 핵심 요소는 신체적, 경제적, 정신적 안전함을 보장받는 것이다.

호텔 안전관리 요원의 직무수행 자세는 첫째, 강한 책임 의식과 성실한 업무 자세가 요구된다. 안전관리 요원은 고객에 대한 안전 서비스를 제공하기 위해 항상 책임 의식과 성실한 근로 자세를 바탕으로 직무를 수행해야 한다. 또한 안전에 대한 소명의식이 어떤 구성원보다 강해야 하며, 완벽한 안전관리 업무를 수행해야 한다.

둘째, 단정한 용모와 친절한 서비스를 제공한다는 자세가 필요하다. 안전관리 요원도 고객에게 고품질 서비스를 제공하기 위해 단정한 용모와 친절한 자세로 업무를 수행하여야 한다. 호텔 종사원은 어떤 직무를 수행하든지 간에 단정한 용모와 친절한 인적 서비스를 제공하겠다는 자세가 반드시 필요하다.

셋째, 안전관리 지침과 행동 요령을 숙지하려는 자세가 요구된다. 안전에 대한 지침이나 행동 요령들을 잘 숙지하여 숙달된 태도로 고객의 안전을 지켜야만 한다. 이를테면, 안전관리 요원은 고객의 신체적, 경제적, 정신적 보호를 위해 호텔 객실 키(key) 관리에 대한 지침을 파악하고 있어야 한다. 또한 화재로부터 보호나 안전함을 제공할 수 있도록 철저히 행동 요령을 숙지해야 한다.

넷째, 호텔 시설물에 대한 운용 방법을 습득하려는 자세가 필요하다. 안전관리 요원은 몇몇 특수한 시설물을 제외하고 일반적인 시설물이나 장비에 대해서 운용 및 작동 방법을 알아두어야 한다. 불시에 발생하는 안전사고를 신속히 대처하기 위해 안전관리 요원은 시설물이나 장비 사용 방법에 대해 익힐 필요가 있다.

요컨대, 안전관리 요원은 위급한 상황에서도 신속하게 처리할 수 있는 능력과 사고 예방에 대한 충분한 지식 및 정보를 갖춰야 한다. 나아가 안전관리 요원은 자신의 직무가 얼마나 중요한지 충분히 인식하고 사명감을 가져야 한다.

경영자는 호텔 시설에 대한 철저한 안전관리를 위해 시설 및 업장별로 안전관리 책임자를 임명하여 정기적으로 점검하게 하고, 안전관리 책임자가 점검기록부를 작성하고 보관하도록 해야 한다.

〈표 14-4〉 안전관리 요원의 직무수행 자세

안전관리 요원의 직무수행 자세	첫째, 강한 책임 의식 · 성실한 업무 자세
	둘째, 단정한 용모 · 친절한 서비스를 제공한다는 자세
	셋째, 안전관리 지침 · 행동 요령에 숙지하려는 자세
	넷째, 호텔 시설물에 대한 운용 방법을 습득하려는 자세

2 호텔 객실의 안전관리 개요

투숙객은 객실에서 안락하고 편안한, 고품질의 서비스를 기대하며 또한 안전이 보장된 객실에서 정신적, 육체적으로 휴식을 취하고 싶어 한다. 호텔 경영자 및 종사원들은 숙박고객의 안전과 보호를 위해 어떠한 상황이 발생해도 지켜야 한다는 강한 소명 의식을 갖고 업무를 수행해야 한다.

1. 객실 키(key) 관리

호텔은 고객의 안전을 위해 철저히 관리하지만, 호텔 구성원만의 노력으로 고객의 안전을 전부 지킬 수 없다. 고객의 적극적인 협조와 참여가 있어야만 안전을 완벽히 지킬 수 있다. 특히 객실 키(key) 관리는 고객이 호텔을 안전하게 이용할 수 있게 해주는 가장 중요한 관리 부문 중 하나다.

객실의 키는 고객이 숙박 등록을 마친 뒤 프런트 직원으로부터 제공된다. 고객은 자신의 보호를 위해 객실 키를 다른 사람에게 빌려주어선 안 되며, 체크아웃(check-out) 시 프런트 데스크에 반납해야 한다. 즉 객실의 키는 고객 스스로가 통제하고 관리해야 자신을 위험으로부터 지킬 수 있다.

객실 키는 고객의 안전을 지키는 데 가장 효과적인 수단이다. 프런트 직원은 고객에게 키를 제공할 때, 키 관리에 대해 충분히 설명하여 이를 잘 관리할 수 있도록 해야 한다. 또한 객실 키 관리는 담당 직원이 아닌 다른 종사원이 절대로 관리할 수 없도록 해야 한다.

객실 키는 금속으로 제작된 것과 플라스틱 카드에 마이크로 테이프가 부착된 카드 키(card key)가 있다. 최근에는 고객의 사용에 편리한 카드 키의 사용이 늘어나고 있다. 카드 키는 고객이 분실하여도 쉽게 재발급할 수 있으며 키 관리를 효율적으로 할 수 있다.

고객이 분실한 키를 호텔 구성원들이 발견했을 경우 즉시 프런트에 반납해야 한다. 또한 고객은 객실 키(key)를 분실했을 때 즉시 프런트 직원에게 전달해야 하며, 프런트 데스크는 고객의 키 시스템을 변경 조치한 후 객실을 안전하게 사용할 수 있게 한다.

고객이 잃어버린 객실 키를 다른 사람이 사용해 객실에 침입할 경우, 고객의 신체적인 위협이나 재산상의 손실을 가져올 수 있다. 이는 비록 고객의 잘못으로 인해 발생한 일이지만, 호텔 안전관리에 부정적인 영향을 미치게 된다.

따라서 프런트 직원은 업무 시 고객 스스로 키 관리를 잘 할 수 있도록 반드시 알려주어야 한다. 이는 고객의 객실 안전을 보장하는 것으로 프런트 직원의 업무에서 대단히 중요한 부분이다.

2. 호텔 객실 및 복도 출입 통제

호텔은 특별한 경우를 제외하고는 고객과 일반인이 자유롭게 출입할 수 있는 공공시설이다. 즉 다수의 사람이 호텔을 이용하므로 호텔 구성원들은 항상 고객의 안전에 주의를 기울이지 않으면 여러 형태의 사건 및 사고가 발생할 수 있다.

호텔 로비나 주차장은 대다수가 출입하는 장소이지만, 호텔 객실이나 복도는 일반 사람들이 자유롭게 오고 갈 수 있는 장소가 아니므로 안전관리 요원에게 통제받을 수 있다. 즉, 객실 고객이 아닌 사람이 객실 층 복도에서 배회할 경우, 안전관리 요원의 제재를 받게 된다.

이 외에도, 고객 이외의 사람들이 객실 문을 열기 위해 문고리 등을 만지거나 수상한 행동을 할 경우 안전관리 요원의 제재를 받을 뿐만 아니라 신고로 인해 관할 경찰서에서 조사를 받을 수도 있다.

투숙객이 아닌 인원의 객실 층 복도의 출입을 통제하는 것은 투숙객의 안전관리를 위한 것이다. 객실 층 복도는 항상 경비 업무를 담당하는 부서, 또는 시설부서에서 감시하고 있다.

이 외에도 호텔 객실 층 복도에는 고객의 안전관리나 호텔의 기물 관리를 위해 다수의 무인 카메라들이 부착되어 있다.

3 호텔 시설에 대한 안전관리

1. 외부 안전관리

호텔 외부에는 예술적인 가치가 높은 조각상들이나 조형물들이 설치되어 있으며, 특히 리조트 지역의 호텔은 아름답게 가꾸어진 정원수들도 구비되어 있다. 이 외에도 호텔의 이미지를 상징하기 위한 각종 심볼 마크(symbol mark)를 마련하기도 한다. 이는 고객이나 일반인들에게 서비스적인 차원에서, 혹은 고급스러운 호텔의 분위기를 창출하기 위해서 조성된다.

일반적으로 호텔 이용객이나 일반인들은 잘 조성된 유형물을 즐기지만, 이러한 조형물이나 시설물들이 훼손되거나 도난을 당하는 경우가 있다.

호텔 외부의 조형물 및 시설물은 호텔 고객은 물론 일반인들도 출입이 가능한 공간이므로 통제하기 매우 어렵다. 호텔은 이들을 안전하게 보호하거나 관리하기 위해 조명시설이나 경보장치 등을 설치하고, 경비가 정기적으로 순찰하도록 한다.

즉, 호텔 외부의 유형물을 안전하게 관리하고 보호하기 위해 물리적인 감시 장치를 설치하고, 인력을 배치하여 관리한다. 호텔 안전관리 요원들은 호텔 주변에 분산된 유형물이 안전하게 유지될 수 있도록 철저하고 주의 깊은 관찰력이 요구된다.

2. 내부 안전관리

호텔 내부의 시설은 일반대중에게 개방된 지역과 비개방 지역으로 나뉜다. 공공성을 띠고 있는 로비나 로비 화장실 등은 개방된 지역이므로 일반인이 출입할 수 있으나 대부분의 영업장은 고객들만이 사용한다.

일반인이 이용할 수 있는 공공장소의 시설물은 도난이나 파손의 위험이 있다. 이들 시설물을 안전하게 관리하기 위해 호텔 로비 주변의 종사원이나 안전관리 요원들이 방문객을 주의 깊게 살피며 관리하기도 하고, 무인 감시 장치를 설치해 관리하기도 한다.

호텔 객실 내 안전사고는 주로 파손된 기물 및 가구의 방치, 객실 문 또는 창문 잠금장치 등의 불량에서 발생한다. 또한 불량한 전기제품의 취급 부주의, 취사 행위, 그리고 객실 열쇠 분실로도 안전사고가 일어나기 마련이다. 룸 메이드는 객실 안전사고를 방지하기 위해 객실의 각종 기물 및 기기 등에 대해 철저히 점검하고 확인하여야 한다.

호텔 내부의 시설에 화재가 발생하거나 엘리베이터가 정지되는 등의 상황 발생 시, 경보기를 통해 호텔 이용객과 호텔 자산을 관리해야 한다. 또한, 신속한 행동과 대처 능력을 위해 체계적이고 지속적인 안전 교육을 실시해야 한다.

안전관리를 위해 외부 전문가를 초청하거나 내부 안전관리 부서의 전문요원들이 주기적으로 교육해, 호텔 구성원들이 안전관리에 대한 의식을 변화시키고 안전관리를 생활화할 수 있도록 하는 것이 바람직한 안전관리다.

문제에 대한 토론

1. 호텔 안전관리의 의의에 대해 논의하여 보자.

2. 호텔 객실의 일반적인 안전관리에 대해 논의하여 보자.

3. 호텔 객실을 제외한 호텔 시설에 대한 안전관리에 대해 논의하여 보자.

Hotel Room Management

CHAPTER 15

호텔 객실 고객의 불평 처리

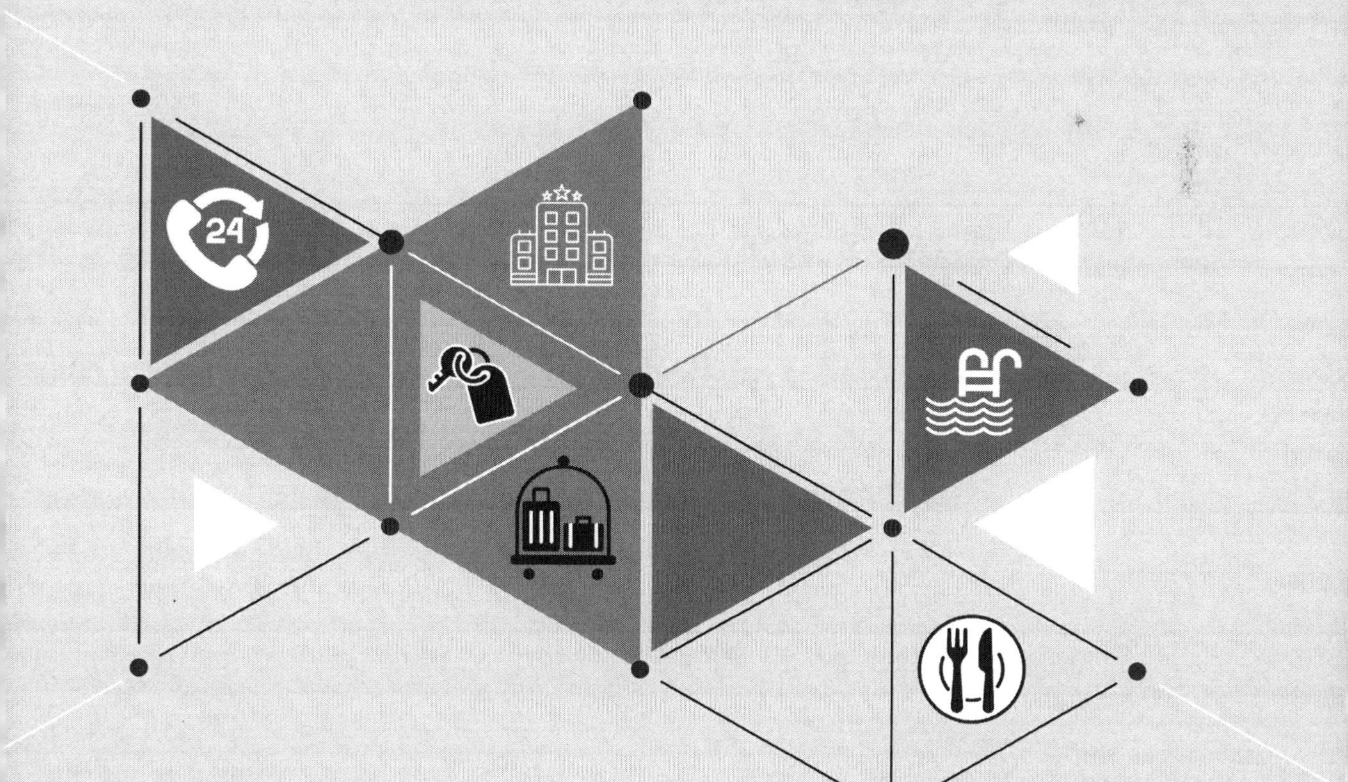

15 호텔 객실 고객의 불평 처리

고객은 대가의 지불 여부와 관계없이 제품이나 서비스를 받는 사람을 말하며, 여기에는 잠재고객도 포함된다. 고객의 불만은 고객이 소비 경험을 통해 최소한의 기대도 충족되지 않았을 경우, 감정적으로 느끼거나 표출하는 것을 말한다. 고객의 불만은 주관적인 기대 수준에 좌우되기 때문에, 고객마다 만족 · 불만족이 다르게 나타난다.

불만에 대해 어떤 방법으로 처리하느냐에 따라 이를 해소하여 긍정적인 반응을 이끌어낼 수도, 긍정적으로 전환되지 않을 수도 있다. 호텔은 고객의 불만을 효과적으로 처리하여 만족도를 높이고 재방문할 수 있도록 노력한다.

1 고객 불평의 발생요인

호텔 종사원은 누구나 자신의 업무를 완벽하게 처리하려고 노력하지만 모든 고객을 만족시킬 수는 없다. 이는 오늘날 고객의 소비성향이 개인별 서비스 가치를 중시하는 성향으로 변화하고 있기 때문이기도 하다.

고객 소비 가치의 변화는 호텔에서 제공하는 서비스 상품의 변화를 요구하며, 고객의 욕구를 충족시키지 못할 경우 불만으로 이어진다.

객실 서비스에 대한 평가는 고객이 극히 주관적으로 판단하므로, 호텔 종사원은 고객이 지각하는 서비스 품질의 향상을 위해 고객지향적으로 업무를 수행해야 한다. 즉 고객은 객관적인 서비스 품질이 높은 것도 중요하게 여기나, 고객 자신의 욕구가 충족될 때 만족도가 높게 나타난다. 이는 고객 개인별로 서비스 욕구를 충족시켜야 불평불만이 없다는 것으로 이해할 수 있다.

1. 나쁜 응대 태도

객실 고객의 불평불만이 발생하게 되면, 먼저 그 원인을 신속하게 파악해야 쉽게 해결할 수 있다. 고객의 불평불만을 조기에 해결하지 못하면 고객의 감정이 고조되어 문제 해결이 더욱 어려워진다. 만일 고객이 불만을 표출하지 않고 떠날 경우, 해당 호텔 객실의 재이용은 기대하기 어렵다. 이것이 고객의 불평불만을 체계적으로 관리해야 하는 이유이다.

호텔 고객들의 불평불만을 예방하고 해소하는 방법들은 호텔 경영정책이나 방침에 따라 다를 수 있지만, 일반적으로 다음과 같은 방법들이 있다.

첫째, 고품질 서비스 제공을 경영정책으로 수립해야 한다. 즉, 무결점 서비스 제공을 원칙으로 경영하는 것이다. 인적 · 물적 · 시스템적 서비스를 제공하는 호텔에서 무결점 서비스 제공을 경영철학으로 삼는 것은 어렵겠지만, 이를 경영방침으로 채택하면 불평불만을 어느 정도 예방하거나 감소시킬 수 있다. 이는 고객의 불평불만 해결에도 긍정적인 영향을 미친다.

둘째, 고객이 불만을 쉽게 나타낼 수 있는 제도적 장치를 마련해야 한다. 인간은 불만 감정을 표출할 때 내면의 감정이 어느 정도 완화되거나 해소될 수 있다. 이는 불평불만 고객이 호텔을 재방문하는 동기가 될 수 있다.

셋째, 철저한 서비스 교육을 통해 불만을 해소할 수 있다. 고객의 불만을 사전에 예방하고 해결하는 요소는 서비스 교육을 통해 기대할 수 있다. 고객 불만 요인 혹은 해결 방법들에 대한 사례 중심의 서비스 교육을 체계적으로 실시한다면 예방 및 해결에 도움이 된다.

넷째, 우수한 인적자원을 확보해야 한다. 호텔의 제도적 장치나 교육을 통해 불만을 예방하거나 해소할 수 있겠지만, 근본적으로 서비스업에 적합한 성품이나 능력을 가진 인력을 고용하는 것이 좋은 해결책이다. 서비스업에 적합한 인적자원은 일반적으로 대인관계가 원만하고 성실하며, 표정이 밝고 긍정적인 마음가짐을 갖추고 있다.

객실 종사원에 의해 발생하는 고객의 불평 요소는 다음과 같다.

첫째, 비호감적인 언어 사용이다. 객실 종사원에게 언어 예절은 곧 상품이자 마케팅이며, 이미지이다. 이는 호텔 이용객이 종사원 자신을 구매하고 재구매로 이어지게 하는 중요한 요소가 될 수 있다. 예를 들어, 종사원이 항상 상냥하고 공손한 언어를 사용하면 고객은 좋은 감정을 갖게 된다.

둘째, 접객 태도의 불량이다. 객실 종사원은 접객할 때 정중하고 바른 태도로 응대해야 한다. 예시로, 고객에게 인사할 때는 존중하는 마음을 가지고 성심성의껏 인사해야 한다. 단순히 인사하는 것이 아니라, 고객이 영원히 기억할 수 있는 진실성 있는 인사를 해야 한다. 성의 없는 인사는 품질 낮은 제품과 같아 고객에게 불만을 야기한다.

셋째, 고객에 대한 배려 부족이다. 배려정신이 부족하면 고객은 불만을 가지게 되며, 이는 재방문의도에 부정적인 영향을 준다. 종사원의 배려심은 고객의 욕구 충족과 호텔 이미지 형성에 영향을 미친다.

넷째, 불친절한 행동이다. 고객이 호텔 상품을 구매할 때, 물질적인 서비스뿐만 아니라 종사원의 친절한 인적 서비스를 구매한다는 말이 있다. 즉, 종사원의 친절함이 고객의 핵심 구매요인이라는 것이다. 그러므로 종사원의 불친절한 서비스를 경험했을 때 고객은 불평불만을 가질 수 있다.

다섯째, 신속한 서비스를 제공하지 못하는 경우다. 신속한 서비스는 고객이 기다리는 시간을 줄여준다. 일반적으로 우리는 자신의 시간은 소중하게 생각하는 경향이 있다. 자신의 시간이 소중한 것처럼 다른 사람의 시간도 귀중하게 여길 때 좋은 인간관계가 형성될 수 있다. 즉 고객의 시간은 매우 소중하다는 것을 깊이 인식하면 신속한 서비스를 제공할 가능성이 높다. 또한 신속한 서비스를 받은 고객은 자신을 VIP로 대우한다고 느낄 수 있다. 반면, 고객이 체크아웃(check-out) 시 프런트 데스크에서 기다려야 할 경우 불평불만이 발생할 수 있다. 예를 들어, 항공기를 이용을 앞둔 고객에게 체크아웃 서비스의 지연은 불만을 초래하는 행위가 된다.

고객으로부터 불평불만을 듣게 되면 오히려 고객에게 감사하는 마음가짐을 가져야 한다. 고객이 불평불만을 하는 것은 호텔의 문제점을 보완하여 경쟁력을 갖추라는 의미가 내포되어 있다. 이는 호텔 시장에서 경쟁사보다 더 높은 수준의 상품을 생산하고 제공하라는 뜻으로 이해해야 한다.

〈표 15-1〉 고객 불평불만 예방 · 해소 방법

고객의 불평불만 예방·해소 방법	첫째, 고품질 서비스 제공을 경영정책으로 수립
	둘째, 고객 불만을 쉽게 나타낼 수 있는 제도적 장치 마련
	셋째, 철저한 서비스 교육으로 불만 해소
	넷째, 우수한 인적자원 확보

〈표 15-2〉 고객의 불평 요소

고객의 불평 요소	첫째, 비호감 언어 사용
	둘째, 접객 태도의 불량
	셋째, 고객에 대한 배려 부족
	넷째, 불친절한 행동
	다섯째, 신속한 서비스를 제공하지 못하는 경우

2. 지식 및 기술의 부족

호텔 종사원은 자신의 직무에 대한 충분한 지식과 기술을 가지고 있어야 고객의 질문이나 요청이 있을 때 문제를 해결할 수 있다. 자신의 업무를 능숙하게 처리할 수 있도록 완벽하게 숙지하는 것이 고객중심적인 서비스이다.

1) 객실 상품에 대한 설명 부족

종사원은 호텔 상품에 대해 고객에게 충분히 설명할 수 있는 능력을 배양해야 한다. 종사원의 설명 수준이 높으면 고객이 구매하려는 호텔 상품의 가치를 높이는 결과로 이어진다.

고객에게 제공하는 서비스의 가치수준에 따라 고객과의 친밀도나 관계의 깊이가 달라질 수 있다. 만일 고객의 질문에 설명이 부족하면 종사원은 신뢰를 잃고 고객의 불만을 야기하게 된다.

특히 외국인이 호텔 상품에 대해 설명을 요청할 경우, 유창한 외국어 능력을 갖추어 고객이 상품을 구매하는 과정에서 전혀 문제가 없도록 해야 한다. 호텔 객실부서의 종사원은 외국인에게 객실 관련 상품을 설명할 빈도가 높으므로, 더욱 유창하게 상품을 설명할 수 있어야 불평불만을 줄일 수 있다.

2) 업무처리 기술이 부족할 때

호텔 종사원이 업무를 수행하는 과정에는 기술을 요구하는 부분이 많다. 객실부서의 경우, 예약 업무, 숙박 등록절차 및 캐셔 업무, 세탁실 업무 등에서 숙련된 기술 서비스가 요구된다. 고객에게 제공하는 기술 역량이 곧 호텔의 브랜드 파워로 이어진다.

예를 들어, 객실을 예약한 고객이 숙박 등록을 위해 프런트 데스크에서 종사원에게 예약번호를 알려주었을 때, 예약담당자의 업무처리 미숙이나 기술 부족으로 예약이 안 되었다는 말을 듣는다면 고객은 불만을 가질 수밖에 없다.

〈표 15-3〉 지식 · 기술의 부족

지식 · 기술의 부족	1) 객실 상품에 대한 설명 부족
	2) 업무처리 기술이 부족할 때

3. 낙후된 시설

호텔 객실이 단순히 잠자는 공간의 개념에서 문화 · 예술 · 휴식 · 비즈니스 공간의 개념으로 변화하면서 고객의 기대 가치는 더욱 높아졌다. 이러한 개념변화로 객실이 고객들의 체류 목적과 부합하지 못할 경우 불만이 생길 수 있다.

이를테면, 객실에 설치되어 있는 가구, TV, 침대, 테이블 및 의자, 사무용 책상, 화장실의 시설 등이 낙후되어 있다면 불평불만을 표출할 것이다. 이외에도 노후된 엘리베이터, 쾌적하지 못한 호텔이나 객실 내부 환경, 낡은 객실 복도의 카펫(carpet)에 불쾌감을 느낄 수 있다.

즉, 고객은 호텔 시설 및 객실 시설이 노후화되어 체류 목적과 일치하지 않으면 불평불만을 할 수 있다. 호텔 산업은 경쟁호텔보다 낙후된 시설로는 상대적 우위를 확보하기 어렵기에, 시설 및 각종 가구 등의 개·보수나 교체를 통해 경쟁력을 갖추어야 한다.

4. 산만한 분위기

객실 이용객은 용모가 단정한 종사원이 제공하는 품격 높은 서비스와 아늑한 분위기 속 전망 좋은 객실에서 휴식을 취하거나 머물기를 기대한다. 즉 고객은 지불한 대가 이상을 얻을 수 있으리라 기대한다.

하지만 고객의 기대와 달리 호텔 주변이 산만하고 객실 복도의 조명이 너무 어두운 경우, 혹은 객실 안의 각종 가구, 침대 정리 상태, 비치된 편의용품, 화장실의 청결 및 환기 상태 등이 기대를 충족시키지 못한다면 불평을 표출하기 마련이다.

따라서 호텔은 고객의 기대와 욕구를 충족시키기 위해 품격 있는 가구나 집기를 비치하고, 이들을 완벽하게 정리 정돈하며, 청결 및 환기 상태를 쾌적하게 유지하는 등 무결점 상품으로 고객에게 제공했을 때 만족도 향상으로 이어지며 불평불만을 예방 및 해소할 수 있을 것이다.

5. 자존심에 상처받을 경우

인간은 누구나 자신에 대한 자긍심을 가지고 일상을 살아간다. 그러므로 자신을 비하하거나 자존심에 상처를 주는 말 또는 행위들을 인지했을 때 긍정적으로 받아들이지 않는다.

호텔 종사원은 고객에게 어떤 경우라도 자존심에 상처를 줄 수 있는 언행을 해서는 안 된다. 고객의 존재는 호텔과 종사원 자신을 존재하게 하는 이유라는 점을 간과해서는 안 된다. 고객이 자존심에 상처를 받을 경우 그 고객에게 서비스를 제공할 기회는 상실될 수 있다.

특히 객실 관련 종사원들은 객실이나 복도 등 고객과 인접한 장소에서 업무를 수행하므로 사소한 언행에도 주의를 기울여 업무를 수행해야 한다. 비록 사소한 것이라도 고객은 불쾌감을 느낄 수 있다.

2 불평고객의 관리

고객이 호텔 상품을 구매한 후 자신이 지불한 금전적 및 시간적 보상이 불충분하다고 느끼면 불평이 생길 수 있다. 고객이 이를 표출할 경우, 종사원이 고객을 위해 어떻게 문제를 해결하고 처리하느냐에 따라 불만을 최소화할 수 있다. 고객의 불만을 만족으로 회복시키려는 노력이 바로 고객 불평불만 관리다.

객실은 고객이 호텔 내에서 비교적 긴 시간을 체류하는 곳이다. 체류 시간이 길수록 객실 상품에 대해 자세히 알게 되는 계기가 된다. 그러므로 객실의 인적 · 물적 · 시스템적 서비스가 무결점으로 이루어질 때 만족도는 높아지고 불평불만을 방지할 수 있다.

1. 고객 불평대응

호텔 종사원은 고객의 다양한 욕구를 충족시키기 위해 차별화된 서비스를 제공하려고 노력한다. 그러나 모든 고객의 욕구를 충족하기에는 현실적으로 어렵다. 고객이 불평불만을 표현할 경우, 어떻게 대응하느냐에 따라 불만을 해소하고 만족으로 전환할 수 있다. 고객 불만을 처리할 때 유의해야 할 사항은 다음과 같다.

1) 불쾌한 감정이 확대되지 않도록 신속한 응대

호텔 객실 고객이 불평불만을 제기할 때, 그 이유를 정확하게 파악하여 신속히 대응하여야 한다. 불만 사항을 빠르게 처리하면 고객의 감정이 확대되지 않겠지만, 그렇지 못할 경우 고객의 감정은 증폭될 수 있다. 이 경우 고객의 감정은 완화되기 어려워 고객의 미래행동을 예측할 수 있다. 즉 호텔을 재방문할 것이라 기대하기 매우 어렵다.

2) 예의 바른 경청 자세

고객이 불평불만을 드러낼 때 그 원인을 정확히 파악하여야 불만을 해소할 수 있다. 고객의 문제를 해결하고 도우려면 먼저 고객의 말에 경청하고 있다는 것을 어필해야 한다. 고객을 만족시키기 위해 노력하고 있다는 태도와 말투로 서두를 시작하는 것이 바람직하다.

고객의 말에 긍정적이고 동의하는 자세로 경청하면, 고객은 자신의 불평불만이 타당하다는 것을 느끼게 된다. 이는 고객이 좋은 감정을 갖게 되는 동기가 된다.

3) 메모하는 자세

호텔 종사원은 고객의 불만에 대해 메모하는 자세를 갖춰야 한다. 메모는 고객에게 적극적으로 불만을 해결하려는 모습으로 비칠 수 있으며, 실제로도 고객의 불평불만을 빠짐없이 해결하기 위해 철저한 메모가 필요하다.

고객은 종사원이 자신의 불평불만을 메모하는 모습에서 불만을 적극적으로 해소하려고 노력하는 자세를 볼 것이다. 이것은 호텔 종사원에 대한 믿음과 신뢰를 형성하는 계기가 된다.

4) 고객의 잘못을 지적하지 말 것

호텔 고객의 오해로 인해 불평불만을 표현할 경우라도 고객의 잘못을 지적해서는 안 된다. 이는 고객이 열등의식을 가질 수 있기 때문에 문제가 해결되어도 만족스러운 결과를 기대하기 어렵게 한다.

종사원은 누가 호텔 상품의 구매 의사결정을 하는지, 그리고 구매에 영향을 주는 긍정적인 요인이 무엇인지를 이해한다면, 고객의 잘못에 대해 지적하지 않을 것이다. 즉 경쟁호텔의 상품을 구매하지 않고 자사의 호텔 상품을 구매한 고객이라는 점을 먼저 생각하게 되면 고객의 어떠한 행동도 이해될 수 있다.

5) 불평을 절대로 회피하거나 축소하지 말 것

고객이 불평한 내용에 대해 해결하기 어렵다고 판단하거나 귀찮게 여겨 회피해서는 안 된다. 또한, 고객의 불만이 크게 문제되지 않는다고 보거나 사소한 것으로 간주해서도 안 된다. 고객의 불평 내용이 비록 사소할지라도 적극적으로 해결하려는 자세가 바람직하다.

6) 무조건 잘못을 인정하지 말 것

종사원이 명백한 잘못을 했을 경우는 인정하고 고객에게 정중하게 사과하며 보상해야 한다. 그러나 종사원에 의해 문제가 발생한 것이 아닌 상황에 잘못을 인정하게 되면, 호텔이 전적으로 보상해야 하는 일이 발생할 수 있다. 이때는 고객에게 예의 바르고 정중한 자세로 설명해 이해를 구하는 노력이 필요하다.

7) 다른 고객에게 불편을 끼치지 않도록 주의할 것

고객의 불평불만을 해결하기 위해 또 다른 고객에게 불편함을 주어서는 안 된다. 예를 들어, 다른 고객을 기다리게 하거나 불이익이 가게 하면 또 다른 불만을 야기할 수 있다. 이런 상황이 발생할 경우 종사원 간의 협력이 필요하다. 즉 다른 종사원의 도움을 받아서 타 고객이 불편하지 않도록 협업하여 처리해야 한다.

8) 불평을 적극적으로 수용하는 자세

고객의 불평을 적극적으로 수용하고 신속하게 처리하는 것이 곧 고객지향적인 서비스를 제공하는 것이다. 고객의 불평을 적극적으로 수용하는 자세는 오히려 잠재고객을 유치하는 데 더 유리할 수 있다.

고객의 불만을 마치 다른 여러 고객의 욕구를 수용한다고 생각해야 한다. 즉 고객의 불만을 수용함으로써 한 차원 높은 서비스를 제공할 수 있는 사례로 받아들이면 서비스 수준을 향상하는 데 기여할 수 있을 것이다.

9) 유사한 불평이 재발하지 않도록 할 것

고객이 불평불만을 가지게 된 핵심 원인을 파악하고 이를 해결하는 것에 대해, 또 다른 경쟁력 강화 요소로 접근한다면 더 큰 발전을 기대할 수 있다.

유사한 불평불만은 단순히 해소하는 것을 넘어, 고객 가치를 극대화하는 차원에서 재발 방지를 위한 노력이나 구조적인 문제 해결로 접근할 필요가 있다. 유사한 불평불만이 재발생한다면, 호텔은 고객에게 불만을 판매하거나 불만을 생산하는 업체로 여겨질 수 있다.

10) 성의 있게 사과를 할 것

고객이 불만을 제기했을 때, 그 잘못이 종사원에게서 비롯된 것인지 혹은 고객의 오해로 인한 것인지 명백하지 않을 경우, 가능한 성의 있게 사과하여 고객의 감정이 완화될 수 있도록 한다.

성의 있는 사과는 고객에게 다시 서비스를 제공할 기회를 잡을 수 있다는 전략적인 차원에서 이루어져야 한다. 즉 경쟁사의 사과보다 더 정중하고 깊이 있는 사과를 통해 오히려 고객이 미안하게 여기는 것이 차별화된 사과이며, 이는 호텔의 경쟁력을 높이고 긍정적인 결과를 창출할 수 있다.

〈표 15-4〉 고객 불평대응

고객 불평대응	1) 불쾌한 감정이 확대되지 않도록 신속한 응대
	2) 예의 바른 경청 자세
	3) 메모하는 자세
	4) 고객의 잘못을 지적하지 말 것
	5) 불평을 절대로 회피하거나 축소하지 말 것
	6) 무조건 잘못을 인정하지 말 것
	7) 다른 고객에게 불편을 끼치지 않도록 주의할 것
	8) 불평을 적극적으로 수용하는 자세
	9) 유사한 불평이 재발하지 않도록 할 것
	10) 성의 있게 사과를 할 것

2. 불평고객의 단계적 관리

호텔의 경쟁력은 고객의 가치를 높여줄 때 시장에서 긍정적인 평판을 얻는다. 고객의 핵심 구매요인을 충족시키면 고객을 만족시키고 긍정적인 평판을 얻을 수 있다. 또한 고객의 불만 요소를 적극적으로 처리할 경우에도 고객의 구매가치를 높일 수 있다.

호텔이 고객으로부터 잃어버린 신뢰를 최소화하려면, 불만을 표출하는 고객에게 회사의 정책이나 절차를 인용하지 않도록 주의해야 한다. 물론 이를 인용하여 설명하는 것은 가능하나, 대화의 서두에서 언급하는 것은 피해야 한다.

고객의 불만을 만족으로 되돌리기 위한 단계적 관리는 다음과 같다.

1) 고객불평 경청자세 단계

호텔은 고객가치 창출을 위해 모든 역량을 집중시켜 영속적으로 존재하고자 한다. 고객의 불만을 줄이기 위해 끊임없이 투자하고 지원을 아끼지 않으나, 이러한 노력에도 고객의 불만 사항은 완전히 사라지지 않고 계속 발생할 수 있다.

고객의 불만을 해소하기 위한 단계적 처리 과정은 다음과 같다.

첫째, 고객의 불만을 처음부터 끝까지 경청하는 것이다. 고객의 불만을 면밀히 경청하여 무엇이 잘못되었는지를 파악하는 것이 불만 해소를 위해 종사원이 취해야 할 가장 중요한 단계이다.

둘째, 선입관을 가져서는 안 된다. 종사원은 고객의 불만을 경청할 때 선입관을 가지지 않도록 주의해야 한다. 불만을 나타내는 고객은 까다로운 고객 혹은 호텔을 잘 모르는 고객이라고 생각하는 등의 선입관은 올바른 불평불만 해소 자세가 아니다.

고객이 불만을 표현하는 근본 원인을 찾으려 노력하지 않은 채, 고객에 대한 선입관을 갖는 것은 오히려 불만을 증폭시키는 결과를 초래할 수 있다. 선입관은 판단을 그르치게 만들어 문제 해결에 악영향을 끼치므로, 종사원의 불만 해소 차원에서 볼 때 매주 유의해야 할 자세이다.

셋째, 고객을 무시하거나 회피하는 자세를 가져서는 안 된다. 고객이 불만을 이야기할 때는 항상 불만의 원인을 다양한 시각에서 접근해야 문제를 하나하나 해결할 수 있다.

고객의 불평불만을 무시하거나 회피하는 자세로 일관하거나 임시방편적으로 해결하는 것은 진정으로 해결하려는 자세가 아니다. 이것은 오히려 고객의 불만을 더욱 강하게 만들거나 재방문율을 감소시키는 자세가 될 수 있다.

2) 원인분석 단계

종사원은 분노한 고객이 자신의 이야기를 할 수 있도록 분위기를 조성하고, 주의 깊게 고객의 이야기를 경청하며, 고객이 원했던 것이 무엇인지 이해하고 파악해야 한다. 고객의 불만에 대한 인과관계를 분석하여 핵심 원인을 찾아내고, 그 이유를 종사원은 이해하고 있음을 고객에게 알릴 필요가 있다.

나아가 고객의 이야기를 경청하고 이해한 것을 바탕으로 해결책을 제시해야 한다. 즉 불만의 원인과 결과로 이어지는 연쇄 고리에서 가장 근본적인 원인을 찾아 한 번에 해결해야 한다.

예를 들어, 객실 프런트 클럭(front clerk)의 업무처리 미숙, 객실 청소 상태 불량,

하우스키퍼의 서비스 지연, 온도 조절 장치의 고장 등 어떤 이유로 불평불만이 발생했는지 그 원인을 분석하고 파악해 문제를 해소하게 되면 고객의 만족도는 높아질 것이다.

즉, 고객의 불평불만의 원인은 여러 가지로 복잡하게 얽힐 수 있어 철저한 분석이 필요하다. 호텔 종사원이 불만의 원인을 제공했을 수도 있고 고객 자신이 원인일 수도 있다.

고객 불만의 원인을 다양한 관점에서 분석하고 시각화할 때 핵심 원인을 발견할 수 있으며, 고객의 불평불만을 줄일 수 있을 것이다.

〈표 15-5〉 불평고객의 단계적 관리

불평고객의 단계적 관리	1) 고객불평 경청자세 단계
	첫째, 고객의 불만을 처음부터 끝까지 경청
	둘째, 선입관을 가져서는 안 됨
	셋째, 고객을 무시하거나 회피하는 자세를 가져서는 안 됨
	2) 원인분석 단계

3 불평고객의 중요성

오늘날 호텔은 치열한 경쟁 환경에서 고객 유치를 위한 노력을 끊임없이 기울인다. 호텔을 건립한다고 고객이 몰려오는 상황은 더 이상 기대하기 어려운 시장 환경이 되었다. 따라서 호텔은 고객을 유치하기 위해 고객만족을 최우선해야 한다.

고객의 만족도를 높이는 것은 쉽지 않으며, 모든 호텔이 고객만족을 위해 자원을 집중하고 있어 차별점을 이끌어내기가 더욱 어려운 환경이다. 즉, 고객에게 차별화된 만족을 제공하지 못하면 시장에서 경쟁력은 떨어질 수밖에 없다.

호텔은 고객의 만족도 향상을 위해 자원을 집중하지만, 현장에서는 여전히 불만족스러운 일들이 발생한다. 고객의 불만족을 만족으로 전환하지 않으면 호텔경영에 어려움을 겪게 되므로, 불평불만을 표출하는 고객에게 깊은 관심을 가져야 한다.

호텔 환경변화로 고객이 불평불만을 이야기할 경우, 그 고객을 충성도 높은 고객으로 인식하고 최상의 서비스를 제공해야 한다. 호텔 종사원은 고객의 불평이 아무리 사소할지라도 귀를 기울여 최선을 다하는 모습을 보여주며 재발 방지를 약속해야 한다.

호텔 종사원은 고객의 불만을 통해 호텔에 내재된 문제가 발견된 것을 감사하게 생각해야 한다. 고객의 불만을 해결하는 것은 이제 호텔의 생존과 직결되는 상황까지 도달하게 되었다. 즉 고객의 불만을 적극적으로 해결하여 고객의 욕구를 충족시키는 전략으로 경영방침이 바뀌어야 한다.

키베니(Keaveney & Susan)[9]는 고객들이 서비스 기업을 이탈하는 주된 이유로 핵심 서비스 및 서비스 접점에서의 실패를 꼽는다. 서비스 기업을 이탈하는 이유 중 44.3%가 핵심 서비스에서의 실패 때문에, 그리고 34.1%가 서비스 접점에서의 실패 때문이라고 밝히고 있다.

그들의 연구를 통해 알 수 있는 것은 호텔에서 발생하는 고객 불만이 대부분 종사원이 제공한 서비스에 대한 불만에서 비롯된다는 점이다. 호텔 경영자들은 호텔 서비스에 적절한 인적자원 고용이나 교육을 통해 서비스 제공 실패를 막아야 한다.

셀러(Seller)[10]에 의하면 기업은 단지 5%의 고객 이탈을 줄임으로써 약 25~95%의 수익 증가를 가져올 수 있다고 한다. 또한 불만을 말하지 않는 고객들은 오히려 호텔에 위협을 주는 존재이다. 말없이 사라져 가는 고객 한 사람이 있다면 그것은 100명의 고객을 잃는 것과 같다[11]고도 말한다.

이들은 호텔 종사원에게 불만을 털어놓지 않고 자신의 친구, 가족, 직장동료들에게 불만을 털어놓음으로써 호텔의 이미지 손상을 가져오게 한다. 소비자 불평 행동은 구매 경험에 따른 행동적 반응과 비행동적 반응을 포괄하는 복합적 반응[12]으로도 정의된다.

즉, 불만을 가진 고객이 말없이 떠나면, 그들은 지속적으로 불만을 다른 사람들에게 구전으로 전할 수 있다. 이런 점에서 호텔은 고객의 불만을 효과적으로 처리할 방안을 구축하여 불만을 만족으로 회복시키는 것이 무엇보다 중요하다.

따라서 호텔이 실제로 제공한 서비스가 고객의 불만을 해소하고 행복하게 해주었는지 확인할 기회를 가져야 하며, 고객을 최우선순위에 두고 있음을 증명할 필요가 있다.

문제에 대한 토론

1. 고객 불평의 발생요인에 대해 논의하여 보자.

2. 고객 불평대응에 대해 논의하여 보자.

3. 불평고객의 중요성에 대해 논의하여 보자.

호텔객실관리

Hotel Room Management

CHAPTER

16

호텔 종사원의 자세

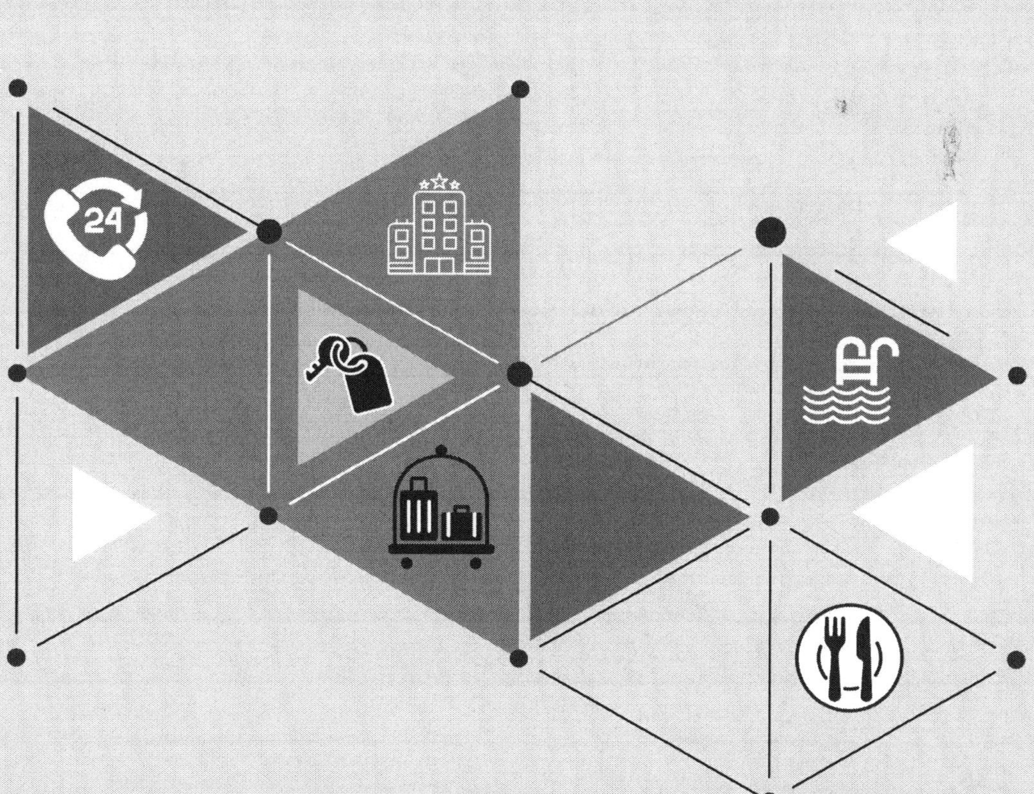

16 호텔 종사원의 자세

1 호텔 종사원의 기본자세

1. 호텔 종사원의 마음가짐

호텔을 이용하는 고객은 진정한 서비스 정신을 갖춘 종사원으로부터 서비스받길 기대한다. 종사원이 제공하는 서비스는 고객의 자아실현욕구를 충족시킬 수 있고, 나아가 호텔경영에 강력한 영향을 미치는 힘이 될 수도 있다.

호텔 종사원이 자신의 맡은 직무에 지치지 않고 소명 의식을 갖고 즐겁게 일할 때, 고객은 참되고 진정한 서비스를 느껴 지속적으로 호텔을 방문할 것이다.

종사원의 마음가짐에 따라 고객의 마음을 사로잡을 수 있으며, 고객이 행복을 느껴 재방문하도록 만들 수도 있다. 고객의 마음을 행복하게 하기 위해서는 무엇보다 먼저 종사원 자신이 고객에게 서비스하는 것을 즐거워해야 한다.

예를 들어, 아침에 일어나자마자 고객을 접대하고 싶어 호텔로 일찍 출근하려는 마음가짐은 이미 고객에게 고품질 서비스를 제공한 것과 같다.

종사원이 아무리 철저한 서비스 교육을 받았더라도 고객에게 감동적인 서비스를 제공할 마음가짐이 없다면, 얼굴에서 감동을 주는 표정을 만들어내기 어렵다. 즉, 아침에 호텔로 달려가서 고객을 접객하고 싶어 하는 마음가짐이 일어날 수 없다는 것이다.

1) 직무에 몰입하는 마음가짐

호텔 종사원은 고객을 접대하며, 이를 준비하는 호텔이 보람의 일터가 되어야 한다. 또한 혼이 담겨 있는 일터가 되었을 때 호텔에 기여하려 하고 고객을 위해 헌신적으로 응대할 것이다.

접객하는 일을 보람으로 여기게 되면, 종사원은 스스로 필요성을 느껴 열심히 일하게 되고 호텔 생활에 보람을 느껴며 직무에 몰입한다. 그리고 직무에 대한 몰입도가 높은 종사원은 창의적으로 업무를 수행하며 호텔에 대한 높은 충성심을 가진다.

2) 공경하는 마음과 너그러운 마음

호텔 종사원은 고객을 대면할 때 항상 공경하는 마음을 가진다면 정성껏 고객을 접대할 수 있을 것이다. 고객을 공경하려는 마음이 솟아나면, 접객하는 그 자체가 즐겁고 행복하게 느껴지기 마련이다.

접객하는 것이 즐거우면 너그러운 마음이 생겨 고객을 위한 서비스를 제공하게 된다. 이는 고객에게 도움을 주는 서비스, 나아가 고객과 인간적으로 친근한 관계를 형성할 수 있다. 또한 고객과 종사원과의 친밀도가 높아져 고객이 편안한 마음으로 호텔을 이용할 수 있을 것이다.

3) 직무를 통해 봉사하는 마음

호텔 종사원은 자신의 직무를 통해 고객에게 봉사한다는 마음가짐이 필요하다. 고객에게 봉사하려는 마음가짐은 직무 몰입도를 높이며, 고객을 섬기려는 자세나 태도를 긍정적으로 변화시킬 수 있다. 이것은 고객 만족도가 높은 서비스를 생산하며, 그 결과 고객은 지속적으로 호텔을 이용한다.

4) 배려하는 마음

호텔 종사원이 고객에게 배려하려는 마음가짐을 갖는 것은 자기중심적인 업무수행이 아닌, 고객중심적인 가치를 창출하기 위한 자세로 업무에 임하는 것이다. 즉 고객의 입장이나 심정을 헤아려 업무를 수행하는 것이다. 또한 고객을 배려하려는 마음가짐은 고객의 가치를 최우선 가치로 삼아, 고객을 즐겁고 행복하게 하여 지속적인 호텔 이용을 유도하는 것이다.

5) 칭찬하려는 마음가짐

칭찬이란 상대방에게 훌륭한 점을 언급하거나 좋은 말을 건네는 것이다. 호텔 종사원이 고객과 접할 시 반드시 갖추어야 할 태도는 칭찬을 아끼지 않는 것이다. 종사원은 칭찬을 마치 에너지 절약처럼 절약해서는 안 된다.

인간은 감정의 동물이기 때문에 칭찬을 받으면 기뻐하고 좋아한다. '칭찬은 고래도 춤추게 한다'는 말처럼, 고객에게 칭찬을 많이 하게 되면 고객도 좋아하고 기뻐하게 된다.

종사원의 칭찬에 고객의 기분이 좋아지면, 종사원의 사소한 실수에도 민감하게 반응하지 않고 쉽게 이해한다. 이는 고객과 호텔 종사원 간의 좋은 관계 유지로 이어져 고객이 지속적으로 호텔을 방문하는 요인이 된다.

6) 고객에게 관심을 갖는 마음가짐

호텔 종사원이 고객에게 관심을 가지게 되면 고객지향적인 서비스 제공에 도움이 될 수 있다. 즉 고객의 욕구를 파악하거나 정보를 획득하는 데 매우 유익할 것이다.

종사원이 고객에게 관심을 가지고 관찰하면, 고객이 어떤 서비스에 만족하고 불만족하는지 등을 파악할 수 있다. 즉 고객에 따라 개별화된 서비스를 제공할 수 있다. 이것은 고객의 만족도를 높이는 결과를 가져오고, 고객이 지인들에게 추천하거나 홍보활동을 할 수도 있다.

7) 긍정적인 마음가짐

호텔 종사원은 고객과 상호작용하면서 업무를 수행하기 때문에 스트레스를 받는 경우가 많다. 고객과의 접촉과정에서 다양한 요구사항을 충족시키려 할 때, 호텔의 경영방침이나 종사원의 가치관, 신념과 일치되지 않는 경우에 많은 스트레스를 받을 수 있다.

종사원은 자신의 직무에 긍정적인 마음가짐을 가지게 되면 어떤 어려움도 슬기롭게 극복할 수 있다. 이를테면, 고객이 존재하기 때문에 종사원 또한 자신의 욕구를 실현하고 소속감이나 자존감을 가질 수 있다는 마음가짐이 생성될 수 있다. 이는 종사원이 직무수행 과정에서 겪는 스트레스를 효과적으로 극복하는 데 도움이 될 것이다.

〈표 16-1〉 호텔 종사원의 마음가짐

호텔 종사원의 마음가짐	1) 직무에 몰입하는 마음가짐
	2) 공경하는 마음과 너그러운 마음
	3) 직무를 통해 봉사하는 마음
	4) 배려하는 마음
	5) 칭찬하려는 마음가짐
	6) 고객에게 관심을 갖는 마음가짐
	7) 긍정적인 마음가짐

2. 종사원의 업무수행 기본자세

호텔 종사원은 고객과의 접점에서 신속한 응답, 고객에 대한 관심, 친근한 접객태도 등 다양한 형태의 반응을 나타낼 것이다. 종사원은 고객에게 고품질 서비스를 제공하여 고객만족도를 높일 수 있도록, 공손한 표현과 정중한 태도의 업무수행 자세가 요구된다. 또한 여러 부서의 종사원과 협력적인 관계를 이루어 효과적으로 업무를 수행해야 한다.

1) 기본자세

(1) 위생관리

호텔 종사원은 고객과 밀접한 거리에서 서비스를 제공하고 다수의 고객과 접촉하면서 업무를 실행한다. 따라서 종사원은 건강한 상태를 갖추고 고객과 인접한 거리에서 서비스를 제공하여야 한다. 업무를 시작하기 전에는 손을 씻고 양치질을 하며, 항상 청결한 몸 상태를 유지하며 접객 업무를 수행해야 한다.

또한 호텔 상품을 생성하기 위해 사용한 여러 가지 기구나 도구들의 관리를 철저히 하고, 종사원은 감기나 전염병으로부터 항상 조심하여 건강한 상태에서 접객 서비스를 제공할 수 있도록 건강관리를 철저히 하여야 한다.

(2) 신속한 서비스

파라슈라만 등(Parasuraman, Zeithaml & Berry)에 의하면 고객이 기대한 서비스와 지각된 서비스 성과 간의 차이를 설명하며, 고객이 지각하는 서비스 품질을 5가지 차원, 즉 유형성(tangibles), 신뢰성(reliability), 반응성(responsiveness), 확신성(assurance), 공감성(empathy)을 서비스 품질의 결정요인으로 보았다. 이들의 연구를 바탕으로 소테리우와 차세(Soteriou & Chase), 그리고 파울(Paul)은 서비스 품질에 대한 상대적인 중요도를 연구하였다. 그 결과, 상대적 중요도에서 신뢰성이 가장 높게 나타났으며, 반응성, 확신성, 공감성, 유형성 순으로 나타났다.

〈표 16-2〉 서비스 품질에 대한 상대적 중요도 측정 결과

연구자	서비스 품질				
	신뢰성	확신성	반응성	공감성	유형성
Soteriou & Chase	.29	.18	.23	.18	.12
Paul	.33	.19	.26	.14	.8

자료: Soteriou, Chase & Paul의 연구 요약정리, 조건섭, "호텔기업의 고객접촉이 서비스품질에 미치는 영향에 관한 연구," 상지대학교 대학원 박사학위논문, 2003, p.44 재인용.

두 번째 상대적 중요도인 반응성은 '신속한 서비스를 제공하고 고객을 도울 의도'다. 고객은 호텔 종사원이 신속한 서비스를 제공하려는 것을 고품질 서비스로 평가한다. 예를 들면, 호텔 객실 종사원은 고객이 요청한 것에 대해 신속하게 반응을 보여야 한다.

따라서·호텔 객실 종사원은 고객의 요청에 대해 예의 바르고 정중한 태도로 신속히 응대해야 고객은 고품질 서비스를 제공받았다고 지각한다.

(3) 친절한 서비스

호텔 종사원의 친절한 서비스는 고객을 위해 정성껏 업무를 처리함으로써 고객이 편안하고 고마움을 느끼는 서비스라고 할 수 있다. 친절한 서비스의 본질은 고객과 친근하면서 인간적인 관계를 갖는 것이다.

호텔 종사원이 객실 고객에게 상냥한 미소를 짓고 정중하게 인사하며, 아름다운 목소리로 접객하고 진심으로 관심을 보이면서 친근하게 대화를 나누는 것이 곧 친절한 서비스다.

즉, 고객이 영업장을 떠날 때 친절하고 인상 깊게 환송하는 자세, 고객에게 진실한 마음으로 접객하려는 자세, 예의 바른 자세로 품격 높은 서비스를 제공하는 것이 친절한 서비스라 할 수 있다.

(4) 풍부한 상품지식 습득

고객은 호텔의 소득을 발생시키는 주체이며, 종사원에게는 꿈이나 자아실현의 욕구를 충족시켜 주는 존재이다. 그러므로 종사원은 고객의 가치를 창조하려는 노력을 게을리해서는 안 된다. 즉 호텔 상품에 대한 풍부한 지식을 습득하여 고객이 원하는 것을 사전에 충족시킬 수 있는 능력을 지녀야 한다.

호텔 종사원은 단순히 호텔 상품을 판매하는 사람이 아니라, 호텔에 대한 풍부한 지식과 정보를 판매하는 사람의 자세로 고객과의 대면 서비스를 제공해야 한다.

고객이 자신에게 서비스를 받게 되면 세상에서 가장 풍부한 지식과 정보를 얻을 수 있다는 신념으로 지식이나 정보습득에 노력을 아끼지 말아야 한다.

호텔 상품은 경험재이므로 고객이 이용하기 전에는 그 상품에 대한 가치를 알 수 없다. 즉 고객이 호텔 객실을 이용하기 전에는 자신이 선택한 객실 상품이 어떤 가치를 제공할 것인지에 대한 충분한 지식과 정보가 부족할 수 있다. 이러한 고객에게, 종사원의 충분한 설명력은 고객이 심적으로 느끼는 부담감을 줄일 수 있다.

(5) 기술적인 서비스

호텔 종사원이 고객지향적인 서비스를 제공하고 고객 가치를 창조하는 과정에는 기술적인 전문지식이나 기능이 요구되는 업무가 있다. 고객의 문제를 해소할 수 있도록 전문적인 자격증이나 기술을 평소 습득하고 있어야 한다.

예를 들어, 고객의 안전은 어떤 업무보다 우선시되어야 하는데, 고객이 종사원에게 안전과 관련된 도움을 요청할 경우 전문 안전요원에 의해 처리되는 것이 가장 바람직하다. 그러나 안전요원이 부재중일 때는 종사원 스스로가 처리할 수 있는 기술과 능력을 갖춤으로써 고객은 안전을 보장받을 수 있다.

이 외에도 투숙객이 전기류, 즉 에어컨이나 난방 기구 등에 관련된 서비스를 요청했을 때, 이를 능숙하게 처리하여야 고객은 종사원의 능력을 신뢰하고 호텔에 대한 긍정적인 이미지를 갖게 될 것이다.

따라서 호텔 종사원은 고객이 요구하는 기술적인 부분도 친절하고 신속하게 처리할 수 있는 능력을 갖춰야 고객의 만족도를 높일 수 있다.

(6) 부서 간 상호협력

호텔은 고품질 서비스와 고객의 가치 창출로 치열한 경쟁 환경에서 경쟁력을 갖출 수 있다. 이를 위해 부서별로 상호협력적인 관계가 형성되어야 한다.

호텔 산업은 인적 의존도가 높은 산업이므로 종사원의 역할이 매우 중요하다. 종사원이 상품을 생산하는 과정에서 상호협력적일 때 고품질 상품이 생산된다. 즉 호텔의 상품은 어느 한 부서에서 상품을 생산하는 것이 아니라, 다른 부서와의 협력을 통해 완성된다.

호텔 상품을 고품질 상품으로 생산하기 위해서는 부서 간의 원활한 의사소통과 긴밀한 관계를 유지해야 효율적으로 상품을 생산할 수 있다. 부서 간에 갈등이 형성되면 상품의 품질은 떨어지고 이는 고객에게 저품질 상품으로 제공될 것이다.

그 결과 호텔은 경쟁력을 잃게 된다. 그러므로 호텔 부서 간의 협력적인 관계를 형성하는 것은 종사원의 직무 만족도를 높이는 데에도 기여한다.

〈표 16-3〉 종사원의 업무수행 기본자세

종사원의 업무수행 기본자세	1) 기본자세
	(1) 위생관리
	(2) 신속한 서비스
	(3) 친절한 서비스
	(4) 풍부한 상품지식 습득
	(5) 기술적인 서비스
	(6) 부서 간 상호협력

2 호텔 종사원의 호감관리

1. 객실 부서 종사원의 호감관리

고객은 객실 부서의 종사원이 제공하는 인적 서비스의 품질을 평가하며, 그 결과 고품질 인적 서비스를 받았다고 여길 때 만족도가 높아진다.

객실 부서 종사원이 고객으로부터 인적 서비스의 품질을 평가받는 요소로는 종사원의 서비스 마인드, 언어 능력, 단정한 상태, 업무능력, 태도나 용모, 친절성, 배려하려는 자세, 고객에 대한 관심, 의사전달, 성실성, 유니폼 디자인, 대화의 태도, 정보제공 등의 다양한 것들이 있다.

고객은 객실 부서 종사원이 매력적일 경우 긍정적으로 반응하고, 또한 호감이나 칭찬을 표현할 수 있다. 호텔 고객의 경제 외적인 교환 동기는 종사원의 매력이나 호감성에 따라 다르게 나타나며, 이는 호텔의 객실 판매에 영향을 미칠 수 있다. 다시 말해, 객실 종사원의 매력 및 호감성은 마케팅의 중요 요소다.

호감의 사전적인 의미는 '좋은 감정'이다. 즉, 호감은 여러 조건을 만족시키면 대인관계 과정에서 형성되는 긍정적 감정 중 하나로 상대방에 대해 가지는 호의적이고 좋아하는 감정을 말한다.[13)]

심리학적으로 호감은 타인이 가지고 있는 매력에 대한 반응으로써 긍정적인 태도를 갖거나 좋아한다는 것을 의미한다.[14] 호텔 종사원의 호감은 외모뿐만 아니라 태도, 말투를 통해서도 발생할 수 있으며 조직 및 사회생활의 대인관계에서 자연히 생길 수 있는 감정이라고 볼 수 있다.[15]

객실 부서 종사원과 고객 간의 업무상 상호작용 관계에서 호감도가 높아지면 상호 간의 관계가 더욱 발전하여 고객이 호텔을 재이용할 수 있다. 요컨대, 객실 부서 종사원의 호감은 고객과의 상호작용에서 일어난다.

호감은 시간이 경과함에 따라 그 관계의 발전을 위해 개인적 개방과 상호 간의 감정의 깊이와 폭이 변화하고, 이는 호의적인 관계의 지속으로 이어진다.[16] 호텔 객실 종사원이 고객과 지속적으로 좋은 호감을 유지하기 위해서는 고객의 감정을 사로잡을 수 있어야 한다.

고객이 종사원에게 갖는 호감은 유형성과 무형성으로 구분할 수 있다. 유형적인 호감은 산뜻하고 깨끗한 인상을 주는 용모나 단정한 복장 상태를 의미하며, 무형적인 호감은 친절성, 예의 바른 태도, 공손한 인사, 언어 서비스 등이다.

고객과 종사원이 지각하는 호감의 수준에 따라 상대에 대한 평가와 지원이 달라질 수 있다. 종사원은 호감도가 높은 고객에게 고품질 서비스를 제공할 것이며, 고객 또한 호감도가 높은 종사원에게 서비스받길 원할 것이다.

〈표 16-4〉 호감의 속성

호감의 속성	속성 내용
긍정적인 감정융합	호감은 어떤 대상에 대해 좋고 끌리는 감정융합의 상태
기쁨 또는 쾌감	호감의 시작은 오감(눈, 코, 귀, 입, 촉감)을 통해 느껴지는 기쁨 · 쾌감에 의해 비롯됨
상호의존성	호감은 한 사람만 느끼는 것이 아니고 상호의존적 성격을 띰
태도 형성의 인지 동기	호감은 개인 인지에 영향을 주며, 태도를 형성하는 동기적 요소
역동성	호감은 다양한 영향 요인을 통해 지속적으로 유지 · 증진 또는 훼손 · 악화됨
깊이와 폭	대인 호감은 막연히 좋아지는 상태부터 대상에게 매혹되는 수준까지 다양한 깊이를 가지고 있으며 두 사람 간의 관계, 혹은 다수 및 사회집단 전체에까지 다양함

출처: 배행자, 이인선, 호감(Attraction) 개념분석, 정신간호학회지, 제13권 제3호, pp.323~336.

2. 호텔 종사원의 용모관리

사람은 누구나 자신의 용모에 대해 다른 사람이 호감을 느끼도록 관리하는 것이 보편적이다. 고객이 호텔 종사원에 대해 호감을 느낄 수 있는 용모는 서비스 품질의 인식에도 영향을 미칠 수 있다. 그러므로 호텔 종사원은 고객이 호감을 느낄 수 있는 유형 및 무형의 서비스 품질을 높여야 한다.

호텔은 유형적인 요소와 무형적인 요소가 혼합하여 하나의 상품으로 고객에게 제공된다. 호텔 종사원의 용모 및 태도는 이미지에 높은 영향을 미치므로, 호텔 종사원은 항상 단정한 용모를 갖추기 위해 업무 시작 전 자신의 용모를 점검하는 습관을 가져야 한다.

용모의 특성 중에서 얼굴 외에 인상 형성에 영향을 미치는 요인은 다양하다. 여성의 경우 체형, 헤어, 얼굴형, 다리, 키 순으로 영향을 미치며 남성의 경우에는 체형, 눈, 얼굴형, 키, 헤어 순서로 영향을 미치는 경향이 있다.[17)]

호텔 종사원의 청결한 몸가짐은 고객에게 좋은 인상을 심어주는 중요한 요소이며, 호텔의 경쟁력에도 기여한다. 즉, 호텔 종사원의 청결하고 단정한 용모가 호텔의 판매촉진 활동에 영향을 미친다. 호텔 객실 종사원이 고객지향적인 몸가짐을 가질 때 객실 판매 수가 증가될 수 있다는 것이다.

종사원의 정중한 태도와 단정한 용모·복장은 호텔의 전체적인 분위기에 영향을 미칠 수 있어, 경영자들은 항상 관심을 갖고 관리하여야 조직이 원하는 바람직한 직업인의 상을 만들 수 있다.

디온(Dion)에 의하면 매력적인 용모의 소유자는 타인에게 친절하고, 사교적이며, 유머러스하고, 유능한 것으로 지각되는 경향이 있다고 했다. 또한 페이골드(Feingold)[18)]는 낯선 사람과 처음 접촉하는 상황에서 매력적인 용모의 소유자일수록 사교적이고, 지적이며, 온화하고 부드러운 성격을 지닌, 정서적으로 안정된 사람으로 인식되는 경향이 있음을 확인했다.

김민수와 장대성[19)]의 연구에 의하면, 항공사 여승무원의 외적 용모 요인 중 지성미와 품위가 외적 용모의 이미지 만족에 영향을 미치며, 단정한 용모와 젊은 지성미는 재이용 의도에 영향을 미치는 것으로 밝혀졌다. 이는 호텔 종사원에게도 지성미와 품위 있는 용모를 갖추는 것이 고객의 이미지 만족을 향상시킬 수 있음을 시사한다.

팔레이 등(Farley et)은 신체적 용모의 매력을 지닌 사람이 지적이고, 활동적이고, 유능하고, 성공적으로 보여진다는 것을 검증하였다.[20)]

호텔 종사원의 용모는 고객의 접점에서 자신감 있는 서비스를 제공하게 하며, 이는 다시 고품질 서비스 제공의 계기를 마련할 것으로 보인다. 종사원의 용모는 고객이 우호적인 감정을 갖게 할 수 있어, 고객의 불평불만 감소와 재방문 효과를 기대할 수 있다.

3. 복장관리

호텔 종사원의 복장은 종사자 자신과 고객에게 정서적인 영향을 미치며, 자신을 표현하는 수단임을 인식해야 한다. 종사원의 복장은 항상 청결하고, 단정하며, 반듯하게 다려져 있고 얼룩이 없어야 한다.

1) 종사원 측면에서 복장관리

(1) 직장에 자긍심

종사원은 자신의 복장을 통해 호텔에 대한 자긍심을 높일 수 있다. 종사원의 복장은 업무 수행 시 편리하면서도 세련되고 품격 있는 복장이 이상적이다. 또한 고객의 감성적인 반응을 자극할 수 있는 복장이어야 한다.

호텔은 종사원의 복장을 통해 긍정적인 이미지를 창출하고 종사원이 자부심과 긍지를 가지게 한다. 또한 종사원의 복장이 마케팅의 주된 역할을 할 수도 있다. 종사원 스스로가 복장을 통해 호텔과 고객으로부터 보상받는다고 인식할 때 복장의 가치는 높아질 것이다.

(2) 업무의 효율성

종사원은 복장을 통해 심리적인 편안함이나 정서적인 아름다움을 느낄 수 있으며, 또한 직무몰입의 동기가 될 수 있다. 즉 종사원 스스로가 착용하고 싶고, 관리하고 싶으며, 다른 사람에게 자랑하고 싶은 매력적인 유니폼은 종사원의 업무 몰입도를 높이는 결과로 이어진다.

호텔 종사원의 복장은 호텔의 품격과 종사원의 인품을 나타낼 수 있기 때문에 호텔의 분위기와 어울리면서 세련미가 있는 것이 바람직하다. 종사원의 복장을 선택하는 기준은 첫째, 때와 장소에 어울려야 하며, 둘째, 색상, 모양 등 전체의 조화가 잘 이루어져야 하며, 셋째, 사회관습에 맞는 등 격식을 갖춰야 한다.[21] 특히 종사원의 복장은 주변 분위기와 잘 어울릴 때 좋은 이미지를 준다.

2) 고객 측면에서 복장관리

(1) 정서적 가치 지각

고객은 복장에서 나타나는 아름다움, 세련미, 주변 환경과의 조화로움을 통해 정서적 가치를 지각하게 된다. 마치 아름다운 사진이나 예술품을 보는 것과 같이 공감대를 형성할 경우, 고객의 정서적 가치를 종사원의 복장을 통해 창출할 수 있을 것이다.

따라서 종사원의 복장은 단순히 업무를 수행하는 편리성이나 패션의 개념을 넘어 고객의 정서적 가치를 창출하는 전략적인 차원에서 접근해야 한다.

호텔은 고객의 욕구를 충족시키는, 즉 고객의 자아실현 욕구를 충족시켜 주는 문화·예술의 장소적인 차원에서 경영하지 않으면 치열한 경쟁 환경에서 살아남기 어렵다. 그러므로 종사원의 복장까지도 고객의 욕구를 충족시킬 수 있는 세심한 배려가 있을 때 경쟁력을 갖출 수 있다.

(2) 만족감 지각

고객은 자신의 욕구를 충족하기 위해 호텔을 이용하게 된다. 이를테면 호텔 종사원의 차별화된 고품질 서비스 제공, 또는 호텔의 고급스럽고 아름다운 분위기에서 고객은 만족감을 얻게 된다.

같은 맥락으로 종사원이 착용한, 아름답고 세련되며 품격 있는 복장을 보면서 고객은 이 호텔을 이용한 것에 대한 자긍심이나 만족감을 갖게 된다. 이는 종사원의 세련되고 우아한 복장이 자신의 품위를 높이는 것으로 인식할 수 있기 때문이다.

호텔 경영자는 종사원의 복장을 단순히 업무수행에 맞추기보다는 종사원의 복장이 호텔의 경쟁력이자 좋은 홍보 수단, 그리고 고객의 만족도를 높이는 수단이라는 점을 인식해야 한다. 나아가 이를 위해 고급스러운 재질과 아름다운 색상 및 디자인으로 고객의 마음을 사로잡을 필요가 있다.

(3) 호텔의 이미지

일반적으로 호텔에 대한 이미지는 화려하고 고급스러운 것으로 인식된다. 이런 이미지를 형성하는 데에는 종사원의 복장에서 풍기는 고급스럽고 세련된 디자인 및 색상도 영향을 미쳤을 것이다.

고객은 종사원의 복장을 보면서 호텔의 품격이나 상품 수준을 평가할 수 있다. 예를 들어, 도어맨(doorman)은 중세 유럽 무사의 복장을 하여 고객을 맞이한다. 도어맨의 복장에서 풍기는 이미지는 유럽 무사의 힘(power)을 지각시키기도 한다.

리셉션니스트(receptionist)의 복장은 일반인이 호텔을 고급스럽고 품격 있는 장소로 여기게 하는 대표적인 예다. 리셉션니스트의 세련되고 우아한 복장과 밝고 온화한 표정으로 친절하게 안내하는 모습에 고객은 호텔이 갖는 상징성을 느끼면서 품격 높은 호텔의 이미지를 가지게 된다.

고객이 호텔에 대해 형성한 이미지는 호텔경영에도 영향을 미친다. 이를테면, 호텔 상품이 비싸도 불평하지 않거나, 특별한 이벤트가 있을 때는 고급스럽고 품격 있는 호텔을 이용해야겠다는 마음을 갖도록 할 수 있다. 즉, 고객이 형성한 이미지는 호텔 마케팅에 영향을 준다는 것이다.

정리하면, 호텔 종사원의 복장은 호텔 전체의 이미지에도 영향을 미치게 할 수 있다. 그러므로 종사원의 복장을 호텔의 움직이는 광고판으로 여겨 그 호텔의 독특성과 고유성을 잘 반영한다면 홍보 효과가 클 것이다.

(4) 첫인상에 영향

일상생활에서 첫인상의 중요성은 호텔뿐만 아니라 회사나 영업장에서도 차별화 전략으로 사용된다. 종사원의 얼굴 표정이나 영업장의 분위기 등이 첫인상에 영향을 미치며, 또한 종사원의 복장 상태도 첫인상에 영향을 준다.

고객이 호텔을 방문하는 순간에 그 호텔의 경영방침이나 철학 등을 알 수 있다는 것이 '결정적 순간관리'이다. 결정적 순간관리의 핵심적인 요소는 바로 첫인상이다. 종사원의 단정한 복장 상태와 밝은 미소로 고객에게 인사하는 것은 첫인상을 강화하는 중요한 요소이다.

예를 들어, 종사원의 유니폼은 몸에 잘 맞는 것을 착용해야 하며 너무 크거나 작은 것은 보기에 좋지 않다. 종사원의 복장은 자신에 대한 자긍심뿐만 아니라 고객의 자긍심에 영향을 미칠 수 있다.

종사원의 복장은 고객과 첫 대면 과정에서 고객에게 자긍심을 심어주고 존경한다는 뜻을 포함한다. 즉 종사원의 복장은 호텔의 문화를 표현하기도 하고, 고객에게 고품질 서비스를 제공한다는 열정의 의미를 암시하기도 한다.

따라서 종사원의 복장을 통해 긍정적인 첫인상을 만들어 경영의 활성화를 도모하는 전략적 접근이 필요하다. 복장은 호텔의 문화나 서비스 품질, 나아가 종사원의 업무 태도나 마음가짐에까지 영향을 미칠 수 있다.

3) 남성의 복장

남성의 복장도 여성들과 같이 고객지향적인 복장으로 관리되어야 한다. 또한 단순히 단정하게만 하면 된다는 인식에서 벗어나 호텔의 이동하는 광고물처럼 다루어야 한다.

즉, 남성 종사원의 복장이 고객에게 깊은 인상과 메시지를 전달하는 광고 전략의 수단으로 활용되어야 한다. 종사원이 수행하는 업무에 있어서 편리성은 말할 것도 없으며, 고객의 마음을 사로잡을 수 있도록 관리되어야 한다.

남성 종사원 복장의 주요 관리 사항은 다음과 같다. 첫째, 바지는 무릎이 나오지 않도록 다림질해서 착용한다. 둘째, 단추가 떨어져 있거나 바느질이 터진 곳은 없는지 확인한다.

셋째, 먼지나 비듬 등이 묻어 있지 않도록 반드시 손질하여 청결한 것을 착용한다. 넷째, 주머니가 불룩하면 보기 흉하므로 불필요한 물건은 넣지 않도록 한다.

다섯째, 만년필이나 볼펜은 안쪽 주머니에 넣도록 하고 바깥 주머니에는 꽂지 않는다. 여섯째, 명찰은 정위치에 똑바로 단다. 일곱째, 복장은 항상 청결하게 보존하고 오물이 눈에 띄는 경우 곧바로 교환한다.[22)]

남성 종사원의 복장은 그 호텔 자체의 이미지를 나타낼 수 있다. 따라서 항상 단정한 복장을 착용하여 호텔의 전체적인 이미지를 흐리게 하지 않도록 주의하여야 한다. 호텔 내의 분위기와 주변의 외적 환경과도 잘 어울리는 복장이 바람직하다.

4) 여성의 복장

여성들은 기본적으로 자신의 복장이 단정하고 자신의 스타일과 잘 어울리는지 등에 대해 관심을 가지고 있다. 따라서 호텔 여성 종사원의 관리는 평소 상태에 따라 별도의 교육이나 지도가 필요 없을 수도 있으나, 원칙적으로 복장의 단정한 상태 혹은 자신의 헤어스타일과 적절하게 어울리는지 등에 대해 지도 및 교육이 필요하다.

여성 종사원의 복장은 호텔의 분위기를 변화시킬 수 있는 중요한 요소이다. 호텔에 들어서면서 단정한 복장을 한 여성 종사원이 상냥하고 온화한 표정을 지으면서 고객을 맞이하는 경우, 호텔에 대한 첫인상은 매우 좋게 인식될 것이다. 여성 종사원 복장은 호텔의 이미지 향상을 위한 방안 혹은 광고 선전이나 마케팅 차원에서 깊이 고려하여 호감 가는 복장을 선택해야 한다.

여성 종사원의 아름다운 복장은 지적 교양미가 넘쳐 보이게 하며 고객의 감성을 자극할 수도 있다. 또한 의상 마케팅 혹은 패션의 차원에서 접근해, 고객의 감성을 자극하고 긍정적인 반응을 이끌어 지속적인 호텔 이용을 유도할 필요가 있다.

〈표 16-5〉 복장관리

복장관리	1) 종사원 측면에서 복장관리
	(1) 직장에 자긍심
	(2) 업무의 효율성
	2) 고객 측면에서 복장관리
	(1) 정서적 가치 지각
	(2) 자긍심 및 만족감 지각
	(3) 호텔의 이미지
	(4) 첫인상에 영향
	3) 남성의 복장
	4) 여성의 복장

3 호텔 종사원의 표정관리

1. 얼굴의 표정

얼굴은 내면의 감정을 표현함에 있어서 가장 적합한 신체 부위이며, 한 사람의 과거, 현재 및 미래에 대한 기록이라고 할 수 있다. 얼굴은 상대방과 감정을 교류하면서 어떻게 마음을 가졌느냐에 따라 다양한 감정을 나타낸다.

일반적으로 상대방의 온화한 얼굴 표정을 통해 그 사람의 기분이나 마음을 읽을 수 있다고 한다. 즉 얼굴 표정은 심리상태의 거울이 될 수 있다.

호텔 종사원은 고객에게 밝은 표정의 얼굴로 친절히 접객한다. 종사원은 업무를 수행하면서 자신의 감정표현을 얼굴로 하게 된다. 이 경우 미소를 짓고, 눈을 마주치고, 진실한 관심을 보이고, 친절하게 대화하는 등의 감정을 얼굴에 나타낸다.

얼굴은 인간의 정서적 심상을 외적으로 가장 잘 표현할 수 있다. 감정이 얼굴에 표현된다는 것은 마음속의 감정을 얼굴에 나타나게 하는 것이다. 이는 인간의 감정과 얼굴이 밀접한 관련성이 있다는 것을 보여준다.

호텔 종사원의 얼굴 표정은 고객과의 대면 상황에서 자연스럽게 감정을 표현한다. 즉, 종사원의 얼굴 표정 특성에 따라 각기 다른 인상을 전달하게 되는 마음의 창 역할을 한다. 종사원은 고객과 상호작용하는 동안 우호적인 감정이 얼굴에 나타나도록 통제할 수 있어야 한다.

얼굴은 외모의 핵심이다. 호텔 종사원이 접객 시 밝은 얼굴 표정을 하면 고객은 호감을 느끼게 될 것이며, 이것은 좋은 인간관계를 형성하게 한다. 좋은 얼굴 표정은 마음 · 눈 · 입이 함께 미소 지어야 한다.

종사원은 항상 고객에게 따뜻한 마음으로 감사하며, 눈으로 자신의 마음을 표현하고, 입으로 미소 지으면서 접객 서비스를 제공하여야 할 것이다.

호텔 종사원의 얼굴 표정은 말을 대신하는 상징적인 의미도 있다. 예를 들어, 종사원의 밝은 표정은 고객을 환영한다는 의미이자, 종사원 자신의 업무에 자신감을 갖게 해 주며, 말보다도 더 많은 이야기를 내포한다. 고객은 종사원이 항상 밝은 표정으로 응대해주길 기대한다.

1) 첫인상

우리는 만나는 사람의 신체나 얼굴을 통해 많은 정보를 얻을 수 있다. 특히 사람을 처음 만났을 때 눈을 통해 그 사람의 첫인상을 평가하고 상대방의 얼굴 표정을 통해 그 사람의 다양한 내적 정서 상태를 인지하게 된다.

첫인상은 첫눈에 느껴지는 인상이며, 인상(impression)은 어떤 사람이나 사물에 대하여 총체적으로 마음속에 새겨지는 평가나 느낌이다.[23)]

아리스토텔레스는 "눈을 통해서 세상의 모든 것은 시작한다(It all starts with the eye)."[24)]라고 말했으며, "당신은 첫인상을 만드는 한 번의 기회가 있다(You only have one chance to make a first impression)."라는 격언을 남겼다(Aesthetics and Design).

호텔 종사원의 첫인상은 고객에게 알리는 소리 없는 표현으로, 옷과 화장, 표정, 자세, 몸짓 등으로 만든 외모가 첫인상을 형성한다. 사람들은 외모를 통해 그의 내면과 특질을 평가하려는 경향이 있는데, 이러한 현상은 현대사회에서 더욱 두드러져 외모가 자신을 외부로 표현하는 중요한 수단이 되고 있다.[25] 최초의 만남을 통해 상대방에게 호감정을 느끼게 한 정도에 따라 첫인상의 이미지가 형성된다.

각인된 첫인상은 쉽게 바뀌지 않기 때문에, 처음 이미지가 매우 중요하다.[26] 고객이 호텔을 방문했을 때 종사원의 첫인상이 좋으면 호감정을 갖게 되고, 이는 대면 시 마음을 편안하게 한다.

고객과 접해 업무를 수행하는 호텔 종사원의 경우, 고객이 지각하는 첫인상에 의해 호텔의 이미지와 판매에 영향을 미치게 된다. 따라서 종사원의 첫인상 관리를 위한 철저한 교육 및 멘토(mentor)와 같은 제도를 둘 필요성이 있다.

일반적으로 사람의 첫인상이 결정되는 데 걸리는 시간은 6초 정도라고 한다. 첫인상을 결정하는 요소로 외모·표정·동작이 80%를 차지하고, 목소리와 말하는 방법이 13%, 그리고 나머지 7%가 인격이라고 한다.[27]

매우 짧은 시간에 자신이나 호텔에 대한 첫인상이 결정되기 때문에 호텔 종사원은 고객과의 대면 순간에 좋은 인상을 심어주어야 한다.

헤롤드 켈리(Harold Kelley)는 타인의 특성에 관한 선입관이 그 정당성과는 별개로 타인과의 대인관계에 지대한 영향을 준다고 주장했다.[28] 이는 종사원이 보여주는 첫인상이 고객과의 관계 발전에 있어서 얼마나 중요한지를 알려준다.

2) 얼굴 표정의 기능

얼굴 표정은 감정을 전달하며 다른 사람의 정서를 인식할 수 있는 좋은 단서를 제공한다. 얼굴 표정을 억제하기는 매우 힘들다. 호텔 종사원의 얼굴 표정은 고객이 호텔을 방문했을 때 고객을 위해 어떤 태도로 접객할 것인가를 나타내는 중요한 단서가 된다.

호텔 종사원이 고객의 얼굴 표정을 잘 지각하는 것은 매우 중요한 대인 기술이다. 고객의 표정을 정확히 인식한다는 것은 고객의 감정과 의향을 정확하게 알 수 있다는 것이다. 호텔 종사원이 고객에게 말없이 미소 짓는 얼굴 표정은 하나의 부차언어(facial paralanguage)로서 세 가지 유형[29]을 띤다.

첫째, 말을 대신하는 상징적 형태다. 얼굴 표정은 고객에게 언어적인 표현을 사용하지 않고 메시지를 전달하는 역할을 한다. 밝은 미소를 짓는 것은 고객을 환영한다는 의미로 전달될 수 있다.

둘째, 얼굴 표정은 언어적 전달 상황 내에서 메시지를 강조하는 역할을 한다. 즉, 제스처로 말하는 것과 같은 효과를 기대할 수 있다.

셋째, 얼굴 표정으로 언어적 커뮤니케이션 과정 속의 몇몇 요소들을 조절할 수 있다. 이를테면, 미소나 찌푸림으로 지지나 반대 의사를 표시할 수 있다. 이러한 조절 기능 중 얼굴 표정이 가지는 가장 중요한 기능은 감정표시다.

종합하면, 얼굴 표정은 정보적 메시지 전달 기능 및 보충적인 역할을 한다.

〈표 16-6〉 얼굴의 표정

얼굴의 표정	1) 첫인상
	2) 얼굴 표정의 기능

2. 눈의 표정

눈은 얼굴과 마찬가지로 정서적인 상태에 따라 예민하게 변화한다. 의사소통을 하는 신체 부위 중 눈은 가장 중요하며, 가장 민감한 뉘앙스를 전달할 수 있다.

눈은 정서적 측면에서 관심이나 의지의 표현, 인지 및 행위에 관한 정보를 강하게 나타낸다. 눈은 입과 같이 감정을 표현하며 마음의 창과 같은 역할을 한다. 즉 눈은 인간의 심리상태를 솔직하게 나타낸다.

눈의 표정은 인간의 의식 상태를 가장 잘 표현하며, 신뢰와 믿음을 주기도 한다. 호텔 종사원은 고객과 접해 상호작용을 할 때 신뢰와 믿음을 줄 수 있는 눈의 표정을 가져야 한다.

인간은 눈의 미묘한 움직임을 통해 메시지를 전달할 수 있다. 눈은 관심을 나타내는 표정을 지을 수 있다. 호텔 종사원이 접객 서비스를 제공할 때 밝고 온화한 미소를 지으면서 눈을 마주치면 고객은 편안함과 환대받는다고 느낀다.

종사원이 고객의 말을 주의 깊게 듣고 있다는 표정을 지을 때, 고객의 눈과 시선을 마주하면서 대화해야 한다. 종사원이 고객의 말에 시선을 집중하는 것은 곧 고객의 말에 주목하는 신호로 해석되어 고객이 만족스럽게 생각한다.

눈은 시선을 통해 고객과의 커뮤니케이션을 구성하는 중요 인자이다. 종사원의 표정과 시선은 주목 혹은 이야기하는 내용에 대해 흥미와 진지함 정도까지 나타내야 한다.

고객에게 시선을 집중하는 것은 고객이 호의적인 사람임을 의미하기도 한다. 친밀도가 높은 사람에게는 시선을 집중하게 되고, 친밀도가 낮은 사람에게는 시선의 집중도가 낮아진다.

호텔 종사원의 눈의 표정은 고객과 상호작용하면서 다정한 표정으로 접객 서비스를 제공하여야 한다. 종사원의 진지하고 빛나는 눈은 고객의 마음을 편안하게 하고 행복감을 느끼게 할 수 있다. 또한 부드럽고 친근한 눈의 표정으로 접객하면 고객의 마음을 사로잡을 수 있으므로, 항상 눈의 표정관리에 주의를 기울여야 한다.

종합하면, 종사원의 눈의 표정으로 고객을 행복하게 하거나 만족스러운 서비스를 받았다는 느낌을 줄 수 있다. 또한 눈의 표정으로 고객에게 전달하고 싶은 모든 것을 표현할 수 있다.

종사원은 고객과 대화할 때 눈높이를 맞추고, 부드럽고 따뜻한 온정을 느낄 수 있는 눈의 표정을 짓는 것이 좋다. 고객에게 관심과 정성이 담겨있는 눈의 표정을 지어 고객이 장기간 기억할 수 있는 깊은 인상을 심어줄 필요가 있다.

4 호텔 종사원의 미소

1. 종사원의 미소 의미

호텔 종사원이 얼굴에 미소를 띠우고 마음의 문을 열게 되면 영업장은 밝은 분위기로 바뀌고 고객은 친숙함까지 느낄 수 있다. 고객이 호감을 느낄 수 있는 직원의 미소 짓는 얼굴 표정은 친근함과 편안함을 전달해 원활한 의사소통을 가능하게 한다.

미소의 사전적 의미는 '소리 없이 빙긋이 웃음'이다. 미소는 첫인상의 결정에 중요한 역할을 하며, 호텔 종사원의 미소는 고객에게 친절함과 따뜻함을 느끼게 한다. 고객과 눈이 마주쳤을 때 예의상 가볍게 미소 짓고 인사를 하는 것은 주위의 분위기를 부드럽게 만든다.

고객과 접할 때 미소 짓는 표정으로 접객하면 고객의 기쁨과 즐거움을 증가시킬 수 있다. 종사원이 고객에게 밝고 온화한 미소를 짓는 시간은 매우 짧지만, 고객은 이를 영원히 기억할 수도 있다.

호텔 종사원의 미소는 자신의 업무에 대한 자신감과 열정을 담고 있다. 또한, 고객을 응대할 때 적극적이고 긍정적인 사고로 업무를 수행한다는 의미를 내포한다.

종사원의 미소는 천성적인 것이 아니라, 호텔 상품이다. 미소가 상품으로써 높은 가치를 발휘하기 위해서는 부드럽고 아름다운 미소를 지어야 한다. 다시 말해, 종사원의 미소는 고객이 대가를 지불하고 구매한 것으로 보아야 한다.

종사원의 미소는 친절과 배려의 표시이며, 고객을 환영한다는 뜻과 서비스 정신을 담고 있다. 고객이 호텔을 방문한 것에 대해 감사함을 표현하는 가식 없는 미소는 고객의 마음속 깊이 새겨질 수 있다. 만일 고객이 밝고 온화한 미소를 구매하고 싶다면 지속적으로 방문할 것이다.

종사원이 고객과의 첫 만남을 미소로 시작하면 부드러운 분위기를 창출할 수 있으므로, 미소에서 시작해서 미소로 끝내는 만남이 되도록 노력해야 한다. 호텔 종사원의 건강한 미소에 담긴 자신감과 열정을 통해 고객은 잊지 못하고 지속적으로 호텔을 방문할 것이다.

2. 미소 짓는 입의 표정

종사원이 고객에게 접객 서비스를 제공할 때, 입의 표정은 가볍게 다물고 자연스러운 미소를 짓는 것이 좋다. 입꼬리가 올라가는 모양이 일직선보다 더 아름다워 보인다. 주의할 것은 입을 쑥 내밀면 불만이 있다고 고객이 느낄 수 있다. 입을 내밀지 않고 자연스러운 상태에서 입꼬리만 올리는 것이 좋다.

종사원이 고객에게 미소를 지을 때 치아가 3~5 mm 정도 보이는 편이 보기 좋다. 또한, 입술 끝을 약간 올리면 얼굴 근육이 긴장되어 탄력이 있어 보이며, 건강하고 젊어 보이기도 한다. 즉, 아름다운 미소는 입술 꼬리가 약간 위로 올라가면서 웃는 표정일 때라고 할 수 있다. 입술 꼬리가 처져 있는 경우, 냉철한 인상을 주기 때문에 말을 건네기가 어렵다.

호텔 종사원은 고객이 편안하고 쉽게 접근하여 대화를 할 수 있는 표정이 바람직하다. 고객이 종사원과 대화할 때 마치 친구들과 이야기하는 것처럼 편안한 분위기를 느낄 수 있도록 표정을 지어야 한다. 이때 미소 짓는 표정은 고객에게 친근하고 여유가 있으면서 평화로운 인상을 준다.

따라서 호텔 종사원이 고객과의 접점에서 미소 지을 때, 입술 꼬리를 올려 건강하고 탄력있는 모습, 그리고 고객에게 배려하고자 하는 넉넉함을 전달할 수 있게 미소 짓도록 해야 한다.

3. 미소 짓는 눈의 표정

사람의 얼굴은 나이가 들면 탄력성이 떨어져 미소 짓는 모습도 근본적으로 변한다. 그러나 나이가 들어도 얼굴에 탄력성이 있다면, 얼굴 전체에서 건강한 아름다움, 즉 윤기가 난다.

얼굴 중에서도 미소는 특히 눈과 관련이 깊다.[30] 호텔 종사원의 매력적인 미소는 고객에게 친근하고 편안한 환대 서비스를 제공하여 고객의 마음을 사로잡을 수 있다. 이처럼 종사원의 눈의 표정에서도 미소에서 느끼는 정다움이나 편안함 등을 느낄 수 있다.

종사원의 눈빛에 따라 고객은 자신에 대한 환대의 수준을 인지한다. 종사원의 눈을 통해 고객은 열정적이고 적극적으로 서비스하려는 의지를 파악할 수 있다. 아름다운 눈의 표정은 업무를 성실히 혹은 열심히 하겠다는 마음속 자세를 나타내기도 한다.

사람들은 눈을 보고 어떤 감정이나 느낌 혹은 마음속의 자세나 태도까지지도 알 수 있다. 이를테면 종사원이 미소 짓고 있더라도, 진실한 마음이 있는지는 눈을 통해 알 수 있다. 입은 미소를 짓고 있는데 눈은 무표정하면 얼굴 전체에 균형감이 떨어져 이상한 표정으로 보이기도 한다.

온화하고 부드러운 미소와 맑고 부드러운 눈빛은 고객에게 의욕적으로 서비스를 제공하겠다는 표정이므로, 종사원은 눈과 미소의 가치를 높일 수 있는 표정을 짓도록 노력해야 한다.

문제에 대한 토론

1. 호텔 종사원의 기본자세에 대해 논의하여 보자.

2. 호텔 종사원의 호감관리에 대해 논의하여 보자.

3. 호텔 종사원의 표정관리에 대해 논의하여 보자.

4. 호텔 종사원의 미소에 대해 논의하여 보자.

참고문헌

Chapter 13 하우스키핑의 업무

1) 송대근 · 강용관, 호텔객실서비스실무, 대왕사, 2011, p.263.
2) 전홍진 · 김홍일, 호텔객실실무론, 현학사, 2004, p.370.
3) 정종훈 · 한진수, 호텔 프런트 & 객실관리론, 현학사, 2003, p.422.
4) 김일채 · 박대환, 호텔객실관리론, 백산출판사, 2000, p.215.
5) 최복수 · 호텔현관과 객실업무, 대왕사, 2006, p.248.

Chapter 14 호텔 안전관리의 업무

6) 전홍진 · 김홍일, 호텔객실실무론, 현학사, 2004, p.415
7) 문정희 · 이원봉, 객실관리론, 대왕사, 2013, p.247.
8) 김영진 · 우기남, 호텔시설관리, 백산출판사, 1998, p.153.

Chapter 15 호텔 객실 고객의 불평 처리

9) Keaveney, S. M., "Customer Switching Behavior in Service Industries: *An Exploratory Study,*" Journal of Marketing, 59(2), 1996, pp.71–83.
10) Seller, p. "Keeping the Buyers You have Already," *Fortune, Autumn/Winter*, 1993, pp.56–58.
11) 김진탁 외 5명, 관광서비스, 현학사, 2004, p.236.
12) Singh & Jagdip, "Consumer Complaint Intentions and Behavior: Definitional and Taxonomical Issues," *Journal of Marketing*, January, 1988, pp.93–107.

Chapter 16 호텔 종사원의 자세

13) 안상길, 마케팅커뮤니케이션, 서울: 석정출판사, 1999.
14) 김용민, "호텔 이용고객의 대인매력이 종사원의 호감도와 애착형성에 미치는 영향," 경기대학교 관광전문대학원 석사학위논문, 2013, p.20.
15) 김용민, 상게논문, p.23.
16) Hong, D. S., Psychology of Interpersonal Relationship: Attraction, Friendship, Love, Happiness, Seoul: Yangyeonkak, 1992.
17) 최유정, "항공사 승무원의 내적 이미지와 외적 용모가 고객만족과 재이용의도에 미치는 영향," 경기대학교 서비스경영전문대학원 석사학위논문, 2010, p.27.
18) Feingold, A., "Good–looking people are not what we think", *Psychological Bulletin,* Vol. 111, 1992, pp.304–341.

19) 김민수 · 장대성, "항공사 여승무원의 외적 용모품질 구성요인과 고객만족 및 서비스재이용 의도에 관한 연구," 대한경영학회, 41, 2003, pp.2511-2538.

20) 최유정, 전게논문, p.28.

21) 이응규 외 3명, 예절과 서비스, 대왕사, 2007, p.53.

22) 하종명, 서비스산업론, 백산출판사, 2011, p.279.

23) 정욱한, "패션 매장의 첫인상과 체험요소에 의한 VM(Visual Merchandising) 전략," 중앙대학교 대학원 박사학위논문, 2014, p.27.

24) Nobbs, K., J. McColl, L. Shearer, C. Canning, & L. McBride, "An Exploratory Study into the Strategic Significance of Visual Merchandising: the Case of Vintage Fashion Retailing," *3rd Global Conference, Fashion: Exploring Critical Issues*, Mansfield College, Oxford, 2011, pp.22-25.

25) 백인선, 홍병숙, "직장인의 외모관리에 대한 사회비교가 외모정보 활용, 외모관리 및 패션상품 구매에 미치는 영향," 한국의류학회 학술대회논문집, (1), 2007, p.166.

26) Muthukrishnan, A. V. & A. Chattopadhyay, "Just give me another chance: The Strategics for Brand Recovery from a bad First Impression, *Journal of Marketing Research*, 10(4), 2007, pp.334-345.

27) 이응규 외 3명, 전게서, p.220.

28) 남궁선, "호텔종사원의 대인관계성향에 따른 고객지향성에 관한 연구," 경기대학교 대학원 석사학위논문, 2004, p.10.

29) Ekman, P., Human Ethology, chapter About Brows: Emotional and conversational signals, London: Cambridge University Press. 1979, pp.169-200.

30) 소피 쇼보 지음, 진인해 옮김, 미소, 영림카디널, 2004, p.39.

저자소개

하종명 Ha Jong Myong

경남대학교 대학원 경영학과 박사과정수료(경영학 박사)
몽골국립대학교 명예박사 학위취득(명예박사)
경희대학교 경영대학원 관광경영학과 졸업(경영학 석사)
한국관광식음료학회 회장
한국관광학회 이사
한국국제대학교 호텔관광학과 교수
중국 Hebei College 명예교수
몽골 Monos University 명예교수
현) 진주문화관광재단 이사

〈저서 및 논문〉
와인 여행(백산출판사)
서비스산업론(백산출판사)
관광호텔영어회화(백산출판사)
호텔객실관리론(백산출판사)
관광호텔노사관계의 안정성과 영향요인에 관한 실증적 연구 외 다수

정천석

강릉원주대학교 일반대학원 관광과 박사수료
강릉원주대학교 경영정책대학원 관광경영학과 석사
일본 오사카 국제 일본어 학교 졸업
세경대학교 카지노 경영학과 겸임교수
강원관광대학교 카지노학과 교수
태백시 문화재단 인사위원
강원랜드 Duty Manager
오대산 호텔 아웃소싱 인력관리 이사
용평리조트 Front, 사내외국어 강사, 각종 국제대회 통역

〈저서 및 논문〉
Hotel & Resort English (백산, 2016)
일본어회화 (백산, 2019)
리조트산업 아웃소싱의 전략적 운영방안에 관한 고찰

저자와의
합의하에
인지첩부
생략

호텔객실관리

2026년 1월 5일 초판 1쇄 인쇄
2026년 1월 10일 초판 1쇄 발행

지은이 하종명 · 정천석
펴낸이 진성원
펴낸곳 (주)백산출판사
교 정 박상현
본문디자인 오행복
표지디자인 오정은

등 록 2017년 5월 29일 제406-2017-000058호
주 소 경기도 파주시 회동길 370(백산빌딩 3층)
전 화 02-914-1621(代)
팩 스 031-955-9911
이메일 edit@ibaeksan.kr
홈페이지 www.ibaeksan.kr

ISBN 979-11-7385-085-1 93980
값 25,000원